程国政 编著

同济大学出版社

**图书在版编目（CIP）数据**

李国豪 / 程国政 编著.
——上海：同济大学出版社，2013.4
ISBN 978-7-5608-5120-4

Ⅰ.①李… Ⅱ.①程… Ⅲ.①李国豪（1913～2005）
—传记 Ⅳ.①K826.16

中国版本图书馆CIP数据核字(2013)第046058号

# 李国豪

程国政 编著

| | | |
|---|---|---|
| 出　　品 | 支文军 | |
| 项目总监 | 张平官 | |
| 责任编辑 | 赵泽毓 | |
| 助理编辑 | 蒋卓文　丁会欣 | |
| 装帧设计 | 张雪青　陈益平 | |
| 责任校对 | 张德胜 | |
| 图文制作 | 乔　荣 | |
| 出版发行 | 同济大学出版社 | |
| | （上海四平路1239号　邮编：200092　电话：021-65985622） | |
| 网　　址 | www.tongjipress.com.cn | |
| 经　　销 | 全国各地新华书店 | |
| 印　　刷 | 上海雅昌彩色印刷有限公司 | |
| 开　　本 | 787×1092　1/16 | |
| 印　　张 | 21.75 | |
| 字　　数 | 543000 | |
| 版　　次 | 2013年4月第1版 | |
| 印　　次 | 2013年4月第1次 | |
| 书　　号 | ISBN 978-7-5608-5120-4 | |
| 定　　价 | 80.00元 | |

# 目 录

## 引 子

## 第一章 同济求学
"母亲挑不动了，就分一点给我"     003
"还是结构比较奥妙"     008
办法总比困难多     013

## 第二章 留学德国
争取到洪堡奖学金     017
"我们骑车去赣州"     019
"到了达姆施塔特，我已是两袖清风了"     026
"抵德一个月，获准直接攻读博士"     028
跟随克勒佩尔做钢结构     029
赢得"悬索桥李"称号     032
获"特许任教工学博士"学位     035
"听到大批的飞机和雷鸣般的爆炸声"     041

## 第三章 回到同济

大使说：中国留学生可以经由法国回国　　047

修理外白渡桥　　050

主持土木系系务　　053

市长掉进水沟里　　057

"李校长早就是我们的战友了！"　　061

院系调整中的李国豪　　065

"1955年开始"　　074

## 第四章 动荡岁月里

担任武汉长江大桥顾问　　079

通车那天，大桥晃动起来……　　082

猜疑、冲击和光环一起来　　084

设法保护弟子项海帆　　088

南京长江大桥，中国自己建　　090

武汉长江大桥为何晃动？　　096

缝纫机变身试验台　　100

"多用的4000吨钢没有必要"　　103

滨州黄河桥工地劳动　　106

## 第五章 复兴同济

先进表彰会上当选校长　　　　　　　　　　　　109

同济开始"两个转变"　　　　　　　　　　　　113

34年后，再次踏上德国土地　　　　　　　　　　120

获得"歌德奖章"　　　　　　　　　　　　　　　124

"高中初结合"与"四条腿落地"　　　　　　　　129

"两个转变"的速度惊人　　　　　　　　　　　　135

名誉校长　　　　　　　　　　　　　　　　　　140

百年同济：与祖国同行　　　　　　　　　　　　152

## 第六章 杰出的教育家

"科研就像到陌生的城市，先找'地图'"　　　　157

新时期，同济抗震研究从唐山开始　　　　　　　162

抗震研究，捧回国家科技进步一等奖　　　　　　168

"风洞，越建越多"　　　　　　　　　　　　　　174

"我们的工作是站在巨人的肩上进行的"　　　　　181

结构理论研究结出丰硕成果　　　　　　　　　　185

"研究课题要有工程背景"　　　　　　　　　　　192

"要有国际化视野"　　　　　　　　　　　　　　199

| | |
|---|---|
| 大跨度桥梁的"开创性贡献" | 206 |
| 老同济人眼里的李校长 | 209 |
| 桃李满天下 | 211 |

## 第七章 战略科学家

| | |
|---|---|
| 南京大桥，李国豪提出钢桁梁方案 | 215 |
| 科协主席李国豪："对宝钢事业，历史将会作证" | 218 |
| "水源问题，主要听了李国豪教授的意见" | 224 |
| "发挥专家的作用，将会产生多么巨大的经济效益" | 231 |
| "南浦大桥，中国人可以自己建" | 242 |
| "让外国人在虎门造桥是不可想象的" | 248 |
| "海上波涛翻卷，到了那里就风平浪静了" | 252 |
| "绝不能盲目争什么世界第一" | 258 |

## 第八章 政协主席

| | |
|---|---|
| "老李，保持你过去的风格！" | 265 |
| "平反摘帽、落实政策工作要加快进度" | 269 |
| "我看就在原址建大楼" | 275 |
| "大家一起努力办好《政协报》" | 277 |
| 成立"政协之友社" | 279 |

## 第九章 晚霞满天

| | |
|---|---|
| 阔别44年后,再回老家 | 285 |
| "既是大学又是研究院" | 288 |
| 建桥名誉校长 | 297 |
| "我认为正确而有意义的生活是……" | 300 |
| "每隔一步放一块大石头,人就能过河了" | 309 |
| "顾问,既顾又问" | 313 |
| 苏通大桥:"建设长江口越江通道非常之迫切" | 318 |
| 学术界,他爱做"桥梁" | 324 |
| 长寿其实有秘诀 | 330 |

## 李国豪生平大事年表

## 后　记

# 引 子

**"南浦大桥应由中国人建"**

"自己来做有没有把握？"1987年8月17日，如约来到同济大学的时任上海市市长江泽民，听完南浦大桥专项工作汇报后依然面色凝重："如果做了一半再请日本人来帮忙收场，就更被动了。"听完这番话，项海帆等沉默了。

事情还需从头说起。

"黄浦江上要建桥了！"20世纪80年代初，上海市决定修建连通浦东、浦西的大桥，让全体市民兴奋不已。1983年的全国桥梁会议上，上海市政设计院和同济大学的南浦大桥方案亮相，可是两家单位最初均未能获得大桥的设计资格，上海市把南浦大桥的设计交给了伊藤学带领的日本团队，因为日本方面说中国近期不具备大跨度桥梁设计能力；另外则是日本人开出了免费设计、申请亚洲银行低息贷款等优惠条件，于是上海接受了。

闻说此讯，时任上海市政协主席的李国豪如坐针毡，夜不能寐。"我想，抗战时期，日本军舰在黄浦江上耀武扬威。今天，我们不能再让日本人在黄浦江上设计、建造大桥。中国桥梁界完全有信心有能力在黄浦江上架桥。"[1]为此，李国豪做好了充分的准备，只等待恰当的时机到来，据理力争。

李国豪利用一次各大班子领导聚到一起的机会，向江泽民讲述了中国人自己建造南浦大桥的理由和已经开展的准备工作，并

---

[1] 李国豪：《老知识分子的心声》，上海市政协"风雨同舟八十载"征文。

建议江市长"抽空到同济去看看，同济正在进行大桥的抗风试验"。

1987年8月，炎炎酷暑的同济园里，听完汇报后的江市长问了开头那番话，这让大家意识到还没有消除市长心中的疑虑。

江泽民离开同济后，项海帆立即动笔给市长写信："中国桥梁工程界完全有能力自己设计和建造像黄浦江大桥这样规模和技术难度的大跨度桥梁。""由外国人在国际桥梁会议的讲坛上演讲有关中国大桥的论文是难以想象的，中国工程界需要用实践来提高自己的水平。"白纸黑字，字里行间浸透着中国桥梁人的决心、斗志和放手一搏的坚强意志。

终于等到了好消息。

1988年初，上海市建委召开会议，南浦大桥建设的大幕拉开，由中国人自主建造，同济大学结合梁桥面的斜拉桥方案被定为实施方案。

1988年冬天，刚刚成立的南浦大桥指挥部转来江泽民市长批复的复印件："我看主意应该定了，就以中国人为主设计，集思广益，至多请个把美籍华人当当顾问。"

江泽民的这个批示，开启了中国桥梁建设科技的一个新时代，一个从学习到全面追赶的新时代。而今，在神州大地屹立着的跨径数百米、超千米各种桥梁，全都烙上鲜明的"中国制造"大印，应该说都与这次历史性的决策紧密相连，都与"李国豪"这个名字紧密相连！

# 第一章 同济求学

**"母亲挑不动了，就分一点给我"**

"教习中英数的补习学校在郭家祠堂，家里给我买菜的钱是一个星期一毛钱，18个铜板。每顿饭一个铜板菜金，星期六回家还剩一个铜板，天热的时候走在路上可以买一碗凉粉吃。"❶ 1980年夏天，李国豪在同济大学桥梁教研室接受同济大学出版社黄国新的录音采访，这么回忆少年生活，"那时正长身体，很羡慕人家买豆腐加一个铜板就可以买点葱花、炒豆，加在豆腐上很香。"

回忆这些往事时，李国豪已经是67岁的老人了。

李国豪1913年4月13日出生在广东梅县城东乡梅乡村莲塘圳，一个早先叫三坑里的地方。

李国豪的故乡，梅州市东郊，早期叫三坑里，祖屋前有个池塘。（摄于2006年）

❶ 据《李国豪录音自述》。在这份《自述》里，李国豪较为详细地回顾了早年的生活及赴德留学的情况。

李国豪出生在祖屋右边的这栋屋子里。

李国豪的祖屋是典型的梅州客家建筑。

  李国豪的父亲李晃宗早年到泰国当学徒,辛亥革命前夕回国参加孙中山领导的辛亥革命。随后,又和村子里其他年轻人结伴先去泰国,然后漂洋去了荷属东印度(今印度尼西亚),开了一间杂货铺。年幼的李国豪跟随母亲熊戴英留在家乡。

  幼年李国豪学习成绩特别突出,还因为头大,得了个"大头锅"的外号。"那时候梅乡小学的教学很不正规,为了报考中学,我便报了设在郭家祠堂的中英数补习学校。"李国豪回忆自己幼年生活的录音中,对母亲的辛劳一再提起。

梅州地处梅岭以南，四面群山环绕，中部丘陵、谷地、河流相间，盆地地形特点鲜明。东晋以来，中原汉人或躲避战乱，或逃荒流浪，或者遭受贬徙，流落到这个位于闽粤赣三省交界的梅州。尤其是从宋朝开始，中原汉民大举南迁，经赣南、闽西到达梅州，最终形成相对成熟的、具有很强稳定性的客家民系。客家人勤劳、团结、耕读持家，而客家女的勤劳、忍耐更是闻名遐迩，她们操持家务，和男人一样下田劳作。因为家里男人大都到南洋等世界各地做生意，客家女还需要挑煤炭、拌灰浆换点零花钱维持家用。

熊戴英就是这样一位客家女。

"母亲每个星期给我一毛钱菜金。"李国豪回忆，"我记得非常清楚，一毛钱就是18个铜板；外加每个月4毛钱水钱，每次找祖母要那4毛钱都很不好意思。"在补习学校的一年里，李国豪每个星期上学时总要带一罐酱菜，饭自己烧；每餐饭用一个铜板买点青菜、豆腐。

在农耕的年代，尤其是稻作的南方地区，家中没有男人，一个女人里里外外独自操持，用"含辛茹苦"都不足以形容其情状之艰难，李国豪的母亲就是这样一位农妇。丈夫在南洋，熊戴英除了种地、操持家务，还要和其他客家女一样，每天凌晨3点钟起床到附近的煤矿挑煤炭。一担100多斤的炭，熊戴英挑着走一个多小时的山路，并要在清晨6点钟前赶回家，接着开始烧饭、干农活；8点前熊戴英还要把煤炭和上泥做成煤球，晾干，下午再走近一小时的路程，挑到城里的集市上卖掉。这样一天的劳作成果，除开成本，可以赚到4毛钱。年幼的李国豪节假日便挑着一副小点的担子跟着母亲进山、上集市。"100多斤的东西，路走远了，越走越沉。最后一段路母亲挑不动了，就分一点给我。"李国豪说，"一个扁担，两个竹篮；夏天种地，山上搞柴，上山要斜着

中学时代的李国豪。

中学时代的李国豪。

走，（由于长期这样行走）我的脚板很厚的。后来工宣队说要参加劳动，那有什么？！我小时候一天就走三四十里。"

李国豪读小学那几年，军阀混战、民不聊生，今日来了张大帅，明天换了吴将军，走马灯一般换着，可是依然不变的是洋人以各种名目抢占去了的华夏土地，强行霸占的租界、口岸……日本人1915年提出了意在将中国完全沦为其附庸的"二十一条"，袁世凯竟接受了！五四运动喊出了"还我青岛"、"收回山东主权"、"取消二十一条"、"外争国权，内惩国贼"的口号，抗议风潮燃到梅县，各界纷纷响应，大量日本产品被集中到东教场付之一炬❶。

李国豪就是在这种内忧外患的情况下考入梅县一中，插入初中二年级。

李国豪很快就成了梅县一中的名人。头大身壮、年纪十三的他学习成绩总是名列前茅，而且游泳、打球件件都有他的份。

位于梅州市内的梅州中学（原梅县县立中学、梅县一中），李国豪在这里读的中学。（摄于2006年）

1994年2月，李国豪为梅州中学的题词。

1926年的中国满目疮痍，怀揣各种救国梦想的年轻人纷纷回国试验自己的方略，科学救国、教育救国、实业救国、医疗救国……1927年，读初三的李国豪参加了学校演讲比赛，主题是"兴国安邦、人生理想"。李国豪得了全校第一名，奖品是孙中山所著的《建国方略》。少年李国豪对书中描绘的中国经济十年远景规划特别着迷。

庆百年树人　祝再接再厉

梅州中学百年校庆
李国豪
二〇〇三年九月

2003年9月，梅州百年校庆，李国豪再次为中学题词。

2006年的春天，笔者来到李国豪就读的中学——当年的梅县一中、今改名叫梅州中学，校园里已经找不到李国豪读书时的痕迹了。梅州中学校友会的一位老者指着校史展览中一张二层小楼的图片说："李国豪中学上课就是这栋楼。"如今，原校址的老房子已经推了，正在建新的学校[2]。

初中毕业，李国豪因为成绩优异加上集体活动的表现都很出色，一上高中就被推选为学生会主席。可是，这时的家境因为父亲在南洋的生意日渐惨淡而每况愈下了。作为长子，已经15岁的李国豪理应放下课本，像当时大多数年轻人一样浮海赴南洋去帮助父亲。父亲此时托人带信命他去南洋，可是，母亲看到儿子的成绩单，所有的辛苦与劳累立刻烟消云散，她实在舍不得就这样放弃；李国豪也不愿放弃，但不从父命便是不孝。怎么办？

刚进入同济大学，16岁的李国豪。

---

[1] 据代琇、庄辛《一片丹心化彩虹》。
[2] 2006年3月，笔者赴广东梅县采访。走访了李先生在梅县的亲属、梅县一中校友会老校工。此据采访笔录。

在吴淞大礼堂前留影。

1929年,大学时代的李国豪。

在吴淞校园留影。

短暂的焦躁、两难之后,李国豪想起父亲回来时一再说起"在印尼做医生很赚钱"的话,周围有些年轻人到上海读了医学院,不几年家里就建起了新房子,这让他继续读书的希望火种又亮了起来。顾不得多想,李国豪立即给父亲去信,"先学医,再去南洋开诊所"。

父亲同意了,准许他到上海报考同济大学。

### "还是结构比较奥妙"

1929年8月底,国立同济大学举行第二次入学招生考试。报名参加考试的100余名考生中,有一位年仅16岁、操着广东客家口音的少年,名叫李国豪。

用了两天从梅县走到汕头,再用两天半从汕头坐船到上海,幸运的李国豪赶上了同济第二次招生,他毫不犹豫地报了名。

"100多人参加的考试,录取15名,差不多10:1,我排在第14位。"李国豪回忆说。

李国豪为何选择同济?

就像今天的莘莘学子向往北大、清华、复旦等名校一样,当年国内名校及专业也有自己的"路线图"。同济校友王奂若在台湾校友会编辑的《国立同济大学创校八十周年纪念特刊》中撰文说:

抗战前,我国大专学府有好些颇具特色及名声,如北大以文科史学驰誉全国,朝阳、东吴法科执法界之牛耳,庚子退款建校的清华及南开均以理科出名(杨振宁、李政道出身西南联大,即北大、清华、南开三校联合之总称,选校昆明),唐山交大以铁道管理,上海交大以电信、土木出色,燕京、复旦的新闻采访,辅仁的哲学、神学,金陵大学的农科、森林均甚杰出。侧重英语教学的教会学校如上海的圣约翰、沪江大学,苏州的东吴，南京的金陵大学，北平的协和医学院、燕京，山东的齐鲁，湖南的湘雅，湖北的文华大学（最早创办图书馆系），学生英文程度均高。在上海有专以法文教学的震旦大学，此校以数学及化学系出名；以德文教学的有同济大学，同济以医科、机械、水利最出色。

王奂若还说，民国时期，"无论是平时还是战时，同济都是联系中德文化的唯一最高学府"。另外，同济大学、劳动大学与暨南大学（解放后迁往广州）是上海当时仅有的三所国立大学。

李国豪报考同济大学，是父命"学医，开诊所"的结果。上大学是为了更好地谋生，这是家境中下水平的人家本能而又现实的考虑；还有，与动辄学费不菲的私立大学、教会大学相比，国立初期的同济大学一学期的学费只要10块大洋，同期属于上海的私立大学学费则为一学年100块大洋，这对于当时家境并不富裕的李国豪来说，入同济就可以卸下沉重的学费包袱。正因为如此，来上海，考同济，是少年李国豪非常现实的考虑，甚至可以说是不二选择。

老话说，"将在外，君命有所不受"，这句话用在同济学生李国豪身上尤为贴切。

1934年，吴淞同济大学工学院实验室。（金经昌 摄）

在学生宿舍看书。

1929年秋，少年李国豪如愿进入同济大学德文补习班。开始数学、物理的成绩不太好，"到了补习班二年级，几门在高中没有系统学的课程就赶上去了。"李国豪回忆，两年中，他还偷空强化了英文，听、说、写全能运用自如。

按照同济大学当年的学制，不论学习何种专业，均先学两年德文。每天3个小时的德语课，每周6天18个小时的德语课。每个星期六测试一周的学习成果，测试方式是将中文翻译成德文，两年下来，成绩合格者升入心仪的专业学习。

预科学习结束时，李国豪成绩优异，获得继续学习资格，但他却面临着医科还是工科的艰难选择。遵父命选择医科吧，但室友们（李国豪大学期间与医科生同住一室）聊起解剖、打针之类的事情就让他头晕；"还是结构比较奥妙"，李国豪决定选择工科，先上了再说。

1931年秋天，李国豪进入工科学习。

当时同济大学的学制带有鲜明的德国高等教育印记，非常注重从实习中积累经验和学科的感性认识。第一学年在实习工厂，要熟悉包括钳工、车工、铣床、磨床、翻砂、模型、锅炉、土木等工种、工具的基本操作程序和技术，为将来的理论学习打下实践基础，与此同时还要学习德文、工厂须知、机械画、数学等

1932年，吴淞时期的同济大学举行的田径运动会。（金经昌 摄）

课程；第二学年主要学习理论，课程包括物理、化学、应用力学、流体力学、投影几何学、机械元件学、工艺学。"念到二年级觉得机械没意思，像什么'工艺学'、'机械元件学'很枯燥，比较奥妙的还是结构学。"李国豪最终选择了土木结构。

有意思的是，当时的同济大学安排学生住宿打破了专业界限，将医、工专业的学生混编进入同一宿舍，进入大学的李国豪就与学医的同学同住一室。这样一来，平日的卧谈，讨论时的相互问难和激发，不同专业的知识结构、思维模式碰撞让李国豪受益终生，以至于晚年李国豪常常提起这段往事，并赞赏有加。

大学的头几年里，李国豪的生活可以说是有声有色、衣食无忧。那时，父亲在南洋的生意不错，每个学期都能按时寄来钱款，一心念想着儿子学业完成后就去南洋开诊所的李晃宗默默地支持着李国豪每年七八百元（1927—1936年间，在上海一块银元可买16斤大米、4~5斤猪肉）的开销。

国立之后，同济大学学生需缴纳的学习费用大为减少。据《同济大学概览（1934）》记载的每学期缴费情形：工学院包括学费25元、宿费10元、晒图费3元、制服费15元、体育费2元、图书费2元、保证金10元、备用金20元。在这些费用中，制服费并不是每个学期都需缴纳的，备用金、保证金只要不是损坏公物、

李国豪（右一）是个游泳爱好者，经常参加学校的游泳比赛。

1935年,吴淞时期的同济大学运动会,吸引社会各界人士前来观看。(金经昌 摄)

设备也是可以退还的,这样,每个学期所缴费用不过42元。

但,李国豪每个学期的花销达到三四百元之巨,这些钱都用到哪里去了呢?

大学期间,李国豪是学校网球队队员。时间标明为"1933年6月"的一张"国立同济大学网球队"照片证明,当时李国豪是学校网球队4名成员之一。在当时,网球对于绝大多数国人来说尚不知为何物,从球拍到用球到装束,所有设备均为国外进口。要从事这项运动,除了学校少量的资金支持外,平时一切开销都得个人自掏腰包。不仅如此,李国豪还对当时十分流行的留声机、收音机等新鲜东西兴趣极浓;周末,还跟随喜欢跳舞的同学到大光明电影院楼上的大沪舞厅做观众,看同学们翩翩起舞。2013年1月3日,曾任同济大学校长的吴启迪接受采访时谈道:"李校长任名誉校长期间,对学校的一些文娱活动依然兴趣浓厚,比如艺术节期间的音乐会,新年前夕的'新年舞会',他都会携夫人一同参加,活跃胜于年轻人。"

会玩的李国豪学习成绩同样十分优异,大学5年,在每年全校仅有的三四名免费生中,虽然其他同学的面孔经常改换,他却始终牢牢占据一席。

**办法总比困难多**

李国豪读同济的7年正是同济大学迅速发展的"黄金岁月",虽然淞沪抗战,地处交战区域的吴淞——同济校园受到重创,但并没有拽住同济高速发展的步伐。

和今天的大学生一样,作为学生的李国豪,当年也一样较少感受到学校的风云际会。他当时的处境是:1934年以后,远在南洋的父亲再也支撑不住李国豪的花销了。"第五年不能供应,第六年父亲来信要我休学找工作。"李国豪回忆说,"学医多半自己开业,机械在军工系统,土木没什么门路。"当时,同济机械系毕业生基本都去了军工系统;医学毕业生基本都是自谋生路,或自开诊所或出洋深造;而土木类毕业生,由于当时相关政府部门主事者大都是唐山交通大学校友,其他院校土木毕业生要谋到一份公差十分不容易。

李国豪思来想去,自己已经欠了好友李敦谊四五百元,要是不读了,这些钱就没有办法还了。

1936年夏,李国豪(后排中)与同学在钱塘江大桥工地实习。

1936年夏,李国豪(右)在钱塘江大桥工地实习。　　1936年夏,李国豪在钱塘江大桥工地实习。

借!

可是,那个年月,有钱的人并不多,有钱并愿意借出的人就更少了。"父亲大学念得实在是艰难,好在有李缵松、李敦谊、朱振德的接济,他们有的是爸爸的同学,有的甚至平时见面都不多。"李国豪之子李乐曾回忆说,不过这也养成了他遇到再大的困难都不低头、都不丧失斗志的性格,就像客家人的老话说的"办法总比困难多"。要来了李国豪的成绩单,李缵松连同求援信一起寄给自己在汕头经商的父亲。

李国豪最后一年多的大学生活又转危为安。

工科学生毕业前夕还有一项必修课——毕业试验。李国豪和班上一些同学来到了茅以升正在主持修造的钱塘江大桥工地。

1936年初夏,李国豪到钱塘江大桥工地实习了一个月。

素来对结构兴趣浓厚的李国豪得知,茅以升少年立志献身桥梁事业。1916年从唐山工业专门学校毕业后,被清华学堂官费保送赴美留学。1917年获美国康奈尔大学土木专业硕士学位,并荣获康奈尔大学优秀研究生"斐蒂士"金质研究奖章。1921年获美国卡内基·梅隆大学工学博士学位,其博士论文《桥梁桁架的次应力》因新颖的科学创见被称为"茅氏定律"。回国后,茅以升看到祖国江河上的钢铁大桥均为外国人所建,颇为痛心,决心为中国人争气,架设中国人自己的大桥,受命担任钱塘江大桥桥工处处长。

1936年,毕业之前的李国豪。

当时,浙赣铁路正在兴建,要与沪杭铁路衔接,需在钱塘江上架设一座大桥。而钱塘江乃著名险恶之江,水文地质条件极为复杂。其水势不仅受上游山洪暴发之影响,还受下游海潮涨落的制约,若遇台风袭击,江面就更是波翻涛涌,犹如开锅的米汤。仅江底的流沙厚度便达41米,因此当地素有"钱塘江无底"之说,民间还有"钱塘江上架桥——办不到"的谚语,可见钱塘江上架桥之难。

1934年,钱塘江大桥开工。

1936年,李国豪的毕业照。

茅以升碰到的第一个问题是打桩。为了使桥基稳固,需要穿透41米厚的泥沙在9个桥墩的位置把1 440根木桩打入石层上面,可是又厚又硬的沙层,打轻了,下不去,打重了,断桩!千思万寻之后的茅以升居然从水壶浇花,水把土冲出小洞中受到启发,抽取江水在厚硬泥沙上冲出深洞再打桩的"射水法",使原来一昼夜只打一根桩立刻变成了打30根桩。

茅以升还发明了沉箱法。就是将钢筋混凝土做成的箱子口朝下沉入水中罩在江底,再用高压气挤走箱里的水,工人进入箱里挖沙作业,使沉箱与木桩逐步结为一体。可是水流湍急,沉箱一放入水中便上窜下跳,不听使唤,茅先生改3吨重的铁锚为10吨重,解决了问题。

李国豪等到工地时,钱塘桥正在架设钢梁。白天,一艘艘装李国豪(右三)与同学在毕业旅游时留影。

载着巨大钢梁的驳船缓缓开到两个桥墩中间,慢慢找准桥墩;入夜,潮水上涨,眼看着船缓缓上升、上升,只见工友们忙碌着、调整着角度,巨大的钢梁很是听话,不偏不倚地落在两墩之上。李国豪看得入了迷,茅以升采用了巧妙利用自然力的"浮运法"。

亲身感受茅以升造桥并深深为之着迷(晚年,李国豪亲自审定的一份个人履历:"从此在他爱好的结构工程,桥梁工程占了首位。")的李国豪,大学毕业论文选择的是大型体育场的结构设计。

1936年6月,李国豪以13门功课门门优秀的成绩大学毕业。其中,建筑力学97分、铁道及交通学98分、水利工程98分、钢桥及钢材建筑学99分、钢筋混凝土99分……李国豪成绩单的照相复印件现在悬挂在上海的院士风采馆里。

1934年的《同济大学概览·学则》规定:86分以上为最优等、76分以上为优等、60分以上为中等,60分以下为不及格,李国豪无疑是同济大学历史上最优秀的学生之一。

# 第二章 留学德国

**争取到洪堡奖学金**

1936年，李国豪以优异的成绩从同济大学土木科毕业。毕业后，李国豪经在南京国民政府卫生署做顾问的校友介绍进了卫生署在南京的一个卫生工程师训练班。训练班的介绍说，训练期间每月工资70元，毕业后还可以被派遣至美国进一步深造。❶

但真实情形并不是这样。

李国豪回忆，训练期间主要做的是三件事：调查公共厕所卫生情况，水塘的数量、面积，还有豆腐店的卫生状况。给李国豪印象最深的是检查豆腐店卫生状况时的情形，一进到店里，老板立即上前，又是倒茶又是供烟，客气得不得了。"这些小本生意

1936年冬至1938年夏，李国豪在同济大学当助教，图为1936年冬在混凝土实验室。

---

❶ 据《录音自述》。

1937年,李国豪(右三)带学生做测量实习作业。

人,就怕官府的人敲诈,很不容易!"

干了四个月检查公共厕所等卫生的工作,根本没有见到什么卫生工程的影子。"说到美国去深造,其实也是在画饼。前面一两届训练班学员,也就几个人去了。"

实在待不下去,李国豪又给母校写信求援,希望能够回来担任助教之类差事。恰在此时,德国刚来同济不久的贝勒(Berrer)教授需要一名助教。1936年12月,李国豪离开卫生训练班回到母校同济大学。

回到学校后,李国豪的工作是协助讲授"结构力学"和"钢筋混凝土"课程的贝勒教授,做批改作业、带领实习的助教。这些工作做起来熟悉又得心应手,精力旺盛的李国豪闲暇时间又练起了英文打字,做起了水泥试验。

很快,李国豪扎实的专业知识、敏捷的反应能力和清晰的思维路数在工作中逐渐显露出来,引起了德籍教授罗鲁(Reuleaux)的注意。

"想到德国去深造不?"一天,罗鲁教授询问正在批改作业的李国豪。

"愿意。"李国豪不假思索,能到工业发达、严谨求实的德国去学习当然求之不得。

罗鲁教授为李国豪争取的是洪堡奖学金。创办于1860年的洪堡基金会是为了纪念伟大的自然科学家和科学考察旅行家亚历山大·冯·洪堡而设立的。洪堡基金会每年向全世界大约500名学术成绩优秀、具有博士学位、年龄不超过40岁的外国科学家提供奖学金,使其有一段较长的时间(6—12个月)在德国进行科学研究工作。中央评审委员会由德国著名科学家组成,在德国研究联合会主席的主持下负责对申请者进行评审。但是李国豪当时只是一名普普通通的大学本科毕业生,但他得到推荐的机会恰恰因为该基金的"评审的唯一标准是申请者的学术水平"。

1937年4月,德方同意李国豪赴德深造的通知寄到同济大学。学校得知此事,很快同意借给李国豪一笔旅费。

心情喜悦的李国豪接下来要做的事情就是回老家告别亲人,收拾行装准备启程赴德国。

**"我们骑车去赣州"**

但是,1937年7月7日爆发的"卢沟桥事变"改变了中国的一切,日本帝国主义全面侵华战争的铁蹄开始蹂躏苦难的同胞。

同济人从此走上长达9年流离失所、辗转迁徙的漫漫征程。

侵占北平(今北京)、天津以后,1937年8月9日,日军蓄意制造事端,派遣驻上海陆战队第一中队长大山勇夫和一等水兵斋滕要藏乘军车闯入位于虹桥的中国军用飞机场,遭到中国守卫士兵的阻拦后,他们竟开枪打死一名机场卫兵。中国军队进行自卫反击,当场将日军官兵二人击毙。日本帝国主义以虹桥事件为借口,命令大批日军陆续登陆,派飞机在沪宁、沪杭线上空侦察。

8月13日，日军向上海大举进攻，以租界和黄浦江中的日军军舰为作战基地，炮击闸北一带，中国军民奋起反击，"八·一三"事变爆发。

在全民抗日浪潮推动下，国民党政府第二天发表了《自卫抗战声明书》，宣告："中国决不放弃领土之任何部分，遇有侵略，惟有实行天赋之自卫权以应之。"当地中国驻军第九集团军在总司令张治中的指挥下，奋勇抗击日本侵略军。8月14日，日守军开始总攻，空军也到上海协同作战；15日，日本正式组织上海派遣军，以松井石根大将为司令官，率领两个师团的兵力开往上海，进一步扩大对中国的侵略战争。张治中决心扩大战果，对日本侵略军发起全线进攻，出动空军轰炸虹口日军司令部，双方展开激烈战斗。

上海抗战持续了3个月，日军投入30多万兵力，中方投入兵力达到60万，双方伤亡巨大。11月12日，上海被日本侵略军占领。

"八·一三"事变中，同济大学8月28日、29日连续两天遭受轰炸，大礼堂、办公室、工学院、电机馆、解剖馆、生理馆、材料实验室、实习工厂、图书馆等建筑几乎无一幸免，均遭不同程度的破坏。

此时，李国豪正在老家梅州。

刚刚经历盛况空前的30周年校庆，自己赴德各项事宜也筹划妥当，尤其是校方答应借给旅费，心情很好的李国豪趁着暑假，回到了老家。一来告诉家人这个好消息，二来一别不知何时归，回家尽点孝心。谁知，前脚刚进家门，学校、国家又遭大劫！惊讶、愤怒之后，李国豪本能地觉得留德希望又渺茫起来！

坏消息一个接一个传来，唯独不知道学校此刻在何方。

路途阻断，音讯全无。李国豪接受梅县一中之邀，讲授高二数学。刚刚上了一个月课,李国豪听说母校已经辗转到了浙江金华,顾不上多想,立即上路找学校。到赣州、经南昌,马不停蹄乘火车风尘仆仆赶到金华,学校也刚刚开始上课,时为1937年10月底。

同济迁往金华,主要受到两个因素的影响,一是认为战争不会持久,二是一直关心同济的朱家骅此时正任浙江任省主席,一旦战端平息,学校回迁方便;且在金华期间,朱会尽地主之谊照顾。

在金华,学校很快借到龙游银行、金华中学、作新中学以及章氏宗祠、中山公园等处分别作为办公、授课和安置仪器的地点。10月20日,同济大学在金华开始上课。

学校内迁途中,在金华双龙洞。(右一为李国豪)

抗战爆发时，同济共有在校学生1100余人。除了医学院后期学生108人因为临床实习留在宝隆医院外，在金华报到上课的共有596名，其余的学生因为战乱而与学校音讯阻断。

因为怕风险，大多数德籍教授没有跟随学校迁徙。在金华授课的33名教师中，德国教师仅有2名，包括钢结构及钢桥课程教授在内的众多德国教师纷纷滞留上海或者回国了。

李国豪挑起了授课的担子。

很快，日军逼近杭州，盯上金华，学校不得不第三次迁徙。掐指算来，同济在金华只逗留了大约6周，1937年11月由于战火烽烟逼近，学校不得不决定经浙赣铁路南迁江西赣州。

迁校，最难的是教学仪器设备的搬运，比如机床、电机、模具……不少大件教学用具。加上年老体弱的教授，还有众多随行家属，学校数量有限的车辆必须首先用来满足这两方面需要。部分教师和全体学生只能自己想办法前往赣州。

"我们骑车到赣州。"李国豪与测量系同事纪增爵商量。

初冬的南方，莽莽原野照样生机盎然。满山的松柏自不必说，绿油油的樟树同样青翠养眼，火红火红的枫叶不经意间就跳入眼帘，还有不时传来的鸟鸣、哗哗作响的溪流、突然闯入视野的如镜湖泊……

从金华到赣州900公里，一半以上是砂土铺成的盘山路；南方冬日气候多变，阴雨连绵、夹霰飘雪自然是家常便饭；下一站是哪里、多远、有没有饭吃、有没有睡觉的地方，不知道；兵荒马乱的岁月，会不会遇上不测，不知道；自行车是否争气，不知道……

两个年轻人根本没心思享受祖国山河的壮美景色。南方的冬天，天一下雨，红土的道路就变得泥泞不堪、溜滑如镜，根本无法骑行，两人常常只得人扛着车子行进；一心赶路，忘记计算投

1938年，学校内迁途中，李国豪（前排左二）在赣州。

宿路程，荒山野岭上天黑了却投宿无门，他们都忍不住要骂"小鬼子"……就这样，李国豪、纪增爵追赶着同济大学迁徙的脚步，艰难地跋涉了900公里。

1938年1月底，同济大学又在赣州开始上课。学校总办公室、图书馆和教室集中在镇台衙门旧址（大革命时期，这里曾为中国工农红军红七军军部所在地），学生宿舍在武胜庙。此时学生包括大学部、高职、中学部在内，同济学生总数为700余人；教师总数为73人，其中本国教授24人，德国教授13人。此时，同济医学院后期教学部也从上海迁到江西吉安。

赣州是红军长征时期的老根据地之一，民风朴实，那时的江西全省无一所大学，对于名校同济的到来欢欣鼓舞。

在赣州，李国豪教授的仍是钢结构桥梁工程。闲暇时，忍不住还要想想赴德深造的事情，罗鲁教授曾对自己说"洪堡奖学金可以推迟一年，到1938年秋赴德也可以"，但日寇的铁蹄已经把国家蹂躏得支离破碎……

留学？想归想，工作还是要全身心投入的。此时的同济，德国教授已经很少，全面挑起授课重任的中国教师也有了尽情展现才华的舞台，青年教师像印均田❶、陆崇真❷、郑瑞波、张象贤❸、陈延年等纷纷走上讲台，李国豪同样如此。赣州条件艰苦，没有铅印设备，加上坎坷迁徙中的学校教学基本参考资料严重匮乏，年轻的李国豪便没日没夜地刻蜡纸、油印。到晚年，李国豪还对新的油印课本《钢结构》发下去的情景记忆犹新："大家的掌声很是热烈。"❹有了课本，加上学得扎实，李国豪把钢结构课程讲得引人入胜。

1938年7月，日寇铁蹄又开始向西推进，九江告急，地处赣州的同济大学又开始拆卸机器、装箱打包、装车装船……向西、向西……这次准备撤往广西八步。人人表情沉重，个个沉默不语，大家默默地打点着一切，静静地等待着出发，就连忙碌的工友和老乡也如约好一样一言不发。

1938年，李国豪(前排左一)在赣州郁孤台。

"李国豪，李国豪，德国来信了！"一名工友高高举着信，隔着窗户、冲着正在上课的李国豪小声喊着、比划着。

熟识的同事纷纷前来祝贺，忙碌的校方也派员前来祝贺，本该最幸福的李国豪却高兴不起来：虽然大家都说，国家再难也要眼光放长远；虽然学校说你走了，钢结构课程总会有办法。可是，国家遭

1938年夏，李国豪（右三）和学生在赣州。

此劫难，学校这种情状，我理应和他们在一起！

"国破需要勇士，国兴需要英才！"最终，李国豪还是被大家说服了。

颠仆中的同济大学已经无力兑现当初的旅费承诺，但是校方鉴于他的实际困难，还是破例早发聘书，让他多领了两个月160元薪水；加上东挪西借，李国豪终于凑齐了1300元的赴德旅费。

---

❶ 印均田，上海市人。1936年毕业于同济大学电工机械系。曾任中国汽车制造公司工程师、同济大学讲师、南京工业专科学校副教授。建国后，任上海汽轮机厂副厂长兼总工程师，先后领导研制成功0.6万、1.2万、2.5万、5万千瓦汽轮机。

❷ 陆崇真，上海市人。1937年毕业于同济大学机械系。1945年、1949年先后去美国、加拿大和英国实习。建国后，历任南京有线电厂总工程师、厂长，电子工业部工艺研究所所长。

❸ 张象贤（1902-2008），1929年毕业于同济大学工学院机械工程专业，毕业后留学意大利获航空博士学位。1942年返校任教，曾任机械系主任，与同济共同经历了四川李庄最难忘的岁月。1948年去台湾，一直任教成功大学。

❹ 据《录音自述》。

### "到了达姆施塔特,我已是两袖清风了"

"按照当时的物价水平,去德国留学身上起码要有1300元。"❶ 李国豪晚年回忆当时细节,依然记忆犹新:接到通知后,自己手头只有二三百元。思来想去,再次写信向父亲求援,说:"这是最后一次找您要钱了。"父亲回信"顶多给你200元";他只好又写信向汕头同学的父亲求援,"我欠您的钱还没有还清,但现在我因为要留学还得找您借300元"。同学的父亲再次出手相助。

由于日本侵略者的疯狂进攻,中国大片国土迅速沦陷,武汉也危在旦夕,中国经济、社会结构剧烈动荡,物价一改30年代初以来较为稳定的态势,开始攀升。"抗战前在北京做中学生的时候,学校里一天吃三顿饭,一个月才花五块多钱,质量不错,而且可以敞开吃……到1939年就不行了,物价飞涨,学校里吃饭虽然不要钱,可质量已经非常差了。"❷ 物价飞涨的情形之下,李国豪好不容易筹得的旅费立刻面临贬值的危险。

1938年9月,李国豪没有跟随西撤的同济大学,而是很快回到老家,与母亲告别。随即赶往广州,买了一个很大的樟木箱❸。紧接着,赶到香港,用最快的速度将手中的钱换成外币。在那里,金经昌❹已经在等他的到来了。

上了意大利邮船后,按照惯例要给船员小费。"给了三镑小费,口袋里只有一镑了。"李国豪回忆,"到了达姆施塔特,我已经两袖清风了。"

邮船经过40多天漫长的航行,终于泊在了意大利水城威尼斯港。托运好行李,第一次出国的李国豪像很多年轻人一样,乘着两头高高翘起、被当地人称为"贡多拉"的船徜徉在古老建筑遍布的"街道"上,窗户里不时飘出优美乐曲。面积约1万平方米的圣马可广场上人流如织,鸽子翻飞,圣马可大教堂的壁画和雕像让两位年轻人陶醉得忘记挪步;意大利面、比萨饼和啤酒,当然

1938年秋，留学德国途中李国豪（右）与同学金经昌在威尼斯小船上。

是要尝尝的。

"到达达姆施塔特一周后的一天中午，火车站的一个工人驮着我在轮船上托运的一个大樟木箱，喘着气一步一步爬上四楼，把箱子送到我的房间，我真感动，并对当时欧洲建立的跨国海陆联运，服务到家的体系十分赞赏。"❺ 多年后，李国豪回忆留德生活时，还讲到他到达姆施塔特城后的这个细节。

---

❶ 据《录音自述》。
❷ 《联大七年》（何兆武 口述）。
❸ 据李国豪回忆，这个樟木箱直到八十年代初还在发挥作用。
❹ 金经昌（1910—2000），笔名金石声。出身盐商之家。1937年，同济大学土木系毕业。1938年秋赴德国达姆施塔特工业大学，先后就读道路及城市工程学与城市规划学。1946年，任职上海市工务局都市计划委员会。1947年起，任职同济大学。1952年，与冯纪忠一起创办国内最早的城市规划教研室。
❺ 《战火纷飞中的留德生活》，载《旅德追忆》，商务印书馆，2000年版，第188页。

### "抵德一个月，获准直接攻读博士"

此时的欧洲同样战云密布。

1938年6月，希特勒吞并了位于德国东南部的邻国奥地利，就在李国豪启程赴德的9月，德国又与英国、法国、意大利签订了将捷克斯洛伐克的苏台德地区割让给德国的《慕尼黑协定》，接下来的不到半年时间，捷克斯洛伐克全境沦陷。

所以，当李国豪与金经昌一起搭乘火车经过瑞士到达德国达姆施塔特时，到火车站来迎接的同济同学段其燧劈头就说："德国出兵捷克了，有些中国同学都跑了，你们还来？""我顿时心慌意乱，不知如何是好。但身上仅有一镑多钱，只得既来之则安之，听天由命了。"❶

到达姆施塔特的第三天，李国豪走进达姆施塔特工业大学❷，拜访曾在中国担任过铁道部顾问和同济大学教务长，教过他铁道工程课的老师罗鲁教授。此时，罗鲁已在达姆施塔特工业大学担任土木系主任了，他非常赏识这名中国学生和同事，看着每天忙忙碌碌从课堂里进进出出的李国豪，他决定向德国教育部建议推荐，允许李国豪直接攻读博士学位。

在罗鲁教授的指导下，申请博士学位的相关文件很快寄往教育部。

此时，李国豪又在学校选读了数学、结构力学、钢结构和桥梁工程等几门重要的专业课程。每天除了专心听课、认真笔记，回家后仍然埋头钻研相关参考书，泡在图书馆查阅最新科研成果，每天的生活忙碌而且充实。

随着德国法西斯野心的急剧膨胀，欧洲上空的战争阴云越来越厚。1939年3月占领整个捷克斯洛伐克后，为了解除进攻法、英的后顾之忧并建立进攻苏联的前进基地，希特勒立即将侵略矛头指向波兰。

"有钱的同学去了瑞士、法国,我没有钱,只能留下。"李国豪回忆起这段刻骨铭心的日子,感慨不已。"当时洪堡奖学金是一年1000马克,分9个月发,每个月110马克。我找了一间比较便宜的房子,离达姆施塔特工业大学约3公里……一位姓余的同学送我一辆自行车,解决了我日常交通问题。"

1938年,留学德国时的李国豪。

1938年11月,德国教育部批准了李国豪攻读博士学位的申请,理由是:李国豪大学成绩平均90分以上,特别优秀。

**跟随克勒佩尔做钢结构**

刚到达姆施塔特工业大学时,李国豪一边申请,一边选了数门本科生的必修课和选修课,其中包括克勒佩尔(K. Klöppel)的"钢结构"。在达姆施塔特工业大学第一学期的学习生活即将结束时,克勒佩尔教授要借阅他的"钢结构"课程的听课笔记。在德国,教授讲课一般不印发讲义,授完一学期课程后,常常借学生笔记回顾课程内容、布置考试。克勒佩尔在当时德国与钢结构工程界、企业界联系密切,担任《钢结构》杂志主编,后来建立了钢结构领域的克勒佩尔学派。让李国豪意外的是,克勒佩尔教授看了他的笔记之后,十分赞赏这名中国学生的德文程度、严谨

❶《战火纷飞中的留德生活》,载《旅德追忆》,商务印书馆2000年版第188页。
❷ 达姆施塔特工业大学建立于1877年,是一所综合性大学,其前身是1836年创办的高级技术学校。据1996年德国《企业家》对欧洲115所院校评估,该校工程学科居欧洲大学第6名、土木工程第9名、建筑学第10名、机械工程第10名。

态度和学习能力。

1938年底，李国豪的申请获得批准。"我本科毕业设计选择的是钢筋混凝土体育场，但达姆施塔特工业大学没有这个方向的指导教师，只好找钢结构（方向的老师）。"李国豪回忆说，他去找克勒佩尔。"克教授当时37岁，年富力强，是德国钢结构协会的领导，兼任《钢结构》主编。他到校伊始，意气奋发，对我这第一个博士研究生极表欢迎，但是先要看看我的水平。当时，他正在担任一座拟建的汉堡易北河上公路铁路两用悬索桥的顾问，于是要我试做这座桥的设计。该桥具有三跨：265米+750米+265米。我花了两个多月时间，完成了计算和钢加劲梁的一部分设计。他看了很满意，让我考虑就这座桥做博士论文。"❶

1939年3月，经过一个多月的思考，李国豪向克勒佩尔教授提出，从做模型实验入手研究悬索桥的分析方法。克勒佩尔一听，即刻表示赞同，并说："教研室可以为你制作模型。"此后，李国豪以拟建的易北河上悬索桥为对象，设计了一个比例尺为1:250、全长5米多的桥梁模型，以直径1.1毫米的银丝为缆索，以钢琴弦为系杆，以8毫米×8毫米的方钢为加劲梁，模型由教研室一位师傅制作。让李国豪十分感动的是，这位师傅带着一个学徒"做得非常精致，充分表现出德国人的工作作风"。❷

转眼到了6月份，李国豪的洪堡奖学金虽然又成功地获得继续一年，但也得到秋季10月份方能开始，中间7-9月怎么办？李国豪心里愁云密布。6月的一天中午，中国留学生和平常一样，在大学的学生食堂午餐后一起聊天，大家各自谈起暑假的打算。一个名叫汤德全❸的同济校友问他："你暑假准备怎么安排？"

李国豪说："我本来想在暑期做博士论文，但是这三个月没有奖学金，只好去找个短期工作做做。"

"我借给你500马克。"停了一会儿,汤德全说。

李国豪喜出望外:"我很感激你,但是我不知道什么时候才能够还给你。"就这样,李国豪又能在两个月的假期里集中精力做论文了。

1938年10月起,德国向波兰接二连三地提出领土要求,遭到波兰政府的拒绝后,德国正式进攻波兰。

1939年,留学德国时的李国豪。

随着战端开启,德国各大学已经不开学了,德国年轻大学生大都当了兵,到部队接受训练,然后开赴前线。到战事结束,其中许多人都死在战场上了;国外留学生则大都到了丹麦、瑞士这些国家,像汤德全就到了瑞士,后来在瑞士苏黎士联邦工业大学学习动力机械专业,毕业后还在瑞士当了一段时间工程师。李国豪所说的汤德全是我国矿山机电专家和教育家,矿山机电学科的奠基人,中国工程院院士。他1936年毕业于同济附中,1937-1939年在德国达姆施塔特工业大学机械系预科学习。

战事开启,一切都变了。有一天,一名挪威同学来到汤德全的住所,含泪诉说自己的祖国挪威被德国法西斯占领了。血气方刚的汤德全把从画展上买来的一张拿破仑画像,狠狠地钉盖在墙上的希特勒照片上。他的举动被是纳粹分子的房东发现,于是以侮辱元首罪被告发到党卫军处。接着汤德全就遭到德国纳粹的搜查、拘留和审讯。在等候最后处理的时候,在中国驻德使馆和德国老师的帮助下,汤德全逃离了德国去到瑞士,转学瑞士苏黎世联邦工业大学(E. T. H. Zürich)动力机械专业继续学习。

就在同学们纷纷逃离德国之际,李国豪一个暑假的努力已经结出不错的成果——论文经过理论分析和模型试验,已经有部分

❶《战火纷飞中的留德生活》,载《旅德追忆》商务印书馆2000年版第188页。
❷ 同上。
❸ 据《录音自述》。

章节成型了。他把写好的一部分论文、文献、述评和内容简介拿给导师克勒佩尔看。两天后,克勒佩尔对他说:"从现有的内容看,论文会很不错。你的中国同乡都打算离开德国,你也可以回中国去,论文写好后再来答辩。"可是,李国豪回不去。因为"我囊中羞涩,寸步难行,眼看战争大祸临头,遥望抗日烽火连天的祖国,不禁喟然长叹。"❶

### 赢得"悬索桥李"称号

1940年2月底,李国豪提交名为《悬索桥按二阶理论的实用计算方法》的博士论文。论文完成用时不到一年。

两个月后,参加论文答辩的专家一致同意授予李国豪工学博士学位。时年,李国豪27岁。

这篇论文中,李国豪在研究悬索桥变位理论实用方法中发现❷:

1. 悬索桥变位引起非线性项相当于将主索的水平拉力直接作用在加劲梁上的效果。根据这一发现所提出的等效模型不但揭示了悬索桥力学本质,而且使这种复杂的结构分析一下子被简化了,特别是为振动分析铺平了道路。

2. 虽然非线性项的存在使迭加原理失效,但影响线却是桥梁计算中确定最不利加载位置的依据。考虑到大跨度悬索桥中活载相比于恒载较小的特点,李国豪提出了"奇异"影响线的概念,将非线性问题在有限制的范围内加以线性化。

3. 为了减轻反复试算和迭代计算的困难,李国豪找到了通过三次线性理论的计算,然后以内插求解的途径,巧妙地解决了问题。

上述三个基本思想构成了他的实用方法的骨架。论文1941年发表在《钢结构》杂志上,德国桥梁工程界为之轰动,"悬索桥李"的称呼不胫而走。多年后,曾担任世界桥梁协会副主席的中

1940年,李国豪在达姆施塔特工业大学钢结构与钢桥和结构力学教研室的试验室做悬索桥模试验。

国工程院院士项海帆评价:"这在40年代初是具有重大意义的突破。虽然在计算机已经普及的今天,人们已能方便地进行各种复杂的非线性分析,但李国豪的论文至今仍作为经典悬索桥二阶理论的宝贵历史遗产而被各国教材所引用。"同济大学德国校友会名誉会长余安东在《忆国豪老师二三事》中说:"在德国土木界,人人知道有个 Grosser Lie(伟大的李),他们有的还学过老师的二阶理论,说他学过的教科书里有李国豪公式。"这(20世纪90年代)距李国豪发现变位理论的实用方法已经过去了整整50余年。

"论文写好后,没钱印了。"李国豪回忆:"幸亏克勒佩尔教授伸出援手,从研究室拨出1000多马克,才解决了我这个难题。"

李国豪的论文进入尾声的1940年元月,他来到克勒佩尔所在的教研室工作。因为论文尚未提交,所以最初是半天工作;3月开始,李国豪便全天工作。"4月底举行论文答辩。答辩结束后,主任评委克勒佩尔教授邀请罗鲁教授和副评委,一位结构力学

❶《战火纷飞中的留德生活》,载《旅德追忆》商务印书馆2000年版第189页。
❷ 参见《李国豪传略》(项海帆),《李国豪与同济大学》同济大学出版社2007年版第285页。

教授，和我一起到达姆施塔特一家高级宾馆，举杯祝贺我以优异的成绩获得了工学博士学位。晚上我在家里又独自欢庆，不禁酩酊大醉。"❶

李国豪在回忆录中这样描述："从此有人戏称我'悬索桥李'。当时我用的德文译名为Kuo-Hao Lie，缩写为K.H.Lie。从50年代起，我改用汉语拼音译名Guo-Hao Li。国内外多不知道，两个姓名是同一个人。"❷

从此，李国豪从事工科研究的逻辑路径确立：接受（发现）一个课题（问题）之后，先进行理论分析，接着制作模型展开试验（到现场验证），然后理论分析与模型试验结合印证其推论，最后形成结论，并以之指导工程实践。这个路径（方法），李国豪用了一辈子，也在同济大学桥梁系及其他工程专业的教学与科研中成为不易之法宝，这种方法正是他从德式教育中习得的。

读博士期间，李国豪不仅受到克勒佩尔悉心的指导，还感受到了德国教授们的生活热力和亲和力。"这期间，我先后参加了罗鲁教授和克勒佩尔教授带领的专业参观旅行。每次都有助教和学生共十多个人参加。罗鲁教授带领我们到汉堡参观铁路。参观

李国豪在做悬索桥模试验。

后，我们几个中国留学生请他到中国饭馆吃饭，并跟他去看一家夜总会。他那时60多岁，但是还带着尖顶的纸帽子，翩翩起舞。跟克勒佩尔教授到埃森和杜塞尔多夫参观炼钢厂和钢结构制造厂，我们都住在一个青少年旅游寄宿所（Jugendherberg），在大房间里设很多床铺，有简单的卧具，盥洗室和卫生间是公共的，简单整洁，很便宜。晚上大家一起出去喝啤酒，喝得高兴时，克教授和大家一起挽着手唱歌，如'蓝色多瑙河'。"李国豪感叹说："由此可见，德国大学的师生关系，教室里很严肃，到了外面就很宽松了。"❸

获得博士学位后，李国豪还是留在克勒佩尔教授的教研室工作，主要从事科学研究（因为大学生大多到了战场，教学几乎停顿）。此时，李国豪对桥梁问题的探索兴趣已经浓得化不开了。

### 获"特许任教工学博士"学位

在克勒佩尔的教研室，李国豪主要从事的还是钢桥的理论分析。比如，蒸汽机车通过时产生的多种强迫振动如何对悬索桥发生影响？怎样计算？三跨连续加劲梁不设中间支座的悬索桥弯矩究竟多大？如何计算？诸如此类尚待开垦的"处女地"，李国豪跟随着自己的疑问不断探索，在结构稳定理论、离散杆系结构的连续化分析方法和桁梁弯曲与扭转理论方面不断探索，得出了诸多令人叹服的成果。

结构稳定理论方面：

在40年代初，理想中心压杆的欧拉临界力❹，即第一类稳定的

---

❶《战火纷飞中的留德生活》，载《旅德追忆》商务印书馆2000年版第191页。
❷ 同上。
❸《战火纷飞中的留德生活》，载《旅德追忆》商务印书馆2000年版第192页。
❹ 杆件所受压力逐渐增加到某个限度时，压杆将由稳定状态转化为不稳定状态。这个压力的限度称为临界力$P_{cr}$。它是压杆保持直线稳定形状时所能承受的最小压力。

分支压屈荷载已为工程界所掌握，而偏心压杆的第二类稳定压溃荷载的研究尚处于探索阶段。对于压弯杆件包括一些压弯的框架和拱是否存在分支点的问题，当时还缺少明确的认识。

李国豪在参加DIN4114规范的工作中意识到区分两类不同性质的稳定问题的重要性。他以能量变分的形式于1943年写出的《弹性平衡分支的充足辨别准则》一文，从理论的高度阐明了两者的本质区别和辨别准则。他的研究表明：由齐次方程所描述的平衡是其他各种可能的，由非齐次方程或积分方程所描述的平衡问题的一个特例。平衡存在分支点的条件是只要所给定的平衡状态中，不包含系统最低固有函数形式的变形分量。

这一辨别准则虽然不是提供具体的稳定验算方法，却具有普遍的指导意义。它对于具有初始弯曲或扭转的实际结构，如板的翘曲、梁的侧倾、拱和刚架的屈曲以及杆的弯扭屈曲和桁梁桥侧倾稳定等都是适用的。

赵其昌在《李国豪教授的公式》[1]一文中谈道："20世纪50年代，我在德累斯顿技术大学攻读土木工程专业。在结构稳定课上，毕尔格麦斯特教授（Prof. G. Bürgermeister）讲到结构稳定中受压杆件的平衡分枝问题，说其充分判定式是由一位中国教授李国豪创立的，即平衡分枝的充分判定式：

$$\int_0^l \frac{M \cdot SM}{E \cdot I} = 0$$

1979年，李先生的导师克勒佩尔告诉我，这项成果是李校长结合当时德国结构稳定工业标准DIN4114的制定而独立完成的。因为是在以导师命名的研究单位完成的，所以论文发表使用了两个人的名字。"

离散杆系结构的连续化分析方法：

桁架是一种离散的杆系结构。在计算机尚未问世的40年代，用古典的力法分析，即使只有十余次超静定桁架结构也是一件十分繁重的工作。1943年，李国豪在分析一座复杂的多腹杆菱形桁架体系时，面对50多次超静定结构的困难，他想到了当时处理悬索桥吊杆的"膜理论"，将离散的桁架体系也化成连续体系，用微分方程来处理。他仔细推导了刚度转换的等效关系，并用模型试验反复验证，经过多次改进，终于达到了理论和试验的一致，写出了题为《桁架和类似体系结构计算的新方法》的论文，为桁架结构分析开辟了一条新的途径，在离散结构和连续结构之间架起了桥梁。

李国豪还将当时刚刚诞生的有限元法[2]的思想引入了桁梁桥的分析。他把连续化了的桁梁结构再分段离散，建立了特殊的"桁梁有限元"，其中包括了反映桁梁横截面翘曲和畸变的必要的位移参数。分段离散后的单元又便于处理变截面和多跨连续等的实际情况以及考虑桁梁、拱和悬索等其他体系的相互组合，达到了灵活多变的境界。特别是对于稳定和振动分析，既能大大节省计算时间，又能取得足够准确的结果。

1940年开始的短短3年时间内，李国豪相继弄清了德国弗兰肯谷河上在建悬索桥垮塌原因，给出跨度90米、四重交叉斜腹杆铁路桁架桥主桁内力的结构分析新方法，参加德国钢结构稳定规范修订工作，深入研究了弹性稳定的基本问题……大量的工程实践背景让李国豪的眼界越来越开阔，思维越来越活跃，高水平成果接连公布。1942年，他因《用几何方法求刚构影响线》（《刚构分析的几何方法》）的论文获得德国特许任教博士学位（Dr.-Ing. habil）。期间，李国豪发表了近10篇重要论文。

---

[1] 赵其昌先生专门为笔者写了这篇文字，让笔者尤为感动。
[2] 有限元法是把要分析的连续体假想地分割成有限个单元所组成的组合体，简称离散化。用有限元进行分析时，首先将被分析物体离散成为许多小单元，其次给定边界条件、载荷和材料特性，再求解线性或非线性方程组，得到位移、应力、应变、内力等结果。其中最主要的计算步骤为连续体离散化、单元分析和整体分析。

尤值一提的是1942年佛兰肯谷河上一座钢板桥梁垮塌原因的分析。那年春夏，佛兰肯谷河水泛滥，一座悬臂钢板梁桥在拼装到临时桥墩时，发生了悬臂桥身连同临时桥墩一起倒塌的事故，来不及躲避的数名工人当场被压死。德国当局迅速成立事故调查委员会，委托克勒佩尔教授进行调查分析。这项任务最终落在李国豪身上。

调查开始时，有人觉得事故是因为靠中间墩上的钢腹板失稳所致。在事故现场反复观察思考的李国豪觉得这种说法说服力不够。获得桥梁有关技术资料和实测数据后，李国豪回到实验室对桥梁受力结构反复分析、计算、试验后认为：事故是由于临时桥墩首先失稳，导致板梁悬臂倒塌坠入河中酿成的。

1942年，李国豪29岁，又身处科学技术高度发达、桥梁专家众多的德国，面对震惊德国的这场重大事故，要做出独立而科学的事故原因判断，其需要的勇气可想而知。而勇气与胆识的来源就是尊重事实、头脑冷静、实事求是。这种独立的科学思考态度，李国豪秉持一生。

离散杆系结构的连续化分析和桁梁弯曲与扭转问题让李国豪在开始阶段很是伤神。

1942年秋，克勒佩尔教授让他为一家钢结构工程公司分析一座跨度90米、四重交叉的斜腹杆系的铁路桁架桥的主桁内力。按照古典结构力学理论，这一分析对象是50余次超静定体系。而当时的手摇或电动式计算机只能计算至多十次左右超静定结构的受力状况。几个月的思考，他终于想出将桁架的腹杆化成连续分布的腹杆条，从而把由杆件组成的离散体系桁架化成为连续体力学模型，使用上下弦杆的位移的微分方程求解方法。紧接着，李国豪做了一个50厘米左右的薄钢板模型，试图以试验数据检验理论

1940年,李国豪通过博士考试。

计算结果。

他在《战火纷纷中的留德生活》中回忆:"1942年秋碰到一个很难的题目(作者注:指离散杆系结构的连续化分析和桁梁弯曲与扭转问题),要求按照弦杆在节点刚性连接的实际情况,分析一座铁路桁梁桥的内力。用当时的结构力学方法和手摇计算机是没有办法解决的。"努力了半年多,李国豪面对得出的数据大失所望!"当中失眠了一个星期,到南德(风景)胜地巴登巴登(Baden-Baden)疗养了十多天。"也许是疗养的松弛作用所致,回到教研室后,把这个离散结构化成连续体,用微分方程以级数求解,把问题解决了。

1996年初,李国豪接受《群言》杂志记者方荣采访时,再次回忆起这段经历,他说:

当时(攻读博士学位期间)工程实践也比较多,我也没有什么可分散精力的,所以能全力以赴,时间和精力都集中在科学研究上了。1939年春,汉堡要修建一座主跨80米的公路铁路两用悬

1941年，李国豪（右三）与同学金经昌（左三）、段其燧（左一）在曾在山东济宁行医的德国医生郎格夫（右一）家中。

索桥，我就结合这座桥的实践开始我的博士论文研究工作。在做模型和试验的同时，进行理论探索和演算，通过研究悬索桥加劲梁变位理论(二阶理论)的弹性弯曲微分方程悟出悬索桥的受力相当于一个受竖荷载的梁同时受一个轴向拉力的道理，由此演引出从概念到方法都十分新颖的《悬索桥按二阶理论的实用计算方法》博士论文，并用模型试验加以验证。不到一年功夫，我凭此得到工学博士学位，并得到了"悬索桥李"的名声，当时我才27岁。

二次世界大战爆发使得我没法回国。在这一时期，我除了从事钢结构焊接问题的研究外，主要负责研究工程建设中出现的各种桥梁结构方面的新问题和老难题，从中对悬索桥、桁梁桥和结构稳定的分析都做出了有创造性的研究，发表了近10篇重要论文。这个时期，由于年纪轻，精力充沛，思想非常活跃，加上工程实践多，出的成果也比较多。1942年我以《刚构分析的几何方法》的论文成为第一个获得德国"特许任教工学博士"学位的中国留学生。

谈到"悬索桥李"的说法，李国豪对方荣说："在我的博士论文发表之前，悬索桥也有计算和分析的方法，我的计算方法应该说是更形象更简洁，不能说我是开创了一种理论，这种说法是不好的，应该说我对分析的方法有所改进和创新。在博士论文完成后，我继续对汉堡拟建的悬索桥进行深入的研究，揭示出三跨连续加劲梁不设中间支座的体系无支承弯矩高峰的优点。这种体系在70年代美国修建的一座斜拉桥上被采用了。"

**"听到大批的飞机和雷鸣般的爆炸声"**

在克勒佩尔教研室工作，李国豪的待遇不错。他的工作室就在克勒佩尔教授的隔壁，20平方米左右的房子只有李国豪一个人用。"室内挂有一块黑板，克勒佩尔教授常常在快下班的时候到我的工作室来，利用黑板和我讨论问题，中午到一点多钟，下午到六七点钟。有时候，就一起去饭馆吃晚饭。战争初期的一个暑期，有时在上午十点多钟克教授就叫我一起去达姆施塔特的大湖（Großer Woog）游泳。在圣诞节和我的生日，克教授总是非常客气地请我到他家里吃饭。"❶ 李国豪在克勒佩尔指导下研究得出的成果，有的以师徒二人的名字共同发表，但更多的是以李国豪一个人的名字发表的，所以多年以后，李国豪回忆起这些细节，还不住地感叹："足见克教授科学道德之高尚。""他把我不仅当作科学助手，而且当作朋友，使我这个飘泊异国的游子得到一些温暖。"

不仅克勒佩尔教授，罗鲁教授也是如此，因为他曾在同济大学工作过的缘故，有时请学生李国豪、段其燧、金经昌到他家里吃饭。更让李国豪津津乐道的是，有一位曾经在山东济宁工作过的

---

❶ 《战火纷飞中的留德生活》，载《旅德追忆》商务印书馆2000年版第192页。

1941年，李国豪在达姆施塔特工业大学的工作室。

德国医生，在法兰克福参加一次由中国大使馆举行的招待会上和李国豪他们认识了。随后，便常常请三人到家里，一起做中国饭吃，医生还拿出从中国带回来的皮蛋、绍兴花雕，把漂泊的游子吃得欢天喜地。更让李国豪感动的是，偶然在罗腾堡旅游时认识的一对德国夫妇，后来竟然从柏林往达姆施塔特给他寄来生日蛋糕。

想家，想回。"国内音信断绝，仅仅从柏林中国留学生办的简讯中，能够得到一点关于祖国正在艰苦进行的抗日战争的消息，而又多是失败的消息，增加人的焦虑不安。其次，中国与英美为同盟国，德国与日本为轴心国，彼此敌对，胜败矛盾。虽然德国政府和人民没有把我们当作敌人看待，但是，我们心里总是不舒服的。1941年冬，我去柏林跑了一趟，打听有无回国的可能，结果失望而归。就这样，只好在德国继续待下去了。"李国豪回忆说。

达姆施塔特城内有一个大戏院，经常上演交响曲和歌剧，还有一个小戏院，上演小歌剧和话剧，且可以预订一年不同演出场次的固定座位。李国豪订了年票，看戏的同时也彻底地融入一般德国人的生活之中："他们把去戏院听音乐或歌剧当作精神生活中的一个盛宴，盛装打扮，漫步大厅，全神投入，身心超脱。盛会之后，余音袅袅，的确是高雅享受。我也从中调剂孤寂的生活，并养成了以后对这方面的爱好和乐趣。"❶

"德国人民和德国环境实在令人赞赏。"李国豪由衷地感慨，达姆施塔特周围森林茂密，绿草如茵，景点幽雅，是周末和假日去游览的好地方。夏天里，李国豪经常去大学体育场晒太阳或游泳，其他季节则去市室内游泳池游泳；一得空，他便骑着自行车去近郊玩，骑车到海德堡、科隆、特里尔等地也很平常。因为正处战时，百姓的汽车或者被军队征用，或者因为没有汽油供应而停驶，马路上空得很，骑车子非常舒服。所到之处，野外森林苍

1940年8月，李国豪（左三）与同学段其燧（左一）、金经昌（右一）在罗鲁教授（左二）家中。

❶《战火纷飞中的留德生活》，载《旅德追忆》商务印书馆2000年版第192页。

043

翠、绿草如茵；城镇中，各种服务设施，博物馆、展览馆、教堂、古宫、古堡等等，都整洁悦目，井井有条，且民风淳朴，人人都彬彬有礼。

但，战争的阴云越来越近了。

1943年2月，斯大林格勒保卫战苏联取得胜利后，苏德战场乃至整个欧洲战场朝着盟军有利的方向发展，希特勒及其法西斯德国在两线作战的泥潭中已经不能自拔。英美联军追击德国法西斯的马蹄声急，本属于后方的达姆施塔特遭遇的空袭也一天天多起来了。

李国豪将一套衣服，小皮箱和一床必备的毛毯放在伸手能够着的地方——有警报随时跑。

1943年9月的一天，已经是晚上10点钟了，预备警报突然"呜呜"轰响，接着就是紧急警报。"接着，我透过百叶窗看见飞机投下照明伞的亮光，赶紧从床上跳起来，穿上准备好的运动衣，拎好装着个人重要资料和物品的小提箱，从三楼向楼下直冲。刚进地下室，跟着听到头上炸弹落下时的揪心尖叫声，隔壁又一声爆炸巨响，邻居的房子被炸中了。我们地下室窗口的小防护墙也被气浪冲碎，碎石'呼呼'地飞了进来。等飞机的声音小一点之后，我急忙从地下室出来，想了一下，我朝克教授家跑，因为他家在市区东北边，料想不会被炸到。跳过马路上的许多燃烧弹，跑了半个钟头才跑到。克教授开门一看，见到我的狼狈样，大惊失色，急忙和夫人一起安顿我睡觉。第二天早餐后，我回家一看，百叶窗毁坏了，地上和床上有许多窗户的玻璃碎片，如果当时呆在房子里，肯定受伤了。接着，我搬到了市东南边去住，以为这里会比较安全一些。"❶

接着就是第二次轰炸。"跟第二次比，第一次的轰炸就是小巫见大巫，只能算一次演习。"李国豪回忆说，"那是1944年9月11日晚上。我住在新搬的房子里，开着收音机听警报。突然听到，飞机到了海德堡上空，朝达姆施塔特方向飞来。我本来想往附近的森林里逃，因为听说空袭时在露天很多人被风雷（Luftmine）所杀伤，于是改向地下室跑，随即听到大批飞机飞到了头上，接着就是雷鸣般的爆炸声。在这十分恐怖的时刻，突然看见，进地下室的楼梯着火了，地下室的后门被冲破了，并且也烧起来了。我迅速跳过烧着的后门，向外边逃窜。外边道路两旁的房子都烧起来了，一片火海。火焰照在脸上和身上都发烫。幸亏我准备了一块湿毛巾包着头，跑了十多分钟，回到原来住的房子。幸好它没有被炸到，就在它的地下室坐等天亮。早晨出去一看，周围的房子和树木都被炸成一片废墟，行人默默无言，欲哭无泪。"❷

第二次死里逃生的李国豪，走向不远处的伊丽莎白医院广场，那里有个施粥站。吃了粥，工作人员问明他的情况后，随即给了100马克和一张明信片大小的"完全被炸光（Totalausgebombt-Ausweis）"证明，要他去自找安身之处。李国豪决定离开这里，到维尔茨堡去，去找恋人叶景恩。

李国豪和叶景恩认识是在1940年慕尼黑的一次中国留学生聚会上。

"祖国遭劫，人民遭殃！"留学生们时刻挂念着国内时局，挂念着亲人的安危。

"国家要强大！只有强大外敌才不敢加害！国家强大需要我们挑起担子。"那时李国豪已经基本完成博士论文，聚会上的表现也相当活跃。他的慷慨陈辞引起了在维尔茨堡大学医院工作的

---

❶《战火纷飞中的留德生活》，载《旅德追忆》商务印书馆2000年版第192–193页。
❷ 同上，第193页。

叶景恩的好感。

先是书信往来，接着李国豪又邀请叶景恩到达姆施塔特市来工作，可是由于房东不愿意租大点的房子，只好作罢。

叶景恩全家当时都在欧洲，她是在慕尼黑大学完成学业获得博士学位并通过国家医学考试的，1942年到维尔茨堡大学附属儿童医院工作。医院在维尔茨堡市的西北角，再朝乡下走，便到了一个静谧恬适的小乡村——费施巴赫村。1944年11月，李国豪与叶景恩就在小村庄的一位老太太家里完婚，从此开始了40年相濡以沫、风雨坎坷的夫妻生活。

# 第三章 回到同济

**大使说：中国留学生可以经由法国回国**

维尔茨堡市位于德国中南部，是德国重要的工商业、文教中心城市。用风景如画来形容坐落于莱茵河畔的古城维尔茨堡再恰当不过了。"维尔茨堡市很美，有山有水。山上有古堡、古宫，水上有古桥。"李国豪回忆说。

租住在农民家里，喜欢旅游和游泳的李国豪自然是要把古城的山山水水看个遍的；不仅如此，他还经常骑着自行车回达姆施塔特和克勒佩尔教授见面，讨论工作。"我写好的几篇研究结果，在我回国后，由克教授费心，以我们两个人的名义在德国杂志上发表了。"❶然而，好景不长。1945年2月间，维尔茨堡也遭到轰

1946年，李国豪与夫人叶景恩女士带着女儿从德国转道西贡回到上海。

---

❶《战火纷飞中的留德生活》，载《旅德追忆》商务印书馆2000年版第197页。

炸，但是由于炸弹投放比较分散，并没有对城市造成多大的损失。最严重的一次轰炸是1945年3月16日夜里，英国皇家空军的280架轰炸机在此投下了1200颗高爆炸弹和大量燃烧弹，炸弹总量近千吨。巨大的爆炸声和浓烈的火焰摧毁了城中90%的建筑，其中包括古城。

随着轰炸声的响起，走。往哪里走？"这时真不知道投奔何处。几经考虑，决定去夫人的一位德国同学的父母住地——考夫博伊伦（Kaufbeuren），在维尔茨堡南面200多公里，慕尼黑西面70多公里，是一个小镇。夫人以前在慕尼黑的一位女同学李立聪也要一起去。于是，我们三个人徒步出发，由我推着带上三人细软的自行车。路过市区不见人影的断垣残壁的废墟时，我们个个毛骨悚然。晚上我们投宿难民营，席地和衣而卧，幸亏那时天气已经不很冷了。在中小城市里，早上9点钟以后，空袭的危险比较小，我们就改乘火车。就这样我们慢慢地走到了目的地考夫博伊伦。"❶李国豪夫妇在小镇上的一位农民家里租了房子安顿下来。

1945年4月，苏军集结250万人发起柏林战役，4月25日完成对柏林的包围；4月1日，盟军在鲁尔地区包围西线德军主力，并于4月18日迫使被围的32.5万德军投降。4月25日苏军与美军在易北河畔托尔高会师。4月27日，苏军突入柏林市中心。30日，希特勒畏罪自杀。5月3日，柏林战役结束。5月7日，在盟军司令部所在地兰斯，德国政府代表向美、英、苏、法代表签署无条件投降书；8日，在苏军司令部所在地，德军代表再签投降书，德国纳粹政权覆灭。

5月9日欧洲战事结束。

亚洲战场，由于日本拒绝接受《波茨坦公告》，太平洋战场的美军加强了对日本本土的空袭力度。1945年8月6日和9日，美军在广岛、长崎相继投下当量为2万吨TNT炸药的原子弹，日本居民死伤、失踪数十万人。1945年8月8日，苏联对日宣战。次日，百余万苏军分别从西、东、北3个方向在中国东北、内蒙古和朝鲜北部4000余千米战线上对日军发起进攻。8月15日，日本天皇广播投降诏书，17日向国内外日军发布和平投降命令。9月2日，日本正式签署投降书。至此，人类战争史上最为惨烈的一次大规模战争结束。

战场上的好消息接二连三地传来，身在异乡的留学生们兴奋异常、归心似箭。

1945年12月，中国驻法国大使馆传来消息：中国留学生可以经由法国回国。

喜讯传来，李国豪和叶景恩立即动身前往巴黎，散落在欧洲各地的中国留学生在此聚集者已经很多了。战后的欧洲，千疮百孔，备受蹂躏的法国同样破败不堪，李国豪夫妇和留学生们只能暂时在难民收容所中安身。

不久，一艘法国运兵船要去越南。满心欢喜的李国豪夫妇随即打点行装准备回国，谁知却被告知：由于船上既没有产科医生，也没有生育必备的硬件设施，无法保证已近临产期的叶景恩安全。李国豪夫妇只得继续在马赛滞留下去。1946年3月底，李国豪夫妇再次登上前往越南的运兵船。

从西贡千辛万苦回到上海已经是1946年的六七月份了。

"船长不让我们下船，说中方必须要有人来接。"李国豪夫妇抱着女儿归华就这样狼狈地困在黄浦江面上，眼望着外滩错落有致的建筑，脚却没法踏上熟悉的家乡土地。好在同行的一名中国旅客有个在上海市政府接待处工作的亲人，法方联系上之后，大家终于下了船。

---

❶ 《战火纷飞中的留德生活》，载《旅德追忆》商务印书馆2000年版第197–198页。

## 修理外白渡桥

1946年的上海和全国许多大中城市一样，国民党正忙着接收战败后的日本人留下的各种装备、占据的城市，根本没有精力考虑民生之事。

1946年6月，走出上海码头的李国豪夫妇随即沦为难民。60年后，李国豪在《战火纷飞中的留德生活》中感慨道："少年励志，唯学是求；不顾贫困，德国远游；幸得良师，更遇善友；潜心斗室，乐以忘忧；战火纷飞，安饱奚有；大难不死，矢志不休；辗转归国，叹何处兮能我留！"❶

东歇一夜西栖一宿的李国豪一天在街上闲逛，突然看见"上海市工务局"的牌子。犹如黑漆的夜里突现亮光，他想也没想就径直上了楼。

"谁介绍你们来的？"风度翩翩的局长抬起头来问。

"看到牌子就上来了。"李国豪说。

"呵呵！"局长笑起来了。

"德国学工数年，回国效力，想在您这找份事做。"李国豪看着眼前这位也是书生，直言相告。坐在宽大办公桌后面的赵祖康❷局长确是一位书生，早年毕业于唐山交通大学的他，也是怀着一腔救国于贫弱的梦想留学美国，在康奈尔大学专攻道路工程。

6月，李国豪在工务局上班。

李国豪在工务局一年多，只做了一件与桥有关的工作——修理外白渡桥。

1908年竣工的外白渡桥东望黄浦江、坐落在苏州河出口处，南连外滩，北接上海大厦。桥长104.19米，车行道宽11.2米，两侧各有一条2.9米宽的人行道。桥梁上部结构为下承式简支铆接钢桁架，下部结构为木桩基础的钢筋混凝土桥和混凝土空心薄板桥墩，共2孔，通航净宽50.90米。

随着上海大厦地基的不断下沉，混凝土地基不断挤压着北桥墩，导致桥墩活动支座连同下支撑板拉裂混凝土墩顶，日复一日慢慢滑向苏州河，更可怕的是桥面受到拉扯也开始出现异常！

工务局讨论的修理方案是：修理其间，封锁航道，中断桥上交通。因为这座桥是当时上海陆上、水上交通咽喉，桥上每天人流、车流量数以十万计，加上苏州河里船只如梭，如果封航禁行，势必造成极大的社会影响。故而，工务局一时拿不定注意。拿不定主意的工务局找到德国有关部门，希望派专家前来踏勘解决，德国方面很快回音：你们有桥梁专家李国豪，何必舍近求远？于是，修理外白渡桥的任务落到李国豪的身上。

李国豪还是用在德国做研究时的老办法，天天跑到外白渡桥，桥上桥下反反复复地察看。琢磨清楚、心里有底后，才拿出自己的方案：在遭到损坏的支座桥墩前面，打洞，插入钢筋，浇注混凝土。

这个方案只需在作业区做一个不大的钢板围堰，无需封航，无需禁行。

李国豪的方案既经济，又颇便市民来往通行，修理外白渡桥的故事一时间在上海滩广为流传，引得啧啧赞美；此事也引起了桥梁工程界的广泛注意。一家丹麦人开的康益工程公司许诺高薪、解决住房等优惠条件邀请李国豪加盟。可是，进入康益后李国豪发现这家公司根本不信任中国人，自己在公司里只能打打杂。原来，这家公司是想利用他来提高公司在中国市场的亲和力。

---

❶ 参见《李国豪与同济大学》（同济大学出版社2007年版）第218页。
❷ 赵祖康，字静侯，江苏松江县（今属上海）人。1932年，从美国康奈尔大学研究院道路与排水工程专业学成回国，进入全国经济委员会筹备处，担任道路股股长，直到1945年。1949年5月，上海解放前夕，他曾担任7天代理市长，工作得到陈毅的嘉许，并受命担任上海工务局局长。后曾任上海市副市长。其间，主持制定了上海市都市规划。

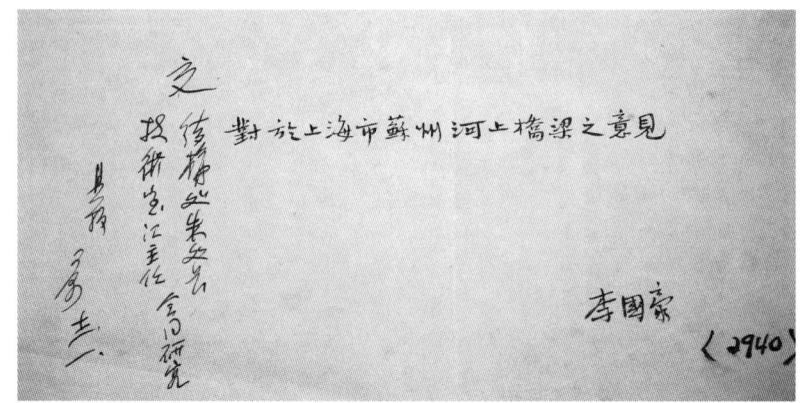

1946年，李国豪《对于上海市苏州河上桥梁之意见》的封面。（原件存于上海档案馆）

在工务局期间，李国豪还针对苏州河上的桥梁架设写过一篇名为《对于上海市苏州河上桥梁之意见》的文章，认为：

美观之桥梁式样大约只有三种。首为三孔式之吊桥，次为拱在桥面下之拱桥，末为直梁桥。但在选择桥梁式样时必须尚顾及桥与附近建筑物及邻桥之调和。若相邻桥梁之式样不一，即不调和，尤以城市为然。

文中，李国豪较为详细地谈了对上海苏州河上的四川路桥、外白渡桥等桥建筑风格的看法。在他眼里，苏州河自四川路桥以上河面宽度不过六七十米，且两岸建筑物紧靠河边，故苏州河上新建桥梁，外表为拱桥样式而实际为直梁的桥最为适宜。像乍浦路桥、四川路桥、河南路桥与西藏路桥就是这种桥；与此相反，外白渡桥、恒丰路桥、成都路桥则与周围环境不相宜。李国豪是我国土木工程界学者中较早关注桥梁与环境协调等美学问题的学者。

这种关注一直持续到晚年。20世纪80年代李国豪任上海市政协主席期间，上海市内交通日益繁忙，外白渡桥越来越成为交通瓶颈。上海市政府决定加宽桥面至6车道，这个单纯考虑地面交通的方案受到上海市政协委员、市水利局副总工程师邵常坎的质疑。邵常坎上到和平饭店楼顶、下到苏州河河浜，反反复复观察周围

建于1907年的外白渡桥，是上海的标志性建筑之一。图为20世纪30年代的外白渡桥。

环境，1986年4月下旬，在上海市政协六届四次会议上提出陆上、航运、防洪、景观综合治理的改建外白渡桥新方案：在苏州河吴淞路河段，建造一座挡潮闸，利用两个闸墩架一座新桥，桥面为三车道，并拓宽德福路、吴淞路、南苏州路等道路，车辆由北往南单向行驶；外白渡桥现有的三车道改为由南向北单向通行。邵常坎的意见因为将吴淞路桥与水闸结合，防汛防潮且投资省、效益好，还可增加河两岸近万平米的面积。

方案得到李国豪的全力支持。在有关专家认真论证后，被市政府采纳，列入"七五"计划中予以实施。

1946年8月，颠沛流离近10年的同济大学从李庄迁回上海，董洗凡❶校长邀请李国豪回校任教并担任土木系主任。

## 主持土木系系务

劫后复生的同济大学，百废待兴。1946年6月1日，学校在上海开始办公。第4天，校长董洗凡致电教育部和外交部，请求暂

---

❶ 董洗凡，又名人骥，河北完县人。1919年升入同济医科，1920年入柏林大学，改学政治经济学，后转入科隆大学完成学业。1925年回国。1946—1947年任同济大学校长。

1946年，李国豪《对于上海市苏州河上桥梁之意见》。（原件存于上海档案馆）

免遣送同济拟聘用的14名德国教授。9月6日，教育部核准。随后，学校又陆陆续续聘用了其他外籍教师数人。

当时的学生董鉴泓的记忆里，原来的吴淞校舍已被日军炮火炸得片瓦不剩，工学院只好安排在其美路（今四平路）上的日本中学（一·二九礼堂就是其建筑之一），二三百位学生住在健身房里。虽然生活条件很差，但所幸从德国回来了一批年轻教授，教我们力学的是刘先志（后为中科院学部委员、山东工业大学校长），教物理的是来自哥廷根大学珀尔教授的学生王福山（院系调整调至复旦，任物理系主任），教房屋建筑的先是郭汝铭后是冯纪忠，教都市计划及市政工程的是金经昌教授……

大力延聘教师，增设文、理、法等学院，同时学校还选举教授代表参与学校管理。1947年2月以来，同济大学将过去由校长、教务、训导、总务三长及各院院长、系主任参加的校行政会议，改为选举出的教授代表代替系主任参加会议。李国豪、黄席椿❶、吴之翰、叶在馥❷、廖馥君等16人经过选举成为教授代表。教授如此大规模参与学校管理，在同济大学的历史上还是第一次。教授参与学校管理，为日后学运中保护进步学生埋好了伏笔、打下了基础。

返沪后的一年多时间内，随着各种有效措施的实行，同济大学的学术活动迅速繁荣起来。被称为"医生的摇篮"的医学院，大批知名专家纷纷举行讲演、著书立说，梁之彦的"垂体肾上腺素的化学和生理学"追踪的是国际医学前沿课题，姚永政的《人体寄生虫学》被列为全国大学用书，谢毓晋❸、裘法祖、过晋源❹等创办的《大众医学》深入浅出地介绍医学知识，每期一出即被抢购一空。

李国豪除了为本科生讲授"钢结构"及"钢桥"两门专业课外，还与其他教授一起，把工学院的学术活动同样搞得非常活跃。1948年夏天，联合国教科文组织上海办事处负责人朱钰宝、教科文组织代表奥博来等来院参观交流，陈延年、朱振德等也纷纷走出国门深造。"本系（土木系）自三十六年度（1947）起主办学术演讲，每星期六午后举行。各教授准备材料之丰富，听讲之教员、学生均极踊跃，成绩斐然。如吴之翰教授所讲上海市建筑问题，金经昌教授所讲上海市计划及交通系统，均系实际工作经验，并博引图表极多。李国豪教授所讲桁梁计算新法及影响线新法等均自出心裁，极具学术价值。"❺这种传统一直延续到建国后，孙钧院士回忆，20世纪60年代初，李国豪组织成立结构理论研究室。

---

❶ 黄席椿（1912—1986），原籍江西九江，生于北京。电磁场理论与技术专家。1936年清华大学电机系毕业，1938年4月赴德留学，后获特许工程师学位。1941年回国。抗战时期，任同济大学电机系主任，几乎担当了弱电方面的所有课程。1946年5月随同济大学迁返上海，1952年任交通大学电机系教授，后随校迁至西安。

❷ 叶在馥（1888—1957），造船专家。中国造船工程学会创始人之一，川江轮设计的奠基人，尤以致力于设计改进川江客货轮的船型结构著称。抗战时期，设计改装了大批江河船舶，保障了战时大后方的水路运输。

❸ 谢毓晋，微生物免疫学家。江苏苏州人。1936年毕业于同济大学医学院。1939年获德国弗赖堡大学医学博士学位。回国后，任同济大学医学院教授、院长。建国后，历任卫生部武汉生物制品研究所总技师，湖北省第四、五届政协副主席。1954年在国际上首先研制出冻干乙醚活人用狂犬病疫苗。

❹ 过晋源（1914—1991），内科学家。江苏无锡人。同济大学医学院肄业。1939年毕业于德国慕尼黑大学医学院，获医学博士学位。1946年回国，任同济大学医学院教授、附属中美医院内科主任。建国后，任武汉同济医学院教授。擅长治疗内科消化系疾病，尤对肝胆疾病的诊治有较深研究。主编有《内科症状及诊断学》，参加编著有《内科学》等。

❺《同济大学工学院1948年工作概况》，档案号1—1370。

1946年,同济大学从四川李庄迁回上海,这是工学院校舍(今同济大学四平路校区一·二九大楼)。

"当时我们研究室的规模小,就徐植信、翁智远、朱伯龙、洪善桃、沈祖炎和我几个人(那时大学还没有开始招收研究生),只在南楼楼下占用了一个大间,李校长上午10时后总会从校部来研究室做学问。他安排的学术活动是每周一个下午,由前面提到的几位,大家轮流着讲;而他本人总是带头,每学期的第一周第一个讲。这督促着我们不敢丝毫马虎应付,每学期都要出新的研究成果并要在集体团队内宣讲的呀!李校长也总是实打实,听完后就对大家所讲的阶段研究作点评,并提出不少中肯的指导意见,然后是互动交流。这使我们获益良多,几年来下来在结构防护工程力学方面打下了比较坚实的基础。"❶

不仅如此,重视实际的传统也被保持着。《国立同济大学工学院1948年工作概况》载:"李国豪带领学生参观苏州河上桥梁,暑假赴苏州测量灵岩山麓五龙公墓地形,绘图一张。"❷并总结说:"本系(土木系)自复员迁沪以来,即由李国豪教授主持系务。年来赖主任之领导与同仁之努力,我系乃有显著进步焉……图书仪器日见增加,教学情形逐渐改善。"

### 市长掉进水沟里

"同济大学具有光荣的革命传统。1949年以前，同济的师生职工和许多爱国志士、热血青年一起，站在反帝、反封建、反对国民党反动统治斗争的前列，不惜牺牲个人的一切。同济烈士的鲜血洒在'五卅'反帝示威的南京路上，洒在十九路军的抗日前线，还洒在上饶集中营、重庆白公馆等等地方……他们参加1947年5月的'反饥饿、反内战、反迫害'斗争，参加1948年元月的'一·二九'反迫害斗争。"李国豪为《同济大学史》（1907—1949年）写的序言中这样总结同济大学成立以来的学生运动。

"李国豪教授是我们的严师，也是我们在学生运动中的战友。"❸翁智远、董鉴泓这两位曾参加过学生运动的弟子回忆，"五·二〇"运动中❹，李老师对学生们的爱国行为十分赞赏，但并不赞成无限期罢课。5月30日，军警包围工学院，持枪冲入校内要逮捕黑名单上的学生自治会负责人杨前坤、许傲西等十人，同学们聚集起来抗议军警入校捕人。一些同学去李国豪教授家中请他支持，他立即打电话给当时的校长董洗凡，此时教室大楼前学生与持枪军警正在对峙，大家高呼口号要董校长主持正义。董洗凡只好宣布拒绝接收逮捕名单，军警在一片口号声中退出学校。

抗战胜利后，国民党反动派发动的内战使得国内物价飞涨，在生活毫无保障的情况下，同学们纷纷上街，把自己的衣服、鞋袜、日用品摊在街沿上大声叫卖。反动当局出面干涉，甚至拳打脚踢。同学们针锋相对，提出了"反饥饿，反内战"的口号，举

---

❶ 孙钧《深切缅怀恩师李国豪校长》，载《纪念李国豪诞辰100周年文集》。
❷ 《同济大学工学院1948年工作概况》，档案号1—1370。
❸ 参见《我们的良师益友——追忆李国豪教授》，2005年3月10日《同济报》。
❹ "五·二〇"反饥饿、反内战运动：1947年5月20日，上海、杭州、苏州等地学生会同南京学生高举"京、沪、苏、杭为抢救教育危机请愿代表团"横标，高呼"反对饥饿、反对内战"等口号向政府请愿，国民党军警使用警用皮鞭、带钉木棍殴打学生，当场造成20多人重伤、90多人轻伤，被逮捕者20余人，酿成震惊全国的"五·二〇"惨案。

1947年冬，同济学生率先发起"劝募寒衣"活动。

行罢课。一校如此，各校纷纷响应，形势愈益紧张。在这段时期的斗争中，同济大学学生起着先锋作用，救饥救寒、抗议声讨九龙暴行，事事走在前列，学校逐渐成了民主堡垒。

1947年冬天的上海，气温降到了零下十几度，创下70年来最冷的记录。仅12月17日夜，上海街头就冻死了100多人。同济学生决定募集寒衣，先是同学们之间应征募捐，后又上街进户劝募。"在工作达高潮的时候，劝募组有40余组，发放组有20余组……市民都把自己的衣服大量捐出来，有的甚至把衣服亲自送到中心站来。这时新闻界对我们的工作也表示同情和拥护，主要是《大公报》，在报上为我们宣传。"❶募捐活动轰轰烈烈，上海市政府受不了了，吴国桢公开对媒体说："这次学生的劝募寒衣运动是有政治作用的，关于上海市的救济事业将由政府统筹办理。"募集活动结束后的庆功晚会更是刺激了政府的神经。庆功那天晚上，上海各校代表都来了，参加晚会人数超过4000人，盛况空前。后来在"一·二九"运动中被校方开除的杜受百、何长城正是这次寒衣运动的组织者和骨干。

1948年1月29日爆发了同济大学学生"反迫害"的空前斗争，史称"一·二九运动"。

1947年12月16日，国民党政府教育部公布《修正学生自治会规则》，规定学校当局有权圈定学生自治会理事，监视其活动，撤销其决议，甚至随时可将它解散。12月22日，南京中央大学学生自治会首先被解散。

与此针锋相对，在中共同济支部的领导下，1948年1月11日，学生系科代表大会通过了自己的《学生自治会章程》，并选出由黄克鲁、陆钦仪等5人组成的常设委员会。1月13日，学生自治会改选如期在工学院礼堂举行，1930名同学参加投票，人数占全校学生的85%。随即，丁文渊以"侮辱师长"、"毁坏公物"为由连续开除杜受百、何长城等，一周之内竟有45名同学相继遭受迫害、11名被开除。19日，丁文渊贴出布告，禁止自治会的任何活动。与此针锋相对，学生自治会也在同一天作出决议：无限期罢

1948年1月29日，同济学生争民主、反迫害，遭到军警的镇压。

❶《国立同济大学毕业纪念刊》（1950）。

军警封锁学校大门。

课,校方收回开除学生的命令,丁文渊辞职。1月23日,自治会理事会公布《与校方交涉报告书》:赴京请愿之举已箭在弦上,这是校方蛮横独裁,一意孤行,逼着我们走的一条路❶。同济的学生斗争得到了兄弟院校的鼎力支持,上海学联给同济学生自治会送来"英勇斗争"锦旗一面、慰问信一封、现款200万元和白纸一令。1月25日,58所学校组成"上海市学生反迫害、争民主支援同济联合会",发表文告,誓作同济学生后盾。

1月29日凌晨,同济学生晋京请愿团决定上午10时出发。可是天还没亮,数千名军警便团团包围了学生集中地点工学院校舍。10时许,同济与赶来欢送的兄弟院校学生4000多人排列在其美路(今四平路)上,上海学委负责人吴学谦、同济地下党总支书记乔石❷等亲临指挥。队伍与军警对峙两个小时后,国民党上海市市长吴国桢❸出面调解,无果。此时,地下党组织决定队伍前进一步,逼迫吴国桢解决一些问题。正在整理队伍时,军警马队冲进人群开始抓人。混乱中,吴国桢被撞倒,掉进路边水沟里,呢帽、烟斗和眼镜不知去向。

国民党上海市长吴国桢在军警保卫下与学生对话。

"李校长早就是我们的战友了!"

市长掉到水沟里,事情肯定不会轻易了结。

当晚,同学们聚集到同济大学大礼堂,《吴国桢小调》、《亲爱的市长先生》……一个个赶排出来的节目正在轮番上演,军警来了,"飞行堡垒"来了!"台上一个带墨镜的家伙用手朝我一指,两个警察立即把我拖到校门外,推上一辆警备车。车上伸手不见五指,凭借警察划火点烟的微光,我发现车内已经有六七个同学。"❹曾经是学运成员的潘杲德回忆,"如何应付即将来到的一切?我悄悄地摸自己的口袋,一个袖珍笔记本引起我的警觉:记得

---

❶ 《国立同济大学毕业纪念刊》(1950)。
❷ 乔石,1924年12月生,浙江定海人。1945年至1949年任同济大学地下党总支部书记。建国后先后在杭州、鞍山钢铁建设公司、酒泉钢铁公司陕西工程管理处、中共中央对外联络部等工作。1993年,当选为全国人大常委会委员长。
❸ 吴国桢(1903—1984),湖北建始县人。清华大学毕业后公费赴美国普林斯顿大学留学,1927年获得博士学位后回国。历任国民政府外交部秘书、湖北省税务局局长、蒋介石侍从室秘书、重庆市市长、国民党中央宣传部部长、上海市市长等职。1983年,吴国桢阅读《邓小平文选》后致信南开同窗、时任天津市市长杜建:"小平先生所做之事,乃旋转乾坤之事。""绝望之后忽现曙光……若能照此方针按步推进……不出二代,中华神州当可成为二十一世纪中世界上最富强康乐一国。"
❹ 引自《吴国桢的赌注输个精光》(潘杲德撰),《同济大学校史资料文集》卷二。

1948年,李国豪在同济大学工学院院长办公室。

我曾起草过一种仿照'履历表'格式的传单,底稿就在这个小本子上。毁掉它!"被潘果德嚼碎的那份"履历表"是这样写的:

姓名:老百姓

籍贯:中华"民"国

年龄:活着真受罪,死还不甘心,究竟多少岁,实在记不清。

简历:被棍棒打过,被水龙冲过,被皮鞭抽过,被马刀砍过,被虎爪挠过,被恶狗咬过,还尝过饥寒交迫的滋味,熬过牛马不如的生活,受过极其残酷的剥削与压迫……

志愿:要翻身!

"一·二九"事件中,同济学生被捕97人,先后受到各种迫害者达166人,其中被开除学籍18人,勒令退学96人,记大过二次、小过二次留校察看1人,具悔过书7人,严重警告44人,半数党员、积极分子被迫撤离学校。

在这场斗争中,当时任工学院院长的李国豪坚定地站在学生的一边。当时,同济大学被称为上海的"民主堡垒",而土木工程系又是堡垒的核心。李国豪认识到，在残酷的斗争面前，要求同学们平心静气去啃书本、脱离现实的政治斗争，是不可能也办不到的。李国豪不仅自己支持进步学生，还尽力做系里教师们的思想工作，争取他们一道支持同学们的斗争。不仅如此，在丁文渊校长主持的校务会议上，丁及其几个追随者主张开除一批"闹事"学生，李国豪在会议上义正辞严地提出了反对意见❶。

"一·二九"事件学生遭镇压后，学运处于低潮，校内的反动势力在礼堂后门厅处开了一个"松柏服务社"，卖咖啡点心，同学们对他们嗤之以鼻。服务社生意十分清淡，仅仅发挥着反动势力一伙人聚会场所的作用，而当时任工学院院长的李国豪以"违反校纪"勒令其停业，这使得他也上了黑名单。

同学们暗地里都称李国豪为"红色教授"。许多同学被打伤、被抓走、被开除时，李国豪和其他进步教师一起，为帮助和营救被捕同学，多方呼吁，在校内外四处奔走交涉。一个组织学生运动的同学，功课受到影响，运动过后考试不及格留级了，公费也被取消。李国豪得知这一情况，便暗中救济他。当时进步学生再次掌握了校内的"小卖部"和"学生福利会"，李国豪作为工学院院长，给予这两个红色据点以很大的支持。1949年初，李国豪参加了地下党领导的教授会。1949年3月，被镇压解散的学生自治会终于在普选中复会，在庆祝大会上，李国豪及文学院院长郭绍虞代表教授会讲话祝贺，并献了锦旗，锦旗上写着"野火烧不尽，春风吹又生"。

4月，中国人民解放军百万雄师横渡长江，以摧枯拉朽之势直捣国民党反动派的老巢南京。同月26日，反动派见大势已去，不甘心失败，困兽犹斗，在上海出动一万多名军警宪特，包围了同济大学等19所大、中学校，疯狂地进行大搜捕，想在逃走前将进

---

❶ 参见《我们的良师益友——追忆李国豪教授》（翁智远 董鉴泓），2005年3月10日《同济报》。

步师生一网打尽。当晚,李国豪和夏坚白❶校长一起,坚持与军警头目说理、交涉,但毫无用处,军警宪特仍在各个宿舍滥抓滥捕,把一些来不及转移的进步老师、学生押上"飞行堡垒"。第二天黎明,李国豪受夏坚白校长的指派去看望被捕师生。这是反动派耍的把戏:要求学校派人清点被捕师生的人数、姓名。李国豪走到囚车旁,突然一位被捕的教授在囚车中高呼冤枉:"李院长,我又没有参加学运!"

李国豪当即走到军警头目面前问道:"为什么抓他?"

头目问那位教授:"你叫什么名字?"

"李茂祥!"一个颤抖的声音回答。

那头目把黑名单翻查了一遍,没有发现这个名字,知是误捕,迟疑了一下:"你下来,走吧!"

李茂祥教授离开囚车,警车把门一锁"呜"地开走了……

警车一走,一个没有暴露身份的进步学生对李国豪说:"好险呀,李院长,我看见黑名单上有你的名字!"

"哦!"李国豪下意识地应了一声。事后,李国豪终于弄明白:自己确在抓捕之列。原来,李国豪住在教工宿舍第一排第三间,李茂祥教授住第三排第一间。反动军警害怕学生闻讯前来阻拦,慌乱中认错了门牌号码,敲了李茂祥教授的门。

"四·二六"大逮捕后,师生被迫离开工学院迁入市区善钟路(现常熟路)的医学院,一些学运骨干被安排在秘密的地方,以躲避特务追查,但仍有20多人无处安排,党组织命翁智远去找李国豪教授帮忙。李国豪和翁智远一起冒着倾盆大雨找到在南市区开工厂的校友李国华,由他在苏州河南岸的一个旧厂房中藏下了这20多个同学,直至5月25日上海解放。

解放后,同济建立了青年团组织,第一批入团的都是地下党的外围组织和学运中的积极分子,教师中一些进步人士因年龄关系不能入团,就组织了一个团友会,李国豪教授积极申请参加,其他入会的还有翟立林、胡松林、王时炎、黄明煦、王友石等人,他们自己组织起来学习政治理论、交流思想。20世纪80年代,李国豪当选为上海政协主席,他当时就想到应该把历届的政协委员组织起来,继续参与一些活动,他建议成立政协之友会,并担任会长,他说这是因受到解放同济团友会组织的启发❷。

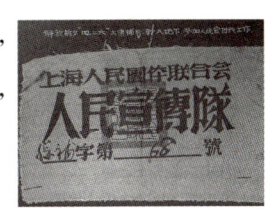

1949年"四·二六"大逮捕后,大批学生转入地下的人民宣传队工作,这是宣传队标记。(同济西安校友提供)

1987年,同济大学举行"一·二九"运动纪念活动,当年学校里的老地下党员学生、教师都异口同声说:"李校长早就是我们的战友了!"

### 院系调整中的李国豪

1949年5月26日,上海解放。地处上海的同济大学在这其间都在做什么?1951年的《同济大学毕业纪念刊》中有1949年的详细记录:

4月中旬,各院均成立应变会;

4月26日,解放大军横渡长江,上海面临解放,反动军警来校大逮捕,二十余同学遭受无理迫害;

4月27日,反动当局勒令理工两院疏散,全校师生分批集中善钟路医前期宿舍与理查大楼等处;

5月25日,上海苏州河以南解放,同学参加人民保安队工作;

5月28日,上海全部解放,部分同学回理工两院;

5月30日,军管会号召"复课复业",同济人转入"复员"热潮;

6月12日,参加反银元投机示威大游行;

---

❶ 夏坚白(1903—1977),江苏常熟人。中国科学院院士,大地测量和天体测量学家。1929年毕业于清华大学,1937年及1939年先后获得德国柏林工业大学测量学院特许工程师文凭和工学博士学位。1939年回国后历任中央研究院地理研究所副研究员、同济大学教授、教务长、校长(1948—1952)。

❷ 参见《我们的良师益友——追忆李国豪教授》(翁智远 董鉴泓),2005年3月10日《同济报》。

6月25日，军管会派军事代表杨西光、上海市副市长韦悫来校接管，全校三千师生员工齐集学院大礼堂开会庆祝，同济正式归属人民；

同月，医学院与公济医院签订实习合约，又此月内全院同学参加防疫运动；

7月6日，庆祝解放，纪念"七七"参加大游行；

7月9日，新民主主义青年团同济总支部成立；

8月1日，同济大学校务委员会成立，夏坚白任主任委员，医学院院长改由校务委员唐哲继任，工学院院长李国豪，理学院院长薛德熉；

从是年秋季开始，新生院取消，医学院学程改为六年制，工学院改为四年制，理学院亦改为四年制，德文从此改为选修，并添设俄文，恢复医事检验科；

9月2日，在军管会英明措施下，本校文法学院并入复旦；

10月5日，第一届学生会成立；

10月8日，全体同济人为庆贺中华人民共和国诞生及响应保卫世界和平，参加上海市百万人示威大游行……

校史日历记录的史实是枯燥的，但历史中人的行迹是充满活力的。从中可以看到，当时庆祝共和国及学校新生的游行活动较为频繁；更为重要的是，同济大学和全国所有高校一样，开始向专门类高校转变，开始全面转向前苏联高教模式。其间，李国豪由工学院院长至教务长，后又担任主管教学和科研的副校长。

1949年6月25日，上海市军管会接管同济大学。全校师生员工敲锣打鼓，庆祝同济大学回到人民的怀抱。军管会代表杨西光[1]、上海市副市长韦悫[2]等先后发表热情的讲话。韦悫说，同济与德国文化有密切的联系，今后可采取取其精华、去其糟粕的态度。8月1日，同济大学校务委员会成立，15名委员中有9人为

1949年6月25日，同济大学师生庆祝接管。

常委：夏坚白（主任委员）、杨烈（秘书长）、刘先志（教务长）、唐哲（医学院院长）、李国豪（工学院院长）、薛德焴（理学院院长）、郭绍虞（文学院院长）、翟立林（讲师助教代表）、夏正行（学生代表）。随即，在8月1日和3日连续召开两次校务会议，决定了包括学制、各部门负责人以及招生等在内的一系列重要事项。

1949年9月，开学之际，文学院和法学院奉军管会命令并入复旦大学。

文学院、法学院被分出开始，同济由综合性大学朝着土木建筑类工科院校的方向迅速调整。这种调整从1949年9月开始，一直延续到60年代。

---

❶ 杨西光（1915—1989），安徽芜湖人。1935年，北京大学学习，参加一·二九爱国学生运动。曾参加淞沪抗战。1940年秋到延安，在中共中央统战部工作。1949年5月，随军赴上海接管同济大学。后任中共复旦大学党委书记、《解放日报》总编辑等。"文革"中遭到迫害。1978年3月，任《光明日报》总编辑，其间刊发《实践是检验真理的唯一标准》的评论员文章。

❷ 韦悫（1896—1976），原名乃坤。广东珠海人。1914年留学英国，翌年转赴美国俄亥俄州奥柏林学院学习，获哲学博士学位。"四·一二"反革命政变后，离沪赴加拿大，旋去伦敦讲学。归国复得蔡元培推荐，任上海市教育局长。上海解放后，任上海市副市长兼高等教育处处长。1949年10月后，先后任政务院文化教育委员会委员、教育部副部长等。在简化汉字、推广普通话、制定汉语拼音方案以及扫盲活动等方面成就卓著。

1949年6月25日,全校师生在一·二九礼堂隆重举行庆祝接管大会。(同济西安校友提供)

1951年,理学院生物系并入华东师范大学;医学院迁往湖北武汉,现为华中科技大学同济医学院;工学院测量系迁往湖北武汉,现为武汉大学测绘学院。1952年,工学院机械系、电机系、造船系并入上海交通大学;理学院化学系、数学系并入复旦大学;与此同时,上海交通大学、复旦大学、圣约翰大学、大同大学、之江大学、光华大学等11所高校的土建系、科、组并入。

孙钧院士在《深切缅怀恩师李国豪校长》一文中记录上海交通大学土木系并入同济时的情景:"我最早认识李校长是在1952年初秋的一天早上。那年全国院系调整,上海交大的土木系要合并来同济。我当时是交大土木系的秘书,当天随系主任杨钦先生(后来任过同济副校长)和全系教授大概十余人一起到同济来联系合并的事。李校长当年40岁不到,是同济的教务长,他亲自率人在其美路(今四平路)学校大门口迎候我们,并一起去到一·二九大楼会议室。同济人对交大师生过来表示欢迎和高兴,有关仪器设备(专业实验室)和图书资料等如何分割、转迁到同济,谈得十分融洽,相互谦让,只一个上午问题都基本解决好了,还在同济食堂吃的午饭。李校长给我的第一印象是十足的学者风

1952年9月6日，圣约翰、震旦等九所学校的土木、建筑、测量各系、科、组集中于同济，图为院系调整时召开的师生员工代表会议。

范，他是一位已蜚声国内外的桥梁专家，又正值盛年，言谈举止却十分谦和，显得特别平易近人。"

随着院系调整的深入，同济大学最后变成了一所专门的土木类工程院校。

众所周知，土木工程的教学和科研是建立在数理化等学科的基础之上的，随着院系调整的深入，如何让基础学科不拖教学科研后腿？其时，主管教学科研的副校长李国豪针对当时的情况，主要采取了两项重大措施❶：

一是设置多项新建的或细化原有的专业，引入或编写相应的专业教材，并加强专业实验室的建设；另一项是设置相应的基础部，诸如数学、物理、化学、马教、外语、体育等基础课教研室。两项措施相互配合、相互促进，充分挖掘了有限师资队伍的潜力。当时同济大学校舍正在同步地新建或扩建，招生的规模相应成倍地增长，使学校进入高速发展的快车道。

在老校长的精心培育与促进下，到1957年前后已大见成效：院系调整后招收的大量莘莘学子已经陆续开始茁壮成长，及时为

❶ 赵松龄《缅怀同济老校长李国豪》，载《纪念李国豪诞辰100周年文集》。

我国蓬勃发展的建设事业增添重要的骨干力量；在同济校园内掀起了向科学进军的浪潮，学术讨论会或科研成果报告会经常定期举行；特别是创办了具有鲜明特色的《同济学报》，在我国学术界发挥了重要作用。

老校长学术思想上视野广阔，高瞻远瞩，认为要使同济获得进一步发展应该理工并重，相互促进相互补充，从而可以发扬高校多学科产生综合作用的优势。1958年，在大跃进形势推动下，同济决定设置数学、物理及工程力学等三个理科专业，当年秋季即开始招生，实现了老校长的初步设想。可惜到1963年前后，我国经济状况处于严重困难时期，新设置的理科专业纷纷下马，老校长深感遗憾。

院系调整还在进行，但同济的新专业和新学科的建设也在紧锣密鼓的开展。在1958年到1960年间，就新办了地基基础专业、工程地质专业、工程测量专业和地下建筑专业，"以这些专业为基础建成了当年的水工系、勘察系和后来的地下工程系，直到1980年代以后所形成的岩土工程重点学科，在国内处于领先的地位，就是在那个年代里奠定的基础。"亲历当年风云际会（时为水工系团总支书记）的高大钊教授回忆："如果在院系调整之后，学校安于当时单一学科的现状，不着力发展的话，就没有同济大学的今天，这是同济大学以李国豪先生为首的一批老教育家带领大家经过几十年的努力所取得的成绩，体现了按照李先生发展教育事业的思想，具体实践的结果。"

随着调整的深入，同济大学的教学科研也在发生深刻的变化。作为教务长的李国豪花费大量的时间帮助并入同济的各校年轻的助教们，指导大家统一认识、学习领会各种制度。当年的亲历者朱照宏就是一名助教，他回忆道："华东地区多个高等院校的土木、建筑、测量学科的师生集中来到同济大学。10月初我由圣约翰大学调整来到同济大学报到，担任结构工程系的助教，早有名望的土木界名师李国豪担任了学校的教务长，他为学校的振兴、师生的团结、教学秩序的规范化，尽心尽责，做了大量的工作。10月下旬，学校召开了助教工作会议，会议前后历时约一周。教务长以'认识人民教育事业的重要性'为题给我们做动员报告；接着，在小组会、大组会、经验交流会到总结大会，李国豪教务长听取汇报，诱导学习，既严格，又可亲，在总结大会中对我们肯定成绩，要求克服困难，树立信心，他把无限希望寄托给全校100余位青年教师。11月中旬，教务长再次召集全体助教会议，总结了几周来助教对学生辅导工作的情况，提出如何指导好学生自学的方法，从组织、计划、检查到各项具体工作，有批评，有鼓励。他说：'你们必须想方法，最后目的是要求使学生自觉地进行学习，不要做思想懒汉'。"

要求别人，自己先做出榜样来。李国豪在繁重的教学、科研及行政事务缠身的情形之下，建国初期的十年里，还独自撰写了10篇论文，讨论包括桥梁、力学等各类问题。其中一篇题为叫《斜交各向异性板弯曲理论及其对于斜桥的应用》的论文，发表在《力学学报》1958年第1期上。文中，他针对斜桥的实际构造，将正交各向异性板理论，通过斜交坐标延伸为斜交各向异性板的弯曲理论，使各向同性斜板理论和斜交梁格系理论成为它的两个特例。30多年后的20世纪90年代，面对记者谈起这篇文章，李国豪说："这项成果较有开拓性，很快就引起国外力学工作者的重视，他们引用时就冠以'李氏理论'的名称了。"

不仅科研，李国豪还组织编写了《钢结构设计》和《钢桥设计》，这两本教材均为国内此领域第一部中文教材；学术讨论，除了孙钧院士的回忆，我们再来看看当时同济学子"看热闹"的回忆吧：

由于我学的是造船，无缘直接听到李老师的授课和教诲，但一进校，老学长们不时地向我们透露工学院的名师和名教授们的学术逸事。李院长的形态特别引人注目：宽大的脑门特显智者风度，一口广东普通话韵味十足且动听；个子虽不高，但走起路来风风火火，英姿非凡。解放以前，在驶车不停的情况下李老师承担外白渡桥大修任务并取得非凡成功的故事代代相传，我们这些年轻学子一见李院长就肃然起敬。1951年校庆，开放了许多实验室，让低年级学生大长见识；院部还举行了学术报告会，我们这些乳臭未干的嫩芽是没有胆量进入会场的，但也有个别"勇敢分子"闯了进去，回寝室后则绘声绘色地大肆"渲染"；有一则传说在学生中传播颇广：在讨论会上刘先志教务长作的学术报告，就有关的学术问题与李国豪教授发生了争论，而且愈争论愈激烈，发展到用德语互辩，许多老师都听不懂了，最后会场上只剩他们两位还在争辩。学子们对他们两人的学术风范增加了非凡的敬意。

这段记录源自校友何友声❶的《风范永存》一文："1949年9月，上海刚解放不久，我作为200名新生之一进入同济四平路校区，这是工学院有史以来第一次录取那么多的学生。那时的校区很小，仅占现校区东大门附近一隅。学生宿舍更是捉襟见肘，200人窝居在一座上空相通的大统仓里。晚上某个角落的学生说梦话，大家都能听到，每晚热闹非凡。"在他的记忆里，李国豪教授的家就在离大统仓不远的长条矮平房内，灰白色的墙面，显得很寒酸。"每次从校门进来左拐向南都可见到这些矮平房，现已全部拆除，建了崭新的逸夫楼。"物质条件的艰苦，看来并不能拽住学术翅膀的自由翱翔。

这一时期，年轻教师也被李国豪推向了教学、科研的第一线。中国高等教育全面学习苏联的岁月里，苏联专家也一批又一批来到中国，深入科研院所。1954年，前苏联桥梁专家И.Д.Снитко

1950年代，苏联专家来到同济大学受到隆重的欢迎。

（斯尼特柯）教授以及道路、建筑施工、建筑工程管理与经济、建筑工程机械等学科领域的6~7位苏联专家来校授课并培养、指导研究生。苏联专家到来后，学校除了配备生活翻译外，还要有人担任专业翻译。孙钧院士回忆："我那时在学校负责工程力学方面两个大班的讲课，夜间在市内中苏友协俄语专修学校进修俄语，已有一点基础，就由李校长安排，与曹善华、赵骅、朱照宏、江景波等几位青年老师一起，要我承担桥梁专家的专业口译（上课和指导学科建设、培养研究生等）。这样，我改换门庭，承担起专家讲授的两门专业课程'钢桥设计'和'桥梁施工组织与计划'的讲稿笔译和课堂口译。李校长亲自听课，基本上有专家讲课都会来，还对我翻译中有不妥贴、不确切的地方，在课后一一指出。"孙钧坦言，这样经历两年多的锻炼，自己在桥梁设计、施工和掌握俄语基础（阅读、写作和口语）等方面都有了很大进步："这得感谢李校长的安排，给了我那次上好的学习机会哩！"

❶ 何友声，中国流体力学知名学者、高速水动力学研究先驱。1952年9月上海同济大学造船系毕业，历任大连工学院助教、上海交大造船系教授。1986年至1992年任上海交通大学校党委书记。1995年当选中国工程院院士。

同济校史记载，新中国成立初期，为了适应国家建设的迅猛发展，我国的高等教育大步从"通才教育"向"专才教育"转变，工科各类院校在这一时期也在快速发展。一方面是苏联专家广泛进入各所大学，担任学校、系甚至专业的顾问；再者，就是按照苏联的研究生培养模式，高教部出台了《高等学校培养研究生暂行办法（草案）》，同济大学于1953年底招收了首届9名研究生，项海帆就是在这一年成为李国豪研究生的。

建国以来，中国高等学校忙于教学、课程及基础建设，科学研究工作一直没有提上议事日程。1954年3月，中共中央在中国科学院党组报告中批示："必须在高等学校开展科学研究工作。"同济大学随即成立科研机构，1955年5月，校务委员会通过了《关于开展科学研究工作的决议》，确立了"学习苏联经验，结合教学工作和生产实际开展科研工作"的科研方针。这年11月，同济大学举行了第一届学生科学技术讨论会，60位本科生、8位研究生报告了研究成果；第二年5月，第一届教师科研讨论会收到72篇论文，一时盛况空前。为了促进良好科研氛围的形成，1955年国家开始遴选学部委员，李国豪就是在这时成为中国科学院首批学部委员的（1993年10月国务院第十一次常务会议决定中国科学院学部委员改称中国科学院院士）。

**"1955年开始"**

在这次席卷全国的科学研究浪潮中，充满紧迫感的李国豪结合自己及同济大学的实际，也在深入思考着诸多关乎未来的重大问题。

1955年5月31日，经过国务院批准，共和国第一批235名中国科学院学部委员名单公布，李国豪当选科学技术部学部委员。当时负责学部筹备工作并担任社会科学领域学术秘书的刘大年回忆：

1953年7月21日，张稼夫（时任中国科学院党组书记）在科学院第23次常务会议上的报告中，提出了建立学部的完整构想。当时的想法是："成立学部，以改善学术领导工作，扩大学术领导机构。拟分为基础科学、技术科学、生物科学、社会科学四部。学部之下成立部务委员会；部务委员会下设常务委员，常务委员建立工作会议，吸收秘书工作人员参加。"

1955年1月6日，中科院党组第一次会议讨论筹建学部问题，认为这是当年党组压倒一切的任务。在这次会议上，对于组建学部的工作机构和相关人员都进行了讨论。经过近半年的紧张工作，1955年5月9日，科学院党组致函中宣部，汇报根据中央政治局会议精神对学部委员名单所作的修改情况，学部委员名单由258人减至224人。中央审批时，又加了11人，最后名单成为235人。[1]

1994年，李国豪又被选为首批中国工程院院士，成为中国为数不多的双院士之一。

当选为学部委员的李国豪格外忙碌。1955年10月11日，在高教部组织召开的"科学研究远景计划问题"会议上，他较为系统地阐述了载重、材料、结构理论、构造、结构试验及检验方法、翻译结构经典著作等方面亟需研究的问题：

**载重方面**：目前我国设计载重多仿照苏联，但中国的具体情况略有不同，应结合我们的具体情况进行研究审定。

1. 火车、汽车的标准载重及换算载重。

2. 各类型房屋的活载重。

3. 车辆的冲击作用。

4. 中国各地的风力强度及其在各种房屋形式和高度上的作用。

5. 地震（中国各地）强度及其作用。

---

[1] 见《中国新闻周刊》2006年第6期。

**材料方面：**

结合我国产品和资源的情形，进行两方面的研究。

1. 研究现在已在永久建筑物使用的国产建筑材料的性能，如钢、木、砖、混凝土，把它们标准化，同时改进其质量。

2. 研究新的建筑材料，如竹材、高标号混凝土、高强度的钢（以及人工制造的材料）等。

3. 探讨新的人工制造的建筑材料。

**结构理论方面：**

1. 常用的普通建筑物的计算标准化，如连续梁、单层厂房等。

2. 比较复杂的结构的性能的研究，其计算方法的改进和简化，如薄壳、拱坝、桥的空间计算理论等。

3. 新结构的研究。预应力钢筋混凝土、叠合梁、加劲桁梁、斜吊桥的拱和吊桥以及创造新的结构形式。

4. 结构振动方面。车辆在桥梁上的震动作用、行车在厂房上的振动作用、地震对工程建筑物的作用、风力引起的振动等。

5. 结构稳定方面。理论已解决的稳定计算方法与实际情况之差异；理论上尚未解决的问题研究，如钢的塑性弯曲、空间结构稳定等。

6. 设计理论方面。安全系数、超载系数、变形限度的规定等。

**构造方面：**

1. 木结构构件的各种连接方法的理论研究，包括应力分布及强度和改进等。

2. 竹结构构件的各种连接方法，竹筋混凝土中竹筋形式及连接。

3. 钢筋混凝土构件的各种连接形式的研究改进，焊接的研究。

高教部召开的这次会议，是为国家制定全国科学技术远景计划做准备。这份发言提纲❶中可以看出李国豪对当时我国建筑、土木、结构力学的各种重大问题的考虑深度。结合"文革"后李国豪担任同济大学校长的种种科研措施，这份发言提纲对同济大学的科研走向产生的指导作用可见一斑。

在14日的会上李国豪又就土工基础方面需要研究的问题阐述看法：

1. 土壤地基的物理性能方面：着重研究土壤地基的受压变形模量$E$、剪力强度，地基的动力系数、自振频率，尤其要重视黄土的这方面研究。

1956年，任同济大学副校长的李国豪。

2. 试验方法方面：结合上述研究的试验改进试验方法，将较为成熟的方法标准化；改进和研究现场地基探验方法；观察大型土压力及沉陷过程。

3. 土壤及地基、基础力学方面：填土侧面压力问题，基础下的应力分布、土压力分布和沉陷问题，土力学中的模型理论问题。

那一时期，满脑子装着科研问题但却行政事务缠身的李国豪深深感到时间不够用，"1955年开始！"他在工作笔记中重重写下这行字，然后列出自己一年的工作和学习计划❷：

一、工作任务：担任一班钢桥设计的指导和讲课；做好专家工作；调整教务处工作，建立科学研究处；指导焊接和斜桥梁排的科学研究；写一篇关于弯扭转出新的论文。

二、学习任务：学习联共党史并阅读有关的列宁文章；阅读新出版的《斯大林选集》和《毛泽东选集》；提高俄文水平，要求熟读《俄语教科书》并阅读一本进一步的文法书；阅读苏联桥梁建筑方面的参考书，以提高指导课程设计的质量；结合科学研究，阅读焊接、斜桥理论和弯扭转方面的文献。

---

❶ 参见《思想日记》，档案号2—LGH—RW—11—6，同济大学档案馆。
❷ 同上。

1956年，同济大学49周年校庆，举办了第一次科学研讨会。

　　在这份计划书中，李国豪详细划分了一星期中每天的上下午各时间段具体工作及应做事情。"每周12个半天，每天在工作开始或结束时抽15—30分钟批阅公文。"计划最后的这两行字表明：李国豪其实就是一名科学工作者，无论他的职务怎么变化，都是。

　　感到时间不够用的李国豪一直在动脑筋将年富力强的年轻教师组织起来，结构理论研究室就是其中之一。"记得是1963年秋吧，李校长召集我们几个：徐植信、翁智远、朱伯龙、洪善桃、沈祖炎和我等人开会，说想与大家一起组建'结构理论研究室'（即现在我校结构所的前身），并想把主攻重点放在'结构防护工程学'研究方面。他说：'现在全国学界都在做结构抗震方面研究，我们不要赶时髦、随大流，我看结构工程防护问题关系到国家安全，理论上也有深度，可以深入系统地搞。'因为我那时已奉调并负责在同济组建国内第一个'地下建筑工程'专业（也是李校长的主意），在地下核防护方面略有些基础，研究室内的第一讲就叫我说说核防护工程研究的重要性、主要研究内容和方法，以及理论成果的工程应用等方面的问题。"孙钧回忆。

# 第四章 动荡岁月里

**担任武汉长江大桥顾问**

新中国成立不久,国家就把武汉长江大桥的建设列入议事日程。1955年2月,铁道部成立了以茅以升为主任的武汉长江大桥技术顾问委员会,委员会成员包括罗英、陶述曾、李国豪、张维、梁思成等。

在长江上修建大桥,是中国人久远的梦,这个梦从民国初年到1949年一直都未能圆。

1913年,在詹天佑的支持下,国立北京大学(今北京大学)工科德国籍教授乔治·米勒带领夏昌炽、李文骥[1]等13名土木科学生,赴武汉对长江大桥桥址进行初步勘测并设计大桥的样式,此次实习形成的方案由校长严复呈交国民政府交通部。方案建议将汉阳龟山和武昌蛇山之间江面最狭隘处作为大桥桥址,经武昌汉阳门、宾阳门连接粤汉铁路,并设计出公路铁路两用桥的样式,桥面铺设铁路、公路、电车路、人行道。

1919年2月,孙中山的《实业计划》完成,文中说,为连通武汉三镇,在京汉铁路线于长江边第一转弯处,应穿一隧道过江底,以联络两岸。更于汉水口以桥或隧道联络武昌、汉口、汉阳三城为一市。至将来城市用地发展扩大,则更有数点可以建桥或穿隧道。

---

[1] 李文骥(1886—1951),字仲扶,广东省番禺县人。1913年春季国立北京大学土木科毕业。为中国自己大学培养的第一代土木工程人才。先后参与钱塘江大桥、武汉长江大桥的建设。

武汉长江大桥（2005年摄）

　　1949年，中华人民共和国开国大典前夕，自1913年起便多次参与武汉长江大桥规划、勘探的李文骥，联合茅以升等向中央人民政府呈报《筹建武汉纪念桥建议书》，提议建设武汉长江大桥，作为"新民主主义革命成功的纪念建筑"，并详述前四次规划经过和受挫的原因，论述当时中国能建成大桥的可能性与具体工程内容、经费预算等。中央政府对此甚为重视，1949年9月21日至30日，中国人民政治协商会议第一届全体会议在北平召开，会议上通过建造长江大桥的议案，并于1949年末电邀李文骥、茅以升等桥梁专家赴京，共商建桥之事。

　　根据中央人民政府政务院的指示，铁道部立即着手筹划修建武汉长江大桥。1950年1月，铁道部成立铁道桥梁委员会，同年3月成立武汉长江大桥测量钻探队和设计组，由中国桥梁专家茅以升任专家组组长，开始进行初步勘探调查，李文骥第五次赴武汉参与长江大桥设计和测量勘探。专家组先后共做了八个桥址线方案，并逐一进行了缜密研究，所有的方案都有一个共同特点，就是利用长江两岸的山丘以缩短引桥和路堤的长度。1950年9月至1953年3月，铁道部曾三次召开武汉长江大桥会议，就有关桥梁规模、桥式、材质、施工方法等进行讨论。1953年2月18日，毛泽东在武汉听取中共中央中南局领导关于大桥勘测设计的汇报，并登上武昌黄鹤楼考察了设想中的大桥桥址。大桥选址方案经中央财经委员会批准确定后，铁道部立即组织力量进行初步设计。1953年3月完成初步设计，延聘苏联专家指导并委托苏联交通部对设计方案进行鉴定。

1953年3月11日，武汉大桥会议在北京召开，李国豪作为中国科学院的代表出席会议。会上，铁道部副部长吕正操开宗明义："武汉大桥是具有世界意义的很复杂的、困难的工程……经过铁道部门设计机构三年来的设计并请各方面专家提供意见后，初步设计已接近完成。在即将进行正式设计及施工之前，特邀请各方面再来研究，重新考虑桥梁式样、地质、水文、净空、双线或单线、桥的外观美术等问题。"[1]会议开了4天，包括苏联专家在内的众多与会者纷纷发表看法。

会上，李国豪说：

1. 建造武汉大桥的原则应该是以为祖国大规模建造大跨度桥梁而亟需提高的技术，而这种技术应在我们目前最能够掌握的技术基础上，以之迅速建设坚固、实用、经济、美观的大桥。

2. 从现在掌握的技术、从桥梁的发展方向来看，大桥应该建钢梁桥，而不是R.C.拱桥。钢桥建造比较迅速，可以弥补它比R.C.拱桥造价高的弱点；美术上说，R.C.拱桥比钢梁桥好，但并不起决定作用。

3. 用R.C.拱桥省钢料不能作为主要考虑的问题。因为次要的建筑应该服从主要的建筑，即其余小桥及厂房应多用R.C.，以省钢料供应大桥。其次，桥梁厂的任务太重、不能负担大桥的制造问题，应请铁道部考虑扩厂并将小桥改用R.C.拱桥，以完成制造大桥

---

[1] 见《思想日记》，档案号2—LGH—RW—11—5，同济大学档案馆。

1955年11月2日,李国豪在上海市科学技术普及协会与上海市工人文化宫举办的讲座中,主讲"修建中的武汉长江大桥"。

的任务。请部(指"铁道部")无论如何争取自己做钢梁桥!

4. 请考虑公路桥面用轻型结构,主梁的主要部分用高级结构钢,以减轻主梁净重。桥墩下河床不平,沉箱不便安置的问题,可考虑用先将底倒过来朝上做成河床表面形状,拖至桥墩地点再翻转过来。

李国豪的意见得到苏联专家尼斯可夫的赞许:"整个会议是在吕部长的指示方向上正确进行的,如南工刘树勋教授、科学院李国豪同志、天津大学杨天祥教授的发言证明大家学识丰富,为大会发表了正确的意见。"❶

1953年,武汉长江大桥完成初步设计,1955年完成技术设计并于9月1日开工,选址定在龟、蛇二山之间。

### 通车那天,大桥晃动起来……

为了保证武汉长江大桥建设的顺利进行,国家成立了大桥技术顾问委员会。1955年2月3日,由铁道部部长滕代远亲自主持召开了武汉长江大桥技术顾问委员会会议,会上聘任著名桥梁专家茅以升为主任委员,李国豪等被聘为顾问,委员会作为大桥工程的技术咨询机构。多年以后,李国豪回忆这段历史有"顾问委员会只开了一次会议"之说。1955年9月1日,武汉长江大桥工程就在党和政府极端重视与关怀下,在全国人民支援下,作为重点工程开工了。

武汉长江大桥基础施工采用的是"管柱钻孔法"。

"管柱钻孔法"，由前苏联专家提出创议、中苏两国桥梁工程技术人员共同研究、补充、完善的先进的桥墩基础施工方法，在世界上的首次使用就是武汉长江大桥。这种方法是用钢筋混凝土管柱，通过钢围笼在江中定位，借助震动打桩机及高压射水的力量，使之逐步下沉通过沙层直至岩盘。然后在围笼周围插打钢板桩形成围堰，用大型冲击式钻机在管柱内钻孔至规定深度，将岩孔内泥沙清除干净后，安置钢筋骨架，在管柱内灌注水下混凝土直至填满，再吸出围堰内泥沙及钻砟，用水下混凝土封底直至密实。以后，抽干围堰中的水，绑扎钢筋建筑好基础承台后，向上开始浇筑桥墩。由于此施工方法都是在水面上进行，它改善了工人的劳动条件，有效地保障了工人的健康。

通俗地说，以施工速度论：传统的"气压沉箱法"施工速度是每昼夜几分米，而管柱钻孔法（以后又改进为大直径管柱钻孔）的下沉速度则是用每分钟若干分米计算的，但是当时的现实情况是：管柱钻孔法从来没有在工程实际中运用过。

管柱钻孔法方案最终报给周恩来总理，他觉得事关重大，要求经过实验才能施工。有关部门对管柱钻孔法的设计方案经过三个月的讨论和半年的试验，证明确实可行，这样，经周恩来同意报经中央批准，武汉长江大桥最终采用了管柱钻孔法。这一新技术使武汉长江大桥的建设不仅缩短了工期，还节省了投资。

1957年10月15日，经过两年多的建设，武汉长江大桥通车典礼举行。这座公路铁路两用桥，全长1670米，正桥部分为1156米，两岸引桥共514米。上层公路路面宽达18米，可以并行行驶6辆汽车、两侧设有人行道，下层为双线铁路桥。大桥从基底至公路桥面高80米，桥身为三联连续桥梁，每联3孔，共8墩9孔。每孔跨度为128米，万吨巨轮可实现终年航行无阻。

❶ 见《思想日记》，档案号2—LGH—RW—11—5，同济大学档案馆。

通车那天，武汉三镇沸腾了；武汉周边、甚至长沙等邻近地区的人们都来了！争睹新中国的又一伟大奇迹！只见八个巨型桥墩矗立在滔滔江水之中，米字形桁架与菱格带副竖杆使巨大的钢梁透出一派雍容华贵的气象；两岸耸立的高达35米的桥台犹如龟蛇二山的神气哨兵。因为有了大桥，晴川阁、龟山、蛇山……绵亘连接，一气呵成，汇成一幅壮丽的泼墨山水画，天堑从此变为通途。

浩浩荡荡的人群摩肩接踵，从武昌的蛇山、汉阳的龟山攘攘迤逦、乌压压向大桥进发。第一波上了大桥，突然大桥晃动起来，人群开始骚动，不明真相的人们惊慌起来。好在有部队维持秩序，加上晃动持续的时间并不长，大家渐渐平静下来。

"是不是有人故意搞破坏？"

"这座桥质量有问题。"

"指望外国人是不行的。"

一时间，各种传言四起。大桥究竟出了什么问题？消息同样让李国豪百思不得其解，身为武汉长江大桥顾问的他开始思索大桥晃动的真正原因。

可是，此时的李国豪已经身不由己。

### 猜疑、冲击和光环一起来

新生的同济大学基础设施建设从50年代初便如火如荼地展开。1952年下半年开始，学校成立劳动建校指挥部，发动师生员工参加平整土地、修路、修体育场、挖土铺砖等义务劳动，修建校舍。

也是从这一年开始，李国豪不断地受到猜疑和冲击。当时，工学院刚刚落成的"解放楼"一扇窗户下出现裂缝，学校"三反"指挥部迅速成立专案指挥部，学院事务部主任首先被揪了出来。经受不住不吃不睡疲劳轰炸的他编出校财务主任、秘书长和工学院院长李国豪接受贿赂的"故事"。校财务主任和秘书长顺着"打虎队"的心思继续编故事，贿赂之火最终烧到院长李国豪、校长夏坚白的身上。

同济出了"大老虎"！一时间，夏坚白、李国豪接受贿赂的消息传得沸沸扬扬。

学校、华东局，层层审问、对质。

"钱、金戒指，总不会一件都没有接受吧！"到最后，中共华东局宣传部的领导也有些不耐烦了，明明事务部主任他们说得有鼻子有眼的，怎么到了李国豪这里就成了子虚乌有？

"完全是捏造！陷害！"李国豪火上心头。为没做过的事情承担责任，天底下哪有这样胡来的！

"好吧，你放下工作，好好考虑考虑吧。"就这样李国豪遭受第一次隔离。

经受不住良心煎熬的事务部主任跳了黄浦江，对着救他的警察说了实情。经受两个多月隔离审查的李国豪也重新获得自由。当时，正处毕业当口的同济学子听闻这一事件，纷纷表示"不可能"。1952年同济大学造船系毕业生何友声回忆："惊愕地听到消息说李国豪、翟立林等老师被隔离了，传说在建设新楼中有贪污受贿行为，学校里正组织'打虎队'追查。我们班上同学都不信，议论中纷纷为之不平。可惜当时正值我们提前毕业即将离校之际，于是约定一有确切消息望相互转告。事隔几个月后得知这是一桩莫须有的案件，大家才放下心来。对李老师镇定自若的道德风范树起更高的敬仰之情！"

1956年1月，中央召开知识分子问题会议，周恩来代表中央作了《关于知识分子问题的报告》。周恩来强调，社会主义建设"除了必须依靠工人阶级和广大农民的积极劳动以外，还必须依靠知识分子的积极劳动,也就是说,必须依靠体力劳动和脑力劳动的密切合作,依靠工人、农民、知识分子的兄弟联盟"。他代表党中央郑重宣布:我国知识分子的绝大部分"已经是工人阶级的一部分"。如何发挥知识分子的力量?"第一,应该改善对于他们的使用和安排,使他们能够发挥他们对于国家有益的专长。""第二,应该对于所使用的知识分子有充分的了解,给他们以应得的信任和支持,使他们能够积极地进行工作。""第三,应该给知识分子以必要的工作条件和适当的待遇。"其中包括改善生活待遇和政治待遇,确定和修改升级制度,拟定关于学位、学衔、知识界的荣誉称号以及发明创造和优秀著作奖励等制度。

根据会议的建议,中央成立了以陈毅为主任的国家科学规划委员会,集中了一大批优秀科学家编制了1956至1967年全国科学发展的远景规划以及若干方面的具体计划。

这次会议鼓舞了广大知识分子,激发了他们的政治热情和工作积极性,全国迅速掀起了向科学进军的热潮。1956年2月,校党委和中共上海市委批准李国豪入党,在道交系组织了400多人的会议为李国豪、项海帆等举行入党宣誓仪式。师生二人同一天入党在校内外引起巨大反响。

与进军科学的热潮相伴的是整风运动,即整肃"右倾保守思想"。1956年9月10日,同济大学党委书记薛尚实❶传达学习中央宣传部指示,称:"整风运动是五四以来最伟大的思想运动,要通过整风使党政治上更成熟、更团结。整风运动的目的就是要克服主观主义、学习外国的教条主义,在教学与科研中的教条主义和经验主义,从而动员一切积极因素建设社会主义。"❷1957年4月27日,中共中央发出《关于整风运动的指示》,同济大学随即开展这项运动。6月1日,全校党员开始整风,校党委组织召开的职员大会、老教师大会、青年教师大会上,大家被告之对官僚主义、宗派主义和主观主义现象开展批评与自我批评的"大鸣大放"。于是,一个月时间内,1200余人次敞开思想,对民主问题、以党代政、命令主义等提出批评和建议,其中也夹杂着对中国共产党领导和社会主义制度的过激言论。

1957年6月8日,中共中央发出《关于组织力量准备反击右派分子进攻的指示》,整风运动演变成了反右斗争。9月19日,同济大学校党委在校刊上公布《关于贯彻社会主义思想教育方案》:把社会主义思想教育与整风反右斗争结合起来,教育分鸣放、反右辩论、整改和思想建设三个阶段进行。学校为此专门成立了整风委员会。随后,学校停课一周,掀起"大鸣大放大辩论"的高潮,对高校发展前途、知识分子政策、农业合作化等展开大辩论。

1957年7月7日,毛泽东主席在上海中苏友好大厦接见上海科学、教育、艺术和工商界的代表人士,其中包括谈家桢、赵丹、黄宗英、李国豪等。新华社以"毛主席和上海各界代表人士亲切

1957年7月7日,毛泽东主席(左一)在上海接见文学艺术、教育、科学人士时与李国豪(右三)等亲切交谈。

❶ 薛尚实(1902—1977),原名梁昌华,广东梅县人。1927年参加广州起义。1928年加入中国共产党。曾任中共福建省委组织部长、中共浙江省委组织部长、中共华中分局宣传部长、中共山东胶东区委宣传部长兼秘书长等职。1949年2月任青岛市接管委员会主任委员,11月任中共青岛市委副书记。1953年至1959年任同济大学党委书记兼校长。1958年被错划为右派,开除党籍。"文化大革命"期间受到迫害。1971年退休。1978年平反。

❷《思想日记》,档案号2—LGH—RW—11—6,同济大学档案馆。

交谈"为题发表通稿,《解放日报》随即于7月9日在头版刊登这一消息,并配发了照片。

这一时期的历史事件时间上环环相扣,表面上波诡云谲、自相矛盾,但内在的逻辑却清楚地表明:知识分子还未受到充分的信任。

### 设法保护弟子项海帆

整风及反右运动,同济大学共有237名师生被划成"右派",其中包括项海帆。

项海帆(1995年当选为中国工程院院士)1951年以不满16岁的稚龄考上同济大学土木工程系。项海帆在《心中永远的丰碑》一文中回忆说:"一天上午在课间休息时,我们一年级的新同学们正站在走廊中说笑,突然一位风度翩翩的教授从走廊的那一头走过来,他身着西服,系了领带,戴一副茶色玻璃眼镜,手提黄色公文包。有一些同学就窃窃私语:'这就是我们的工学院院长、土木系主任,留德回来的李国豪教授。'这是我第一次见到老师,那时他只有38岁,正值壮年,我感到老师身上有一种说不出的威严和令人尊重的气质。"

1955年,项海帆大学毕业后,成为李国豪的第一个研究生。项海帆的记忆里,第一次与老师想见的情景如在昨天:

第一次与老师约见,我忐忑不安地走进他的办公室。老师告诉我第一年主要是学习基础课,同时要广泛阅读桥梁稳定与振动领域的经典文献和著作。当时的第一外语是俄语,我在大学一年级学过德语,中小学阶段学的英语基础也比较好。李老师要求我除了指定阅读俄文和德文的有关文献外还要精读铁木辛柯写的几本英文经典著作。老师告诉我:"研究生主要靠自学,老师讲课只讲一些重点和难点。"

1956年，党中央号召向科学进军，同济大学召开了第一次学术年会，学报还出了专集，刊登了许多教授写的论文，校园里形成了浓郁的研究气氛。李老师也写了一篇题为"拱桥的振动问题"的论文，我在老师的指导下完成了论文中的算例。学术报告会的前几天，老师突然对我说，他要去北京开会，决定由我代他在大会上做报告。我当时年仅20岁，感到难以胜任。老师叫我不要慌，告诉我如何准备，如何报告。这是我生平第一次在许多老师面前做学术报告。

在"大鸣大放大字报"运动中，作为全校研究生的独立团支部书记，项海帆最终也因组织策划"同济民主墙"事件而"获罪"，被错划成右派。1958年3月同时被开除了党籍、团籍和研究生学籍，受到留校察看的处分，下放到学校砖瓦厂劳动，那时他才22岁。项海帆回忆道：❶ "不久老师带来口讯，要我在劳动之余，把我的研究方向'桥梁振动问题'的文献综述整理出来交给他。那年暑假里，学校开始将已经'戴帽'的教师和学生分批发配到新疆、北京等地一面工作一面改造。我事后想，这可能是老师当时唯一能做的对我的保护，使我能留校躲过这一劫，并免遭以后的种种厄运。"

那一时期的各种运动中，作检讨也成了李国豪的家常便饭。"重业务轻政治"、"工作积极但不深入基层"、"对行政工作和社会工作缺乏积极性和责任感"、"好名位，骄傲自大"、"追求个人的学术名誉地位"、"组织上入了党，思想上没入党"、"以党内专家自居"，这一时期李国豪的《思想日记》中❷这样的字句俯拾皆是，路桥系、党委会上，他一遍又一遍地做检讨。一名土木系工友因为失误而被遣回原籍；该工友曾经带给他鸡蛋、年糕等土

---

❶《心中永远的丰碑——在恩师李国豪教授培养下成长》，2005年3月10日《同济报》。
❷《思想日记》，档案号2—LGH—RW—11—4，同济大学档案馆。

特产,他回赠香烟之类,这也成为李国豪的检讨内容。像"1936年南京求见"、"39年60镑助学金"、"40年送给他我的博士论文"、"48年写信给朱想去中央研究院,他没帮忙"等牵涉当时作为战犯朱家骅的经历更是需要一一交代清楚的。在作自我批评的同时,同志们也对他进行了相互批评。针对这些问题,一向重视科研并且还在1956年当选过全国教育系统先进生产者的李国豪狠下决心:在教改和科研改革中贯彻又红又专思想。他在笔记本中写下:

一、党的领导。肃清资产阶级知识分子统治问题。

二、教育从属政治,为无产阶级政治服务,屏除为教育而教育,纯粹为了学习知识技术弊端,培养实现共产主义一代新人。

三、教育与生产劳动相结合。接近工农,参加实践,半工半读问题需周密考虑。

四、学制、专业设置、课程、教材。少而精(总路线:多快好省),学习与使用的关系。广与深(生产与实践的要求、建设方向问题)。

五、群众路线。"三结合(笔者注:即教学、生产劳动和科学研究三结合)问题"。

李国豪下决心要在教学科研的领导工作中解决政治统帅业务、知识分子与工农相结合、科学试验与生产实践相结合、领导专家群众相结合,以求适应当时大跃进的热烈气氛了。

就在这一年,李国豪挑起了南京长江大桥技术顾问委员会主任的担子。

**南京长江大桥,中国自己建**

1957年7月,武汉长江大桥建成,毛泽东在视察该桥时就说:"以后我们还要在长江上建设南京大桥、宜都大桥、芜湖大桥。"倡议一出，国家迅速组织专家召开会议研究"长江三大桥"问题。

1958年8月，北京文津街3号中国科学院院部，"长江三大桥"筹备会议召开。当时，"三大桥"中，南京大桥的位置较为确定，其它两桥的桥址尚在选择比较之中；而依靠苏联专家建设的武汉大桥模式还能继续吗？万一中苏交恶、专家撤退，那一切都得靠中国人自力更生。正是在这样的背景下，铁道、交通两部门及中国科学院系统决定联合商讨召开一次南京长江大桥的科技研讨会。同济毕业、当时已在科学院工作的居荣初在《李校长指导我选择桥隧专业》中回忆："这次会议规模之大，层级之高为历史之最，且所邀专家学者，大多为国内有影响的人士，其中有不少学部委员，后来又改称为院士或双院士，他们是国家顶级的科技专家，如李国豪、钱令希、张维、刘恢先、郑哲敏、汪菊潜、罗英等。会议于10月18日～21日在武汉市汉口饭店隆重举行了，会议一共开了四天。"

李国豪在总结大会上代表上部结构组首先发言。他说，南京长江大桥的初步设计应按三个方案考虑，即(1)梁式，(2)吊式，(3)拱式，跨长为100～240米，初步确定8个、16个题目32个项目，研究工作以集中和分散相结合，共有18个单位（4个生产单位，7个研究机构，7个高等院校）参与。居荣初的印象中，"这次会议，几乎是一次空前绝后的桥梁盛会，大家专心致志讨论实际问题，食宿条件也非常简朴，更没有安排参观什么名胜古迹。会议安排非常紧凑，讨论问题也十分集中和明确。"

连接南京、上海两大都市的铁路因长江而中断，这种状况在时任铁道部大桥工程局局长彭敏的记忆里，南北来往的火车在南京用轮渡过江，速度慢，效率低。"工业发达的大上海，一旦缺煤少电怎么行？因此，中央决定尽早、尽快建成南京大桥。"

彭敏回忆，毛主席问他："长江建大桥还要不要请苏联专家？"彭敏的回答十分干脆："不用了。"

在长江的南京段造桥，谈何容易？1927年国民政府定都南京后，曾以10万美元聘请美国桥梁专家华特尔来宁实地勘测，得出的结论是：在南京造桥，不可能；国民政府于1936年和1946年两度计划在南京、浦口之间架桥，但终成画饼。与武汉长江大桥相比，南京长江大桥建设最困难的地方在于基础。武汉段长江江底的岩石比较坚硬，桥墩建在上面很牢靠；而南京地处长江下游，水流比较急，覆盖层厚，江面宽，岩石经过钻探发现不够完整，也不够坚硬。

但南京段长江之上，是必须要建大桥的。

1956年，武汉长江大桥还在建设之中，国家又作出了在南京建设长江大桥、贯通京沪铁路线的决定。1956年5月，铁道部设计总局大桥设计事务所接受了设计南京长江大桥的任务，12月完成草测。1957年编成《南京长江大桥设计意见书》，提出燕子矶上游下三山、上元门煤炭港和宝塔桥3个桥址方案。

1957年武汉长江大桥建成后，南京长江大桥设计任务落到大桥工程局肩上。大桥工程局成立了以王序森为组长的南京长江大桥设计组。中苏关系破裂后，中国决定走"自力更生"的道路，依靠自身力量完成大桥的建设，铁道部发动全国有关方面共同攻关。1958年10月在武汉召开的南京长江大桥技术协作会议上，成立了以同济大学桥梁专家李国豪为主任委员的技术顾问委员会。

经过多方协作，大桥工程局在设计总工程师胡兢铭主持起草的《设计意见书》基础上完成了南京长江大桥设计方案。设计工作由大桥局总工程师梅旸春[1]主持，得到了同济大学、中国科学院、地质研究所、哈尔滨工业大学、大连工学院、长沙铁道学院等院校和科研机构的大力支持，李国豪、张维、谷德振等专家参

南京长江大桥。

加了设计。大桥正桥钢梁设计由王序森主持,大桥现场设计由曹祯主持,引桥和桥头堡的设计由王伟民、周璞负责。

1959年4月,党的八届七中全会在上海召开。会上有一项议题,就是讨论南京长江大桥的建设问题。"铁道部要我带上南京大桥的设计方案去上海汇报。到了上海,我们连夜将方案及图表挂在会场的墙上。第二天,我向中央委员们汇报了设计方案的详细内容,并提出方案实施的具体意见,得到了中央领导的肯定。"❷

1960年5月,桥头建筑确定采用南京工学院钟训正❸的复堡式红旗方案。1960年6月,大桥总体建设方案编制完成,1961年4月得到国家计划委员会批准。

为保证桥下能通过万吨海轮,大桥原设计净空高度为26米。有部门提出净空高度24米就可以保证万吨海轮通过,交通部部长王首道主持了对24米净空高度方案的讨论,铁道部在修改设计方案时采纳了24米的方案。但海军和航运部门对此有不同意见,时

---

❶ 梅旸春(1900—1962),谱名炳沣,字秀珊,南昌县人。清华大学土木系毕业,后赴美深造。杰出的桥梁工程师。设计主持了钱塘江大桥、澜沧江大桥和武汉长江大桥的修建。
❷ 彭敏《艰巨的工程,辉煌的成就》,《跨越天堑——南京长江大桥建设纪实》第2页(南京市政协文史资料委员会等单位合编,1996年东南大学出版社出版)。
❸ 钟训正(1929— ),湖南武冈人。1952年毕业于国立南京大学建筑系。早年所作的北京火车站综合方案及南京长江大桥桥堡方案均经周总理选定而实施。1997年当选为中国工程院院士。

任中共中央总书记的邓小平召集有关负责人研究后，决定净空维持24米。此后反对意见依然没有平息，最后由周恩来总理拍板决定净空高度为24米。

李国豪也在《大桥工程设计中的两个问题》[1]中回忆了南京长江大桥的设计和建设：

自1957年10月武汉长江大桥通车以后，1958年开始了南京长江大桥的筹建工作。鉴于当时中苏关系发生了变化，中央决定，南京长江大桥完全由我国自行设计、自行施工建造。铁道部大桥工程局承担了建桥任务，仿照建造武汉大桥的做法，聘请一些国内专家组成了技术顾问委员会，我被聘为该委员会主任。

当时，大桥局的局长是彭敏，他采取了很开明的作法：邀请国内几个与桥梁工程有关的科研单位和高校，共同编制南京大桥的设计方案，再组织专家对此方案和大桥局的设计方案一起进行评比，参加评比单位的负责人和专家都感到获益不少，经过反复比较、论证，最后大家认为还是大桥局的方案可行，即一致推荐了这一方案。

李国豪还在文中回忆说：

在讨论南京长江大桥设计方案时，涉及两个颇为关键的问题：一是公路桥面行车道的数目；二是主梁的宽度。

武汉大桥的公路桥面采用的是6个车道，在这样大的城市，桥面采用6车道不能算多，至于南京大桥，与会的专家和我认为不能少于6车道。当时参加讨论的刘树勋教授是南京市的副市长，他表示南京市认为4车道就可以了。会议经过认真讨论，4车道的方案就这样定下来了。

武汉大桥的主梁宽度，即左右两片主桁的间距为10米，其间净空足够双轨列车通过。但是，武汉大桥在举行建成通车典礼事发生了明显的晃动，挤在桥上的人都有感觉。当时说不清是什么原因。所以在南京大桥的设计方案时，为了安全起见，主梁的宽度采用14米，比武汉大桥增宽4米。1965年，彭敏在西昌召开的桥梁工作会议时，大桥局王序森副总工程师还惦念着这件事，他对我说，南京大桥主梁宽度增大4米，多用了钢材约4000吨，是否需要这样做还说不清。我作为技术顾问委员会主任，感到应当研究这个问题，但是忙于学校的行政和科研工作，心有余而力不足。

文中，李国豪还专门提到了南京长江大桥的建造，"促使我国自己生产出16锰低合金钢，并发展了深水基础工程等技术"，他说，"这些成就与大桥的顺利建成，是我国桥梁工程的一个里程碑，是值得中国人特别是桥梁工程界骄傲的"。

1959年6月28日引桥工程开始打桩。11月15日，南京长江大桥工程指挥部成立，大桥工程局局长彭敏任总指挥，梅旸春任总工程师。1960年1月18日，主体工程正桥桥墩开工，大桥建设全面启动。

大桥在建设过程中，克服了技术、自然灾害等多方面的困难，并产生了李国豪提到的两项成果。

第一是深水基础工程技术。由于桥址地质复杂，正桥下部基础采用4种方式建造：在浅水面覆盖层深厚墩址处，采用重型混凝土沉井，穿越深度达54.87米，创造了当时的中国记录；在基岩好而覆盖层较厚的墩位处，选用钢板桩围堰管柱基础，并首次采用大直径3.6米先张法预应力混凝土管柱；在基岩较好、覆盖层较厚，但水位甚深的墩位处，采用首创的浮式钢沉井加管柱的复合基础；在水深、覆盖层厚，但基岩强度较低的墩位处，采用浮式钢筋混凝土沉井，上部为钢筋混凝土结构，下部为钢与钢筋混凝土组合结构。利用钢气筒充、泄气来浮托纠编。由于技术限制，潜水员只能使用普通的设备进行水下探测，清基潜水作业深达65

❶ 载《跨越天堑——南京长江大桥建设纪实》。

米,最大深度达到82米。1964年9月,大桥工程遭遇建设中的最大危机:在秋汛洪水的冲击下,5号和4号桥墩悬浮沉井的锚绳先后崩断,自重6000多吨的沉井在激流中作最大幅度60米的周期性摆动,大桥面临着沉井倾覆、桥址报废的巨大危险。建桥工人在洪水中冒着生命危险,连续抢险近两个月,最终采用林荫岳的"平衡重止摆船"方案克服了沉井摆动,使大桥转危为安。

再者是国产锰钢的研制。"1961年下半年,国家决定,南京大桥钢梁所用钢材不再进口,用国产同等性能钢材替代苏联钢材,在普通低合金结构钢16锰的基础上,将质量提高到16锰桥梁钢标准,以此代替苏联的HZ-2钢,国家决定由鞍山钢铁公司进行试制。经过艰苦的努力,这种钢的质量达到国际先进水平,其品质与苏联的HZ-2和联邦德国的ST52低合金桥梁钢相比,毫不逊色。1963年11月,鞍钢正式批量投产,到1965年,共生产1.4万吨16锰低合金桥梁钢,鞍钢工人十分自豪地称之为'争气钢'。"❶

## 武汉长江大桥为何晃动?

1968年12月29日,南京长江大桥全面建成通车。

前面说到,武汉长江大桥通车时,欢呼的人群潮水般涌到桥上,大桥明显晃动起来,究竟什么原因导致的?由于一直未查明,为确保安全,南京再建跨江大桥时,桥面设计时加宽了4米,多用了近4000吨钢。李国豪在《(南京)大桥工程设计的两个问题》❷一文中深感作为技术顾问委员会的主任,有责任弄清这个问题。他说:

直到1968年底,正值"文化大革命"期间,我在学校的隔离室中听到南京大桥建成通车的新闻广播,在欣喜和感慨之余,开始"偷偷地"潜心研究这个问题。后来在监督劳动期间,我在家里继续做模型试验和数字计算,到1974年才结束。

李国豪简单的描述中，我们又看到了当年热血沸腾、万众欢呼的人群中那位凝眉思索的科学家的孤独背影：隔离室里，李国豪的心情肯定复杂，因为他不知道南京长江大桥会不会再次晃动？如果晃动，那就说明桥面宽度与摇动之间没有联系；如果不晃动呢？万众欢腾，那是肯定的，自主设计建造的第一座钢铁巨龙通车了！可惜不能亲临现场！

"文革"期间，在监督劳动之余李国豪在家里做桁梁桥模型试验，这张照片是李国豪自拍的。

武汉大桥晃动了，什么原因？得到实地去勘查，得去阅读有关资料，得去组织人力仔仔细细地计算、试验。现在有时间了，但身处隔离室，经常被提审，到哪去组织人力攻关？！

交代材料每次都通不过，被隔离的李国豪苦闷万分。还是思考思考这个问题吧！

  Alles geht vorüber，（一切都会过去，）

  alles geht vorbei；（一切都将逝往；）

  Nach dem Dezember，（寒冬腊月之后，）

  kommt wieder der Mai.（又是明媚春光。）

李国豪在本子上写下这首德国小诗，借以自励。渐渐地，投入桥梁振动原因思考的李国豪心情变得坦然起来，关就关吧。叶景恩在他之前遭到批斗；孩子们都被下放了，有的去了淮北，有

---

❶《争气钢的诞生》（马启运），载《跨越天堑——南京长江大桥建设纪实》第157-158页（南京市政协文史资料委员会等单位合编，1996年东南大学出版社出版）。
❷ 载《跨越天堑——南京长江大桥建设纪实》第7页，（南京市政协文史资料委员会等单位合编，1996年东南大学出版社出版）。

20世纪70年代初，李国豪用赛璐珞片做成的模型在家里继续科研工作。

的去了贵州。家已支离破碎不像个家了，学校也荒草遍地不像个学校了。

解开振动之谜，说起来容易做起来难！

失去了人身自由，连最起码的科研条件都没有拿什么做研究？天天被监视、经常遭批斗，万一被发现了自己在偷偷地搞科研，那又是一场大祸呀！可是，大桥晃动问题不解决，国家以后造桥的步伐就得放慢！就得多用宝贵的钢材！

没有计算工具，没有参考资料，甚至连一本工程计算起码的数值表都没有，李国豪赤手空拳开始了艰难的科研跋涉。

李国豪脑子里浮现留学德国时对离散杆系结构桁梁的研究结论。他成功地将一座复杂的多腹杆菱形桁架体系桥梁化成连续体系，用微分方程成功推导了刚度转换的等效关系，并用模型试验反复验证，得出了"桁架和类似体系结构计算的新方法"。就用这个思路来处理两座大桥的稳定与振动问题。

思路有了，李国豪还要解决三个问题：纸和使用频率极高的三角函数表、积分表。此刻的李国豪被兴奋和热情鼓荡着，全然忘了身处囹圄。

这不是纸吗！望着桌上看过的报纸，他的眼睛闪着亮光：这些边边角角都可以写字！可两份表到哪去弄呢？思来想去，李国豪忙碌起来，只有凭着自己的基本功一个数值、一个数值地推算了。

两个星期后，李国豪成功地解决了科研基本条件，又开始凭着自己极强的记忆力一一写下两座桥梁的最基本数据，他要找出桥梁晃动的真正原因！

批斗在继续，交代材料还要继续写，但李国豪此时的心情却坦然多了。

"又可以算了。"每次回到囚室，李国豪总要轻轻念叨一句。窗户外面的树叶又长出来了，嫩黄嫩黄的，小心翼翼地展露羞涩的模样；窗外的树叶长大了，翠绿翠绿的，意气奋发地伸向天空；窗外的树叶浓绿浓绿的，悄悄地垂下谦虚的脑袋……唯一不变的是窗内的李国豪，踱步、书写；书写、踱步。

终于有一天，李国豪的秘密被造反派发现了。好在李国豪反应敏捷，迅速藏好了几个月辛苦得来的东西，造反派拿走了他的"罪证"——一张被他写满运算过程的报纸，学校里的大喇叭又开始呼喊"李国豪不投降就叫他灭亡"、"打倒反动学术权威李国豪"的口号。

批斗来得更凶猛了，交代材料催得更紧了，李国豪的科研搞得更隐秘、更投入了。

蝉鸣如织，但李国豪一点也不烦。看他的老工人见他挨完批斗回到屋内就急不可待地坐到小桌子前面开始写写画画，甚至手纸都用上了，偷偷弄来几本学生用的练习簿。

喜出望外的李国豪一个劲地道谢，老工友说了句："造孽！"

"国家不会总是这个样子的。"李国豪也不敢多说，冲着老工人笑笑。

"怎么把这样的好人都关起来了？"老工人摇着头，慢慢走开了。

有了这几个本子，李国豪的思维顺畅多了。1969年9月，他终于完成了大桥稳定的初步计算，给出了大桥自身结构没有问题的结论。在练习薄的扉页，李国豪写下"献给伟大的社会主义祖国廿十周年国庆"一行字。

**缝纫机变身试验台**

按照工程问题研究的一贯路径，李国豪接下来的事就是做试验。

值得庆幸的是，李国豪开始用试验验证计算结论时，已经被解除隔离，他被送到郊区公社接受隔离劳动改造。

1970年夏天，在上海北郊罗南公社劳动改造半年多的李国豪回到同济大学。此时，全国阶级斗争的弦虽然还是绷得很紧，但已经不像先前那样整天停下生产闹革命、上街入户打砸抢了。回到学校的李国豪也被造反派解除了隔离，他可以每天回家了，但每天得打扫学校里的马路、参加修建四平路。

虽然还是受到造反派们的监视，但比以前宽松多了，不用写交代材料了，也不用经常挨斗了，除了外出必须汇报，其他和革命群众没什么区别了。

"可以做试验了！"李国豪兴奋不已，学校实验室是不让去的，那就想办法在家里做！

家里做试验，没有制作钢桥模型起码的工具，用木头做？不行！做出来的模型连最基本的精度要求都达不到。想来想去，用赛璐珞来做吧。

赛璐珞是一种早期的合成塑料，广泛用来制造梳子、牙刷、衣领、玩具、汽车风挡、钢琴键及照相胶卷

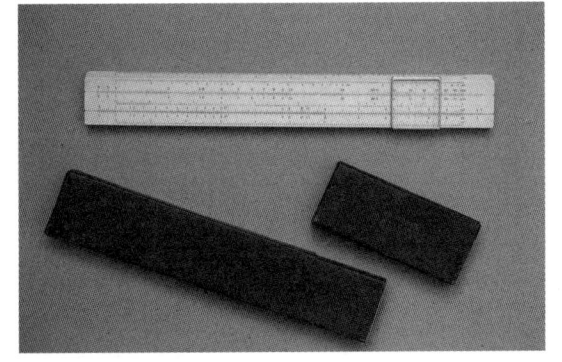

李国豪使用过的计算尺。

等，具有较好的柔韧性和较低的熔点。可是，在那个针头线脑都需要票证的年代，到哪去弄这个东西？实验室是不能去的，弄不好就会牵连那些无辜的同事。思来想去，李国豪发动家人只要上街就留心寻找这个东西。

功夫不负有心人。终于有一天，他的女婿在中央商场发现了赛璐珞计算尺，因为刻度印错堆在角落里准备当成废品卖掉。顾不得多想，立即掏出10元钱，一口气买了200把，兴冲冲赶回家报告李国豪。

当晚，李国豪急不可待地支上锅灶烧水，开始制作桥梁模型。赛璐珞放入沸腾的开水，不一会就变软了，压、剪、拉，样样随心所欲！外面的蝉鸣仿佛为他的欢乐起舞歌唱，鸣叫也比平日悦耳了许多！

沉浸在无比幸福中的李国豪有些管不住自己了。急急扫完学校的马路，躲到角落里，瞅一眼，四下静悄悄，赶紧拿出工具、材料，就开始制作桁梁杆件。一天，正当他做得投入，突然一声断喝：

"还不死心！还在搞！"

"没……没搞什么呀。"李国豪突然受到惊吓，手中的工具掉到了地上。

"明明是在制作模型，还没搞！我看你是死不悔改了。"

"……"李国豪抬头一看，是自己的造反派学生，没话了。

还好，训完了，事态并没有进一步扩大。心砰砰跳了几天后，李国豪决定坚决管住自己，不再这样明目张胆地不分场合了，制作模型工作重新回到家里。

缝纫机、乒乓球网、发卡、大头针……家里所有的能派上用场的物件都被调遣来了，还让女婿从厂里借来了千分表。缝纫机就是试验台，转轮正好用作滑轮。轻轻转动滑轮，模型桥梁扭转实态数据一一详细记录，桁梁、小梁……大桥各个可能与晃动有关的部位都要仔仔细细做一遍。

转眼一年过去了，李国豪的试验数据也出来了：和理论计算结果完全一致！

大桥结构没问题，那究竟是什么原因导致大桥晃动？

需要大量的计算，需要找到一台计算机。实验室有，可是他一个被监督劳动的人没资格去借呀！自己买？自己每个月80元生活费加上妻子叶景恩的工资，每个月雷打不动的开支有寄钱赡养老人、支援在农村插队的几个孩子、柴米油盐的开销，剩下来的已经寥寥无几；银行里那点存款又被冻结。怎么办？

俗话说，知夫莫若妻。叶景恩对丈夫的心思早已洞若观火。"钱我已经准备好了，哪天去买一台计算机回来吧。"

揣着钱，李国豪迅速赶往早已看好"地形"的商店，开口就说："我要那台旧计算机。"

"自己用？"

"是的。"

营业员请示领导，得到应允后，李国豪抱着"宝贝"回家了。

手摇计算机动了起来，咔嚓咔嚓地响，煞是热闹。李国豪每天一有空就坐在桌前摇啊摇，火车荷载、汽车荷载、人群荷载，每项都有成串成串的数据需要计算、验证。今天的人们进行大型计算时用的大多是每秒数亿次甚至十数亿次的大型机，已经体会不到当年计算机幼儿期开展数值计算活动的辛苦了。李国豪每天不停地摇，累了站起来走走。毕竟是57岁的人了，虽然锻炼身体是他每天的必修课，但骨骼关节还是禁不住这样长时间的一个姿势地坐着，最后没了办法，李国豪歇息时就拿起针线活，缝缝补补。此时的李国豪已心如止水，忘记了周围的阶级斗争新动向、忘记了罩在自己头上各种帽子；也不着急，天天这样摇啊摇，日子过得充实，一个又一个数据不断证实他的判断：他再也没有了往日的悲观情绪了。

### "多用的4000吨钢没有必要"

天有不测风云。

1971年7月，李国豪又被派往上海市北郊劳动改造。这次劳动改造没有上一次幸运，李国豪被工地上违章施工的钢制滚筒压了右脚，"啊哟——"一声，李国豪倒在了地上。

因祸得福。俗话说伤筋动骨一百天，因为脚伤暂时不用再去工地，李国豪获得了不少的时间，脚能挪动了，他又开始了摇啊摇地计算开了。

我与道路连队一起参加修四平路劳动。劳动的最后一周我负责管理工具和材料，不累；这正好大大方便了我的科研。上午我在家做模型试验，下午、晚上在同济新村后面苗圃的工棚里值班便做计算分析。经过一个月的摸索和从早到晚抽空试验，这个为检验我在前年和去年的献礼论文中建立的桁梁扭转理论是否正确的科学实验，于端午节前胜利完成了。测试的结果同理论计算相当符合，使我感到安慰和高兴。接着对模型试验拍了必要的照片，冲出来的底片也相当好，正在印晒和放大中。现在只需把结果整理、写出来了。

这封写于1971年10月1日给儿子李乐曾的信中,李国豪介绍了科研工作的新收获,其中透露出的情绪和心情相当快乐和愉快。可是,此时的李国豪境遇并不好,"同济现在仍在批、清'五一六'('文革'中的一个反革命组织,内容、对象前后多变)。我参加了连里和全校一般性的批判'五一六'罪行大会。"李国豪还是专政的批斗对象。

1972年春节,计算终于结束,印证了自己先前的推断。1974年,李国豪受邀参加全国钢铁振动科研协作会议,报告了研究成果:武汉长江大桥通车时出现的晃动,是由于涌上大桥的人群荷载造成的桥梁弯曲、扭转共振,大桥自身结构没有问题。因此,南京长江大桥多用的4000吨钢没有必要。

话音刚落,全场掌声雷动。大桥局副总工程师王序森紧紧握着他的手说:"困扰我们17年的谜解开了!"

多年以后,一位同济的工作人员问他:"您能不能用通俗的语言描述一下大桥晃动究竟是怎么回事?"

李国豪说:"你坐过小木船吧?当你一只脚迈上船,船就会晃动;当你两只脚都上去后,船很快就不晃了。武汉大桥桥梁的晃动和这个理有点相似,桥梁结构本身没有问题。"

1975年,11万字的《桁梁扭转理论——桁梁桥的扭转、稳定和振动》一书出版。该书《序言》说:

桁架是一种离散的杆系结构。在计算机尚未问世的40年代,用古典的力法分析,即使只有十余次超静定桁架结构也是一件十分繁重的工作。1943年,李国豪在分析一座复杂的多腹杆菱形桁架体系时,面对50多次超静定结构的困难,他想到了当时处理悬索桥吊杆的"膜理论",将离散的桁架体系也化成连续体系,用微分方程来处理。他仔细推导了刚度转换的等效关系,并用模型试验反复验证，经过多次改进，终于达到了理论和试验的一致，写出了题为"桁架和类似体系结构计算的新方法"的论文，为桁架结构分析开辟了一条新的途径，在离散结构和连续结构之间架起了桥梁。30年以后，李国豪又拿起了这一武器，把桁梁桥这种空间杆系结构和闭口薄壁杆件的弯扭理论联系起来，建立了"桁梁的弯曲与扭转理论"，系统地解决了桁梁结构的空间分析、稳定分析和振动分析的整套计算方法。同时也澄清了武汉长江大桥的晃动现象的本质。

1983年，这一成果获得国家自然科学三等奖。

20世纪90年代后期，武汉长江二桥建成通车，李国豪接受一批来自武汉的小记者采访，谈起自己的科研工作，他对小记者们说[1]："我自己从事研究桥梁工作有两个时期的收获比较大，一个是在德国的七年时间，没有什么人干扰，我自己的精力也比较集中，所以出的成果比较多；第二个时期是在'文革'中，我被批斗，而且在1968年被隔离审查。在隔离中，我什么也没有，甚至连一片纸也没有，于是我就把报纸的边角来做理论导演，在这种情况下，我搞了差不多一年。一年的时间内，我将理论推导结论的过程完成了。我估算了一下，南京长江大桥、武汉长江大桥稳定是没有问题的，可是振动是由什么原因产生的呢?我后来继续进行分析与研究。在家里，我想我这个理论还要通过实践来证明，于是我用在商场买的计算机的废板面，在水里泡成角钢的形状，用剪刀剪好后再用胶粘起来，做成一个桥的模型。"

小记者们描述，李爷爷拿出自己珍藏着的这个模型。看到李爷爷在如此艰难的条件下用无比的毅力和令人敬佩的精神制作的模型，小记者们无不动容，深深为李爷爷对科学的执著追求精神所感动。李爷爷接着说："模型做成以后，我就做模型试验，从而

---

[1]《他是一座桥——访桥梁专家李国豪院士》，参见赵致真主编《科学家您好》（第一册），第305页。

证明了我的理论的正确性。在这个基础上,经过认真分析后我得出了结论:武汉长江大桥之所以振动,是由于大桥上面很多人集中在那儿产生的共振。于是我就写了一本书。这本书是我最为满意的书,因为我为它付出了许多艰苦的劳动,前后花了差不多六年时间。那时没有电子计算机,是我自己花了一百多块钱买的一个旧的手摇计算机在家里算的,这是我满足感最大的一次研究了。"

### 滨州黄河桥工地劳动

1972年4月24日,《人民日报》发表经周恩来审查同意的社论《惩前毖后,治病救人》。社论指出:要严格区分两类不同性质的矛盾,对一切犯错误的同志,都要坚持团结—批评—团结的正确方针。并强调"经过长期革命斗争锻炼的老干部","是党的宝贵财富"。1972年9月3日,同济大学党委书记、校长王涛获得解放。

运动还在继续,不过有了些新的变化。

作为"上大学、管大学、改大学"的工农兵学员进入学校后,最重要的事情当然是要批判以李国豪为代表的反动学术权威。1971年第一批学员的开学典礼上,李国豪等便被作为"反动学术权威"被学员们批斗了一回。批斗结束后,李国豪拖着仍然一瘸一拐的病腿,和这些大都只有小学、初中文化程度的学员坐上北去的火车,他们要去山东省滨州市北镇黄河公路桥工地开门办学。

李国豪没有资格为学员们上课,他每天依然是被监督劳动,浇制混凝土构件,往桥桩柱孔中注入混凝土,有时他也被"破格"派遣去做点课程辅导工作。这都是些什么样基础的学员啊,竟然不少人连移项、括弧都不知道是什么!李国豪没有放弃,孩子们不管怎样,将来还是要为国家建设出力的,再难,也要迈过这道坎！"逢山开路，遇水架桥"，李国豪只要给大家辅导，就一丝不苟，碰到"坎儿"就变着法子教。渐渐地，同学们暗地里对这位"反动学术权威"尊敬起来，悄悄地总是小声喊一句"李老师"，爱学习的同学也喜欢偷偷跑来请教。

那时，我国的公路桥大多跨度很小，短的一二十米，长的也不过二百米左右。这些桥梁大多由间距两米左右的多片主梁组成。汽车一上桥振动，全桥主梁全都跟着颤抖，形成荷载的横向扩散。横向荷载分布情况如何计算？随队的老师没了辙。

在黄河桥工地劳作了三个月后，李国豪被安排讲授这个内容。当时公路桥梁界计算横向荷载普遍采取的是"比拟板法"进行计算，即"比拟正交异性板法"。它是把实际桥梁的纵横梁格系比拟成一块假想的平板，根据其长、宽度列出一个个方程计算、换算桥梁的受力情况。这个由法国人发明的方法非常深奥，我国工程、教学界能熟练运用这一方法的人并不多。

望着身边一张张茫然的面孔，李国豪深深感到面对这些连起码的数学、力学知识都一知半解的学员，要把问题彻底讲清楚简直比登天还难！怎么办？能不能以主梁系为基础，用结构力学的方法来处理这个问题。恰在这时，交通部桥梁设计规范修改组也邀请他去讲比拟板法。讲解中，李国豪心中的想法更加强烈起来：必须找到一种简便的计算方法。

1972年夏天，在滨洲北镇桥梁工地劳动半年后的李国豪奉命回到上海，参加交通部与同济大学共同组织的桥梁设计规范修订会议。会上，李国豪报告了公路桥荷载横向分布计算问题。讲解中，李国豪深感原有理论十分繁琐，虽然自己尽力简化，但还是很难让一般工程人员完全明白。会议中，李国豪提出要深入桥梁现场调查，找出简便易行的计算方法。

他的建议得到批准，除了派一名党员做他的助手，工宣队给了他较大的自主权，实验室自由使用，出去考察的请求也获得批准。李国豪带着那名党员助手奔赴河南、陕西、河北、北京……他们要去实地考察那些或没有中间横梁，或一根、或数根横梁的桥梁受力分布状况，桥梁出现的裂缝与这些横梁数量有无直接关系。一千多公里的行程下来，李国豪取得了大量实际数据。

经过两年多的计算，李国豪和他的弟子石洞终于拿出了基于主梁系的结构力学方法计算公路桥梁横向荷载分布的著作——《公路桥梁荷载横向分布计算》。这本43万字的著作由于原理简明扼要、计算方法简便快捷，一半篇幅都是方便使用的实用图表，1977年12月出版以来，立刻成为相关行业科技人员的必备书籍，一版再版。

李国豪晚年，有人赞扬他："那种气候下，您还能这样坚持科研，真不容易！"

"钻进去了，什么都忘记了，很快乐。"李国豪笑眯眯地说。

# 第五章 复兴同济

## 先进表彰会上当选校长

1977年夏天,"文革"中饱受折磨摧残的李国豪被学校推荐当选上海市先进工作者。"没想到形势转变得这样快!"心有余悸的他一时还转不过弯来,转不过弯来的李国豪心里却很清楚,现在搞科研不用像那时候得偷偷摸摸、藏着掖着了!

还有让他更意外的事情。

当年10月召开的一次全校大会上,李国豪作为上海市先进工作者发言。讲话中,李国豪介绍了他在"文革"中所做的一些工作。

讲话一结束,李国豪就被刚刚上任的党委书记黄耕夫❶拉到后台,黄耕夫掏出一份文件给他看。李国豪眼睛一扫,大出意外!

1977年,李国豪获上海市教育战线先进工作者称号。

这是一份任命文件,上海市委常委的决定:任命黄耕夫为同济大学党委书记,李国豪为革委会主任。"这是'文革'结束后,我国首份大学'校长'任命书。"同济大学原常务副校长陈小龙回忆说。

刹那的眩晕后,李国豪定下神来,仔仔细细从头至尾读了一遍,大红印章确确实实是"中国共产党上海市革命委员会常务委员会"。

两人回到前台,黄耕夫向挤在大礼堂里的四千余名教工、工农兵学员宣布:李国豪任同济大学革委会主任。

---

❶ 黄耕夫(1909–2000),原名黄昂,字季藏,浙江平阳人,中国大学法律专科毕业。1939年7月,黄耕夫赴延安,入中央党校学习。1949年12月,任南京市公安局副局长兼南京市检察署检察长。1958年,任哈尔滨医科大学党委第一书记,1964年任上海机械学院(现上海理工大学)党委书记兼院长,1977年任同济大学党委书记。

1977年，担任同济大学校长的李国豪。

"革委会主任"虽有"校长"之实，但其称谓毕竟具有过渡性质。到了1978年7月，李国豪获得重新任命，正式成为同济大学校长。那天晚上，李国豪百感交集。

同济大学以后的路怎么走？遭受十几年破坏的学校已是满目疮痍，人心离散，怎么把大家的心再拢到一起来？

五六十年代，身为同济大学教务长、副校长的他所经历的系科割离，所进行的学科建设努力至今让他刻骨铭心。紧接着，声势浩大的"文革"席卷了学校每一个角落，课桌掀翻了、老师打倒了、系科变成了连队、学校停招了，甚至好端端的实验仪器也被砸了，一闹就是十来年。

下一步怎么走？四人帮虽然打倒了，但是风凄雨苦后的老师们已经个个如惊弓之鸟；而那些运动中成长起来的年轻人却还难改"运动思维"，整天琢磨着开大会、写大字报。

怎么办？怎么办？先把手头的科研工作交出去吧，交出去了就好腾出手来一门心思思考这个问题。

三天后，李国豪找来项海帆、范立础、石洞等几名助手，把手头正在进行的几个研究项目一一交了出去。

孙钧教授（1991年，孙钧成为"文革"后我国恢复院士制度后的第一批院士，李国豪是其推荐人之一）还清楚地记得当年李国豪校长来他家谈心并问学校发展之计的情景。他说："李校长怀着同济一定要振兴和大发展的心情，他第一次来我家中串门，要听听我们教师对学校大发展的意见。他问：'高校的教学和科研要上去,你看最重要的环节是什么?'我几乎不假思索地就回应说:'那当然是人才,是学校教师队伍的素质和水平。'李校长十分同意我的想法,说:'学校就像京剧团,校长也就是剧团团长,我看同济第一位重要的倒不是我这个校长。京剧团里有了梅兰芳和马连良,团长也就好当了,同济有了好老师,我这个校长自然也好当了。'他又说:'我看像同济这样的大学,如果能够有8个、10个国际一流水平的教师骨干,在他们带动下再造就一批高水平的中、青年教师队伍,这样,我想解放前我们国立同济大学在国内外的学术声望是可以振兴回来的,还可以更加发扬光大。'他当时还表示想要重新恢复我校的医学院,再想办药学院,要搞学院三级负责制等。"孙钧还说:"那次恳谈,使我对同济的振兴和发展满怀着希望。"

正如孙钧院士回忆的那样,按照李国豪的设想,同济首先要做的就是先把七零八落的连队改过来,恢复系、教研室建制,然后就是最艰难的工作:劝那些饱受冲击的学者们出山。

哪有那么容易!人人心有余悸,个个不愿出山。无奈,李国豪只有一个一个上门做工作,对每一位教授现身说法。努力了很长时间,大部分教授终于又重新站在系科领头羊的位置。李国豪在回忆中说:

当时人才奇缺,为了恢复同济大学与德国的合作关系,1979年春我出访德国,需要一个懂德语的助手,我不计前嫌,请这位教师来担任,他是"文革"期间我的专案组的成员。后来,我还请他担任德语系的系主任,成绩不错。当时还急需恢复管理专业,可是只有一位教师适于担任这个工作,于是我请他来负责。他1952年"三反"时曾编故事,使我当时被当作贪污巨款的大老虎关了两个多月。他负责后,这个系也办得不错。❶

---

❶《学校领导要德才兼备》,载《上海教育》2001年第3期。

李国豪以学校大局为重、以学校的长远发展为重，任人不计前嫌的做法很快收到良好的效果。

除了"文革"遭受冲击的人心有余悸之外，和全国许多教学科研单位的人一样，刚从禁锢中解放出来的知识分子人人都想着赶紧搞业务，把失去的时光追回来，所以当李国豪校长找到这些年富力强的人们，要他们出任学校各部门负责人时，大都流露出为难情绪："1978年他通过冯纪忠先生向我转达，想调我去图书馆任馆长，后又说希望我去科研处，我都表示想多搞些专业，不想去搞行政。到1978年冬，他约我去谈话，他说学校要'两个转变'，在对德联系方面，原来的外事办公室，只是个接待班子，不适应要求，今后要与德国院校合作，要聘请德国专家教授讲学，一定要有专业职称的人去负责。他说：'这件事你一定要帮助我。'他是我的老师，既然这样说，我只好答应。我说从未搞过外事工作，他说'有困难来找我'。我说我不想离开教学岗位，城规教研室主任还想继续干，课程还继续上，他说可以。"董鉴泓回忆当时情景，说道。

教务处长在李国豪的眼里，是个非常重要的岗位，尤其是"文革"后同济百废待兴的关键时期。李国豪心中有了人选，就是孙钧，可是同样遇到业务与行政如何协调的问题。孙钧说，"可能我当时流露了一点舍不得为了担任行政工作而影响自己专业业务的意思吧，在后来我去教务处上班的第一天，他握着两位副处长的手说，'孙钧老师首先是一位教授，处里经常性的教务工作请你两位要多操劳一点，让孙老师能在下午处里如果没有太重要的事情和会议，就仍然可以留在系里多做一些他自己的研究。拜托了。'"

李国豪又看中了地下系副主任赵振寰，欲让其出任校办主任。此时，赵振寰已做了近30年的教师，"当教师好，没有繁杂的琐事缠身",可是李国豪告诉他"调你上来工作已在党委常委会上做出决定了。"赵振寰回忆说:"我一听组织已决定,二话不说,服从决定,但要求李先生给我能继续搞业务、面向学生上课的机会。最好有一个任期。李校长笑笑对我说:'我当校长的也不知道自己有几年工作的任期,何况你呢?'我哑然无语。后来,李先生要调到市里做政协主席了,我想,这下子我可解放了,可以重新回到教师岗位上去了。我专门找李校长,要求回去,李先生对我说了一席话,又使我哑然无语:'振寰,这时我还真不能放你回去。我李某人在任时调你来辅助我工作,不能说现在我离开这岗位了就将你放走。这样做岂不让下一任校长说我拆他的台么?'这一席话既是劝阻,也是批评。

### 同济开始"两个转变"

1978年5月11日,《光明日报》发表了《实践是检验真理的唯一标准》的特约评论员文章。这篇经过邓小平等亲笔修改、胡耀邦亲自审定的文章发表后,立即引起了热烈讨论和巨大反响。李国豪翻来覆去地看,"一切从实际出发、理论联系实际,实事求

1977年,担任校长后的李国豪(左三)与科研助手们讨论工作。

1978年,李国豪(右)与项海帆(左)、石洞(中)老师商谈筹建学校工程结构理论研究室,尽快把学校科研恢复起来。

是搞建设、谋发展,这才对。看来国家要走正道了"。李国豪彷徨的心开始着陆:就按这个思路考虑学校未来的路子!联想此前不久在北京召开的全国科学大会,邓小平说"为社会主义服务的脑力劳动者是劳动人民的一部分";全国教育工作会议的"尊重教师的劳动",再不搞运动了,可以一门心思谋求学校的发展了。

好消息一个接一个。党的十一届三中全会又开了:"两个凡是"受到批判;"以阶级斗争为纲"和"无产阶级专政下继续革命"的口号停止使用,工作重点转移到社会主义现代化建设上来;彭德怀、陶铸、薄一波、杨尚昆等同志的冤案得以昭雪。

"看来春天真来了!"兴奋不已的李国豪不断地问自己:"同济的路该怎么走?"

问题一直萦绕在他的心头,一碰到教学一线的资深教授,就要与他们讨论;一有机会出差,就要询问兄弟院校的做法。"那段时间,爸爸整天锁着眉头,我们谁也不敢去打扰他。"李乐曾回忆。

一个仅有土木的学校叫"大学",名不副实,必须扭转过来。可是,我们现在的高教体制是学苏联,中央能同意我们扩大学科方向吗?我们与德国联系密切,应该把这些联系恢复起来,可是对外联系的门关了几十年,能够迅速恢复起来吗?

不管怎样,总得试试!

《恢复德语教学传统的请示》呈送教育部,时为1978年11月初,因为大家在报纸上看到方毅副总理在9、10月份两次会见德国客人时都提到了同济大学传统的对德联系。

报告很快得到批复!

不到半个月,方毅副总理便在报告上批示:"请刘西尧(时任教育部长)同志研办,此事我已面告过,应抓紧进行。德方也同意同我合作,大力支持。"

得到中央领导的首肯,李国豪迅速组织人手细化方案。11月22日、12月6日,翁智远副校长两次专程进京赴教育部汇报"与西德建立联系,将我校建成以理工为主的新型大学"方案;12月21日,同济大学向上海市并教育部呈送《关于与西德建立联系将我校建成以理工为主的新型大学

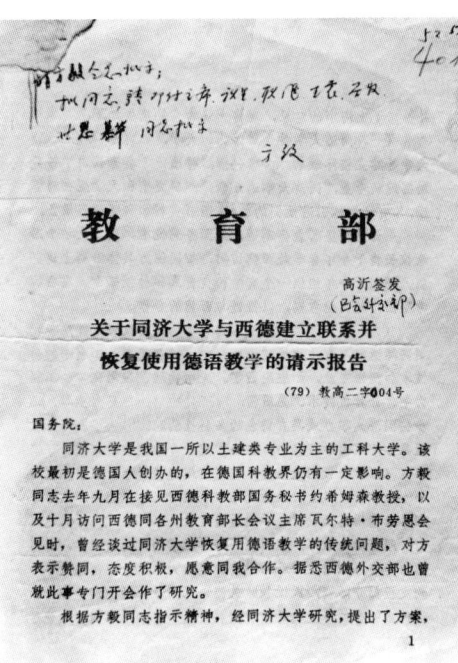

教育部向国务院的请示报告,同济大学对德建立联系恢复使用德语教学。(原件存同济大学档案馆)

的报告》。这份报告中说:"同济大学拟参照西德大学的系科设置,并结合我国实际情况,有步骤地增设新专业,特别是理工科中的新技术和德语专业,如应用数学、应用物理、应用化学、工程力学、计算机技术、热质传递与流体力学、信息专业等,逐步将同济大学办成具有特色的多科性理工大学。"

其实,在此前一份形成日期为12月4日、名为《关于将我校恢复为综合性大学并与西德建立联系》❶的报告中,已经提出将同济定位为"综合性大学"、"全面地吸收、引进德国先进科学技术"的中国大学,提出了"拟成立理、工、医、文四院"的设想。

报告说:"解放后,经过院系调整,取消了理、医、文、法四个学院和新生院,外语全部改成俄语。从此,用德文教学的传统没有了……由于解放前同济的德国教师多,留学德国的教师也多,与德国科教界有关人士接触频繁,经常有书信和技术资料往来,因此同济一直在德国科教界有很大影响。"并称,"为做好与西德建立联系的准备工作,我们已经举办了两个教师德语进修班,并正筹办德语'四会'班和普及班,使更多的教师尽快地和更好地掌握德语。"报告中拟设学科为:

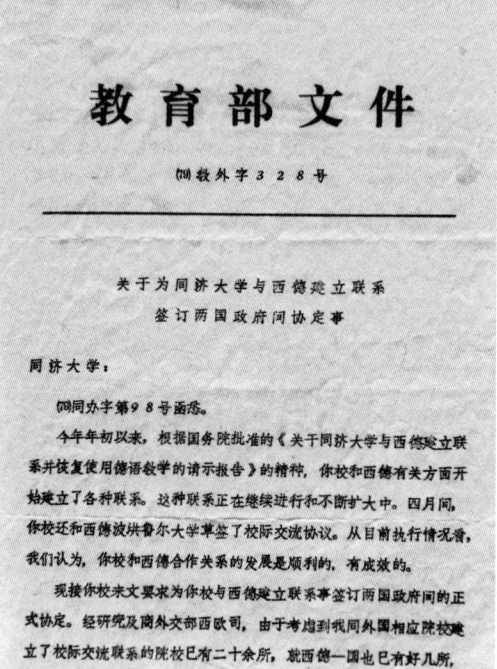

教育部批复同济大学对德建立联系的文件。(原件存同济大学档案馆)

1.理学院：包括数学、物理、化学、生物、力学等；

2.工学院：包括土木、建筑、测量、材料科学、海洋开发、环境工程、机械、电气工程、自动控制、计算技术、企业管理、冶金、化工、航空航天、核工程等；

3.医学院：包括医疗、药物等；

4.文学院：包括德国语文、历史、哲学、艺术等；

5.为把我校建成教学和科研两个中心，就上述相关学科，在现有的研究所、室的基础上，进一步建立相应的科学研究机构。

心情急切的人们提出"争取到1985年建成理工医文结合的综合性大学"的目标，"其中首先是理科和尖端科技专业……对于某些尖端科技缺门专业，实行'三引进'，即聘请德国教师，引进德国教材、图书杂志和教学、科研实验设备"。具体分三步走：

第一步 80年前，参照西德高校办学经验，加强原有各专业，如土建、机、电等。同时全面筹建理工各专业，争取理工各系在80年都能招生，文科德语专业79年就招生。

第二步 81年至83年，继续巩固和发展已建的理工各专业，使医疗、药物、德国历史、哲学、艺术等专业全面招生。

第三步 84年至85年，继续抓好校舍扩建、实验室建设和师资培养等项工作，完成校院建制，全面建成理工医文相结合的综合性大学。

这份报告所透露出的到达1949年的"理工医文相结合的综合性大学"的想法表明，李国豪等同济大学班子成员开始全面向德国教育模式回归，向民国时期国立同济大学的旧有模式回归。《报告》中"具体措施"一节至今读来仍觉很有创意。比如"当前与西德建立联系的做法"：

---

❶ 《本校恢复为综合性大学与西德建立联系的报告及李国豪校长访德的请示报告》，同济大学档案馆，档案号2—1979—XZ—5。

（1）明年初，由学校党政领导和专家教授组成十至十五人的考察团，到西德考察，时间为一个月左右。考察对象以西德方面认为适合的学校如阿亨大学（即亚琛科技大学，德国九所精英大学之一，欧洲最著名的工科大学之一）及其他有关的高等学校和研究机构。

（2）明年上半年，聘请德国专家17名来校讲学，并帮助我们进行有关新专业的规划及各项筹建工作。专家包括土木、建筑、测量、材料、机、电、化工、海洋、数学、应用物理、无线电、计算技术、自动控制、企业管理、冶金、航空航天、核工程各一人。其中，冶金、航空航天、核工程等专家只参加规划工作，时间三个月左右。其他专家因有讲学任务，时间暂定一年。此外，另请5名德国语文教师来校讲授德语。

（3）明年起，每年选派50名左右的教师、研究生、大学生去西德留学。

（4）着手引进各专业的成套教学与科研仪器设备、教材和图书期刊资料等。

报告中的许多想法在今天看来还是相当富有创意，比如"从上海外语学院、复旦大学等校调配一批德语教师来校；请教育部统一布点，建议在北京、上海、武汉、广州等大城市几个省确定几十所中学开设德语课，为我校提供学生来源"；等等。不仅如此，校内的动静也大，"明年起，从77届、78届学生中选调200名学生专门学习一年德语后，转入即将成立的新专业学习；1979年后招收新生，大部分定为五年制，先学一年德语，再学大学课程，到新生基本掌握德语时，学制仍改为四年。"

1979年1月，邓小平、方毅、余秋里、耿飚、王震、谷牧、康世恩、陈慕华8位副总理在教育部呈送的"多科性理工大学"报告上批示同意。1979年1月25日，方毅副总理来到同济大学考察，李

1979年7月25日，国务院副总理方毅（右二）视察同济大学与学校领导（右三为李国豪）座谈，更坚定了学校的"两个转变"。

国豪校长等接待了方毅一行。考察中，方毅一再提到同济要进行的"两个转变"，他说："我们下决心要同济大学恢复使用德语教学的传统，建成一所理工科大学。光土木建筑太单调，要办理科，理工分开不合适。"

同济开始了"两个转变"，用李国豪自己的话说："'文革'把大学的教学和科学研究破坏无遗，我任职伊始，即着手大力恢复过去，也着眼部署未来。"❶他在文中说：

我就任伊始，抓了两件关系学校发展的事，一是恢复与新建一批研究所、室，二是提出同济大学的"两个转变"：第一，土建单科性大学转变为以理工为主的多科性大学；第二，恢复与德国的合作关系和恢复德语作为教学外语之一。这两件事，特别是后者对同济大学的发展影响比较大。

曾任同济大学党委书记周家伦教授评价说：李国豪老校长"在改革开放之初，对同济的发展提出'两个转变'的战略，奠定了同济大学不断发展的良好基础"。❷

---

❶ 《学校领导要德才兼备》，载《上海教育》2001年第3期。
❷ 《在李国豪塑像落成揭幕仪式上的讲话》，参见《桥梁大师李国豪》（同济大学出版社2011年版）。

## 34年后，再次踏上德国土地

随着报告获批，同济大学开始恢复德语教学传统，由土木为主的理工科大学向理工为主的多科性大学转变，由国内普通高校向作为中德文化交流"窗口"的大学转变。

1979年的春天，落英缤纷、莺飞草长之际，同济大学校长李国豪一行开始访问德国各大院校。

访德缘起于1978年8月，洪堡基金会秘书长普法伊弗尔带领洪堡基金会代表团访问上海。听说李国豪在二战后一直未曾重访原联邦德国，于是郑重邀请他访德。普法伊弗尔回到德国后，随即发来邀请信。同济大学立即向教育部请示，并称："李国豪同志年纪较大，已是近70岁的人了，且今年9月刚进行过胆囊切除手术，一人单独行动，生活上、学术活动方面会有一些不便之处，建议配两名助手随他出访。"一系列紧锣密鼓的请示、筹划之后，1979年3月14日，李国豪、叶景恩、赵其昌在洪堡基金旅费帮助之下启程赴西德开始了为期6个星期的访问。

洪堡基金会专门在波恩为李国豪一行举行欢迎会。会上，李国豪简单地介绍完同济大学的历史和现状后，着重谈的就是希望全面恢复与德国中断了近40年的传统关系。"为此，我们正在积极准备培养德语教师，我们十分希望大家帮助我们，全面参与这项工作。"

在德期间，他们走访了众多政府机构、国家科研促进机构、独立研究单位、高等院校，与波鸿-鲁尔大学了签订合作协议《草约》。《草约》共8条，其中包括"建立校际合作关系、派遣专家、交流客籍教授、共同进行科学研究、支持波鸿-鲁尔大学汉语教学"等。

再到达姆施塔特，李国豪恍若隔世。这座二战中受到毁灭性破坏的城市竟一点也看不出创伤的痕迹了，达姆施塔特工业大学实验室设备的现代化程度更是让他惊讶不已。

当年的老师克勒佩尔张罗的盛大欢迎会大出李国豪预料，欢迎会上热情洋溢的讲话更是让他感到师生之情的火炽汤浓，年岁已高的教授每天驾车陪同弟子周游寻找当年景物更是让他深受感动。当然，李国豪隔离室中的成果《桥梁扭转理论》报告也让德国同行们用跺脚来表达高度的赞扬。李国豪与达姆施塔特工业大学校方商定，建立校际合作关系。

历时42天的访问，李国豪走访了德国波恩等17个城市、30多家机构。在当时联邦德国最大的科研机构马克斯·普朗克协会新建的研究基地嘉尔兴参观，李国豪被基地拥有的巨大加速器、激光设备、天文物理设备和介绍的各种正在进行的尖端项目深深震撼了：我们落后了一个时代！

成文于1979年5月6日的《访问西德汇报》称[1]：

1979年，李国豪访问德国，在德国签署校际合作协议，这次访问重新开启了同济恢复对德交流的大门

---

[1]《李国豪、叶景恩、赵其昌访问西德汇报》，同济大学档案馆，档案号2—1979—XZ--5。

一、草签了同济大学·波鸿-鲁尔大学合作协定。

北莱茵州—威斯特法伦州科学与研究部部长约钦森是该州各大学的直接领导者,他早就建议并全力支持同济大学与波鸿-鲁尔大学建立校际合作关系,还向我们表示波鸿-鲁尔大学缺少的力量,可以从该州任何一个大学调动出来。与达姆施塔特工业大学校长口头约定建立校际合作关系。

二、初步了解了西德高教、科研的管理、协调促进机构,如洪堡基金会(AVH)、德国学术交流中心(DAAD)、德国科学研究协会(DFG)、马克斯—普朗克协会(MPG)等;访问了解了西德一些有代表性的技术大学如波鸿-鲁尔大学、达姆施塔特技术大学、阿亨技术大学、慕尼黑技术大学、柏林技术大学、斯图加特技术大学等;以及一些科研单位的情况,并和他们建立了联系。阿亨大学表示愿意与同济大学建立实际上的、比书面上签了字更有效的校际合作关系。达姆施塔特工业大学还表示,要赛过波鸿-鲁尔大学,其他大学也有同样反响。

《报告》还写道:"为调动各方面的积极性,更快地发展这种合作关系,洪堡基金会设想组织同济大学友好会(Freundkreis)。"李国豪一行对洪堡基金会"不仅提供这次旅费

1979年,李国豪(左二)重访达姆施塔特工业大学。

1979年4月28日，访问德国圆满归来，学校领导在虹桥机场迎接李国豪（前排左二）校长。

及全部活动费用，而且为与各有关单位进行了广泛的联系，安排了周密的访问计划"铭记在心，并行诸报告。

《报告》中专设"今后工作打算"一节，阐述同济大学与西德联系的工作要点，表示"要有计划、有步骤地抓好"：

（1）经校党委讨论通过并报上级批准后，正式签订与波鸿-鲁尔大学的校际合作协定。

（2）对于在这次访问中建立了联系的西德有关高校和科研单位，建立经常的通信联系。

（3）邀请西德专家于今秋明春分两批来同济为教师和研究生作短期讲学。这批专家将包括德语课、基础课、专业课及对学校组织管理有经验的专家16人，其中德语专家将担负培训我德语教师及研究生的责任，以后逐年陆续邀请德国专家来同济讲学。

（4）积极准备从明年起派教师去西德考察进修，争取有关部委将留德归国的大学生、研究生分配来我校工作，充实同济大学懂德语的师资力量。

（5）积极准备进行学术交流，科研合作，在城市建设、工程

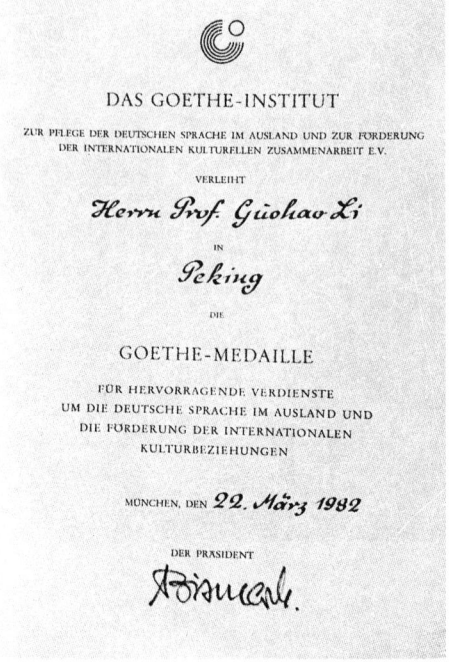

1982年3月22日，李国豪获得德国"歌德奖章"证书。

抗震、环境保护等方面组织力量与德方交流……

按照这一思路，同济全面部署、落实各项与德国合作、交流工作。从此，作为中国大学对德国联系重要窗口的同济大学揭开了双方人员频繁往来的序幕。

一心想着尽快"把同济大学建设成为我国吸收西德先进科学技术的理工大学"的同济掌舵人希望国家"能将留德归国的教师分配在同济大学工作"、"请教育部今后派送西德留学生、进修教师时，给予同济大学适当名额"、"德国科教资料适当集中在同济大学"，甚至"为了便利工作，请有关上级同意学校除重大问题事先请示外，一般问题直接与德方联系"。在当时的形势下，这一想法可谓是极富创意而且大胆。

1979年秋，德国波鸿-鲁尔大学和达姆施塔特工业大学联合派出校长代表团回访同济大学，三校正式签署了校际合作协定。时隔不久，德国研究技术部部长豪夫访问同济大学，并以大众汽车厂基金会名义，赠送100万马克，资助同济大学建立以著名物理学家波耳命名的固体物理研究室。

### 获得"歌德奖章"

1980年冬，李国豪再次率领学校教授代表团访问德国。一个月时间内，代表团风尘仆仆访问了波恩、西柏林、慕尼黑等7城市、

1982年，李国豪（右）在德国与卡斯滕斯总统合影。

10所高等院校及26个系所。1979年曾在上海会晤过李国豪的黑森州经济部长卡利回国后积极倡导筹建由德国的公司、企业、大学、研究所和政府机构参加的"同济之友协会"。1980年11月28日李国豪访问期间，在威斯巴登市举行了"同济之友协会"成立仪式。

与此同时，来自原联邦德国公司、大学、研究所的专家就像候鸟去了一波又有一波来到同济。1981年9月30日的《同济大学报》刊载：

9月15日，西德大学校长代表团一行7人来我校参观、访问；

9月18日，西德亚琛工业大学格吕尼布教授夫妇来校参观访问；

9月19日，西德卡尔·杜伊斯贝尔格协会代表团一行4人来校

1981年，李国豪（右三）与来访的达姆施塔特工业大学校长合影。

会见李校长。同日，西德德中友协14团11位城市规划专家与我校建筑系进行了座谈。

5天，3批专家，同济对德交往的大门豁然洞开。

同济的涉德机构、专业更是犹如春来草长，全校理、工、管理专业新生先学半年德语，设立德国研究所，合作召开固体物理研讨会；1982年，同济大学安装了联邦德国政府赠送的西门子7536型计算机，电子计算机专业建设跃上了一个新台阶。

1982年、1983年，联邦德国总统卡斯滕斯、总理科尔接连到同济大学访问，同济与德国的合作迈上一个崭新的台阶。

1979年以后的几年，李国豪几乎每年都要到德国访问，每年都要接待大量的德国客人。1982年3月，因为李国豪为中德文化交流作出的贡献，原联邦德国驻华大使修德代表歌德学院授予他"歌德奖章"。李国豪致辞中介绍，自1979年以来，德意志联邦共和国文化教育、科学技术、经济等方面的领导机关和基金会的许多领导人，许多大学校长，有名的专家、学者访问了同济大学。从德国派到同济大学讲学、授课的专家、教授约100人。同济大学派了60多名教师和约200多名留学预备班的毕业生到德意志联邦共和国进修和学习。他说："三年来，同济大学在促进中德文化学术交流方面做了一些工作，取得了一些成绩，这是在各种有利条件下，各方面人士的努力和支持下取得的，归功于大家，请允许我代表大家来接受奖章。"

由于不懈地为中德交流而努力，李国豪1985年8月又获得达姆施塔特工业大学的名誉工学博士称号。其子李乐曾撰文回忆当时情形：1985年2月28日，贝默校长通知父亲，达姆施塔特工业大学校务委员会已决定授予他名誉博士学位。在此之前，学校已邀请校外专家对父亲的学术成果进行了鉴定。作为鉴定人之一，波鸿-鲁尔大学教授卡尔海因茨·罗伊克（Karlheinz Roik）在1984年11月16日的鉴定中有如下评价[1]：

他的博士论文《悬索桥按二阶理论的实用计算方法》在1941年发表，这在当时应该是一个引起轰动的成果……在我的职业生涯中，我多次用到这一理论，时隔43年我仍在我的讲座中引用它。在我们专业领域的科学文献中，我熟知的像这样被证明具有"长久生命力"的理论为数很少。

作为第二个例子，我要提到他在1943年与K·克勒佩尔共同发表的论文《弹性平衡分支的充分辨别准则》。这项工作从根本上（并且以简化的方式）解释了复杂的相关性问题，直到今天我仍向所有学生介绍它。

即使李先生没有发表任何其他研究成果，仅此两篇论文就已经称得上"非同寻常"了。

毫无疑问，李先生是我们专业领域非常突出的人物之一，他的科学素养，他对研究及应用的继续发展的投入……都堪称模范和无与伦比。

李乐曾介绍，1985年8月29日，父亲在达姆施塔特又经历了一

---

[1] 李乐曾《父亲与达姆施塔特》，载《纪念李国豪诞辰100周年文集》。

1980年6月，李国豪（右一）与来访的波鸿－鲁尔大学代表团合影。

个特殊的日子，达姆施塔特工业大学举行隆重仪式，授予他该校最高荣誉——名誉博士学位，以表彰他"在钢桥结构方面为继续发展静力及动力结构分析的基础和方法所作出的特殊贡献"。当年以博士论文崭露头角的"悬索桥李"，其研究成果再次获得德国同行的高度评价。黑森州科学与艺术部部长薇拉·吕迪格尔（Vera Rüdiger）博士在致辞中赞扬父亲架设了连接德中人民及德中文化之间的桥梁。达姆施塔特工业大学校长贝默教授回忆了他与父亲为建立两校伙伴关系进行的合作，强调了父亲1979年春季重访德国对德中科技交流的重要意义。父亲在答词中感谢达姆施塔特工业大学授予他名誉博士学位，也感谢导师克勒佩尔教授对他的培养，发言中他一度哽咽，因为导师在两周前刚刚去世，未能出席授证仪式。父亲在发言中表示，衷心希望通过科学合作的纽带带动两国人民之间友谊的发展。

1987年5月，在同济大学80周年校庆之际，原联邦德国驻沪总领事特奥多尔女士在总领事馆内举行隆重仪式，代表联邦德国总统授予李国豪以联邦大十字勋章，表彰他在促进中德文化交流与

1987年5月7日，德国政府授予李国豪联邦大十字勋章，这是仪式后学校教师向李国豪(前排右一)祝贺。

科学研究合作的重大贡献。接受勋章时李国豪表示：这一荣誉不仅属于他个人，同时也属于同济大学，属于中国人民。

### "高中初结合"与"四条腿落地"

比恢复与德国联系更早进行的是教学与科研的恢复与调整工作。按照1978年呈送教育部"多科性理工大学"的报告设想，"1979年来，我们恢复和增设了理工科及德语12个专业，1979年9月设立的有应用数学、应用物理、电子仪器及测量、热能动力机械、海洋石油、建筑工程、管理工程、园林绿化、德语8个新专业，1980年2月设立应用化学、计算机工程、机械制造工艺及设备自动化、环境保护工程等4个新专业。"❶

新专业需要大量教师和教材，但是十年"文革"刚刚结束的70年代末，这些都是让人挠头的问题。"不少教材陈旧，特别是专业课，没有反映出新的进展，如电算"，"目前硅化教研室共开出6门课程，但实验室及实验仪器设备不足，严重影响了实验课

---

❶ 《李国豪在教工代表大会和校系干部会上的讲话》，同济大学档案馆，档案号2—1980—XZ—85。

质量","去年上马的热能动力机械目前师资力量、教材、实验设备缺少,面对接踵而来的三个年级90余名学生,以及2个外语专业共计要开课11门之多,实验也有八九项,至今无一落实"。❶

针对专业迅速增加带来的种种问题,1981年2月14日,学校连续召开校长办公会议,决定进行专业调整与建设工作,冲破"苏联50年代专业设置模式"的"专业分工过细、专业面过窄"樊笼,"扩大专业范围,增强专业适应性并按学科调整系的设置"。与此同时,成立同济大学教务委员会,加强校、系、教研室对教学工作的领导;建立统一基础课类型工作组,统一大学生和研究生各专业现有基础课类型;抓好教材建设和供应工作,学校将筹备成立出版社;2月24日召开教学经验交流会,推广先进的教学经验。

学校发展的根本是教师。1981年3月27日,同济大学召开师资培养工作会议。针对学校存在的"数量有余、质量不足"、"老化严重"以及"各类教师、教辅员和教师比例失调"的状况,李国豪强调:"必须采用必要的制度来保证教师队伍的年轻化,像退休制度和流动制度。"至于培养教师的方法,李国豪主张系、教研室主要采取高、中、初职称人员相结合的办法;出国进修教师,"人员要精选,一定要坚持'业务水平、外语水平、政治质量、健康条件'四条腿落地","要有中国人的骨气,不要妄自菲薄"。孙钧就成为同济第一批官派留学的学者。"在李校长的提名和支持下,我后来又赶上了'文革'后第一批赴美进修,做高级访问教授。离校的那天一早,校党委黄耕夫书记和李校长等聚在学校门口为我们一小批人送行。李校长特别叮嘱说:'你们这次去美国,要多走一些高校,带着同济的教学、科研问题,看看人家有什么好的经验和做法,这方面也多学一些带回来。这同样是一项出访的任务,不要局限于只关注自己的学术研究。'"1980

年秋季开学时，孙钧就按期回到学校，挑起了"结构工程系"系主任的重担，与项海帆、沈祖炎一起分工协作。"三个人合作得十分愉快，直到我满60岁才退离了'双肩挑'的行政岗位。"孙钧回忆说，"这个时期也是我一生中出成果比较多的时候，这些都被李校长看在了眼里，也得到了他的赞许。"

1952年院系调整时来到同济的朱照宏也成为了同济"文革"后第一批留德的学者。获得了进修的机会后，朱照宏写好赴德进修的详细计划，找到李国豪校长请求指点。按照李校长的指点，朱照宏来到德国亚琛工业大学和达姆施塔特工业大学，在两校资深教授的指导下展开交通规划、高速公路建设等专业领域的研究，并在回国后与德方学校保持了长期科研合作。

中国科学院院士汪品先也受益于李国豪校长开创的中德高校合作成果。他说："中德两国高校的友谊合作，是李校长'文革'后恢复同济传统的一大贡献，而同济的海洋学科也正是从中得益而发展的。"1980年李校长从德国回来，带来了德国洪堡基金会的申请表，1981年同济4位教师获得洪堡奖学金赴德深造，汪品先就是其中之一。在德国的一年半里，汪品先有机会接触"古海洋学"等深海研究的学科，并且回国后在德国教授帮助下继续发展。"我的学生中先后又有三位获得洪堡奖学金，都是我国古海洋学深海研究的骨干；1994年又成功地通过中德合作，用德国'太阳号'考察船在南海实施了第一次古海洋学专题航次，为后来1999年的南海大洋钻探准备了条件。"汪品先介绍，同济海洋学院4位名誉教授中，有两位来自德国，其中一位欧根·赛博尔德（Eugen Seibold）教授曾任德国科学协会（DFG）主席、国际地质联合会（IUGS）主席，也是由李校长访问德国时，在我驻德使

---

❶ 参见《同济大学报》1980年11月20日第二版。

馆亲自向他颁发证书的。

这一时期,同济大学为近百名长期孜孜以求科研、默默无闻育人的教师们升了职称,其中升任教授的有魏墨盦、翁智远、徐次达、曹善华、孙钧、朱伯龙、黄钟连、陈从周、樊明体、朱照宏、许鸣寰、李德华、罗小未、王吉蠡,而与新聘教授同批提升的副教授中后来成为院士者就有汪品先、项海帆、范立础、戴复东、沈祖炎等5人。朱照宏升任教授的情形颇有意思:"1980年,学校开始教授职称评审,由于停顿了15年之久,校内教师思想波动较多,校长召开了全校教师大会,对那些闹情绪或四处钻营者进行了严厉的批评,意外地在大会上校长对曹善华和我两人由于没有自己主动提出申请教授进行了点名表扬,使我大为震惊与不安。未几,李校长找我个别谈话,说了他对振兴学校的设想,然后提出学校内部管理有教学与科研两大块,要我与曹善华两人分管,让我选择一块。我说听从组织安排,自当奋力而为。此后,曹善华担任了教务长,我由此出任了学校的科研处长并着于筹办研究生院。我受到校长如此厚爱,工作当然不敢懈怠。"

正能量充足的环境里,师生的教学热情被空前激发出来。数力系以徐次达教授、张相庭副教授为学术带头人,周围聚集了一支层次分明的科研、教学队伍,"中等水平的教师以开好本学科有关的必修课为主,反复多遍,达到熟练;科研上也做到每人有专题,同时能开出已较成熟的选修课;对新的教师要求每人通过弹性力学、结构动力学、塑性力学、板壳力学等5门力学和工程数学、复变函数、概率、线形代数和数理方程等4门数学课程,并辅导一门课,批改学生作业"。[1]

而电工教研室的11名教师则采取带着任务自学进修,通过交流相互帮助,结合研究生培养推动科研的办法提高师资水平。"教研室3名正、副教授共招收了14名研究生。他们组织全室教

1983年，李国豪（后排左二）校长与他的科研组成员进行学术活动。

师都参加研究生的课题研究，给每位教授、副教授分别配备几名讲师和助教，承担一定科研任务。既可减轻教授、副教授的负担，又能发挥中青年教师在科研中的作用，在科研任务中得到锻炼和提高。"❷以许德纪教授为核心的信号、系统科研班子和一个以特勒根定理应用和图论为研究内容的班子正在形成。

总体而言，在1977年以后，同济大学在师资队伍的培养建设上坚定不移地两条腿走路：一方面咬牙派遣徐植信、项海帆、石洞等分赴西德、美国、日本、荷兰等国进修考察；另一方面，为解决"教授与讲师、助教之间无工作隶属关系和业务上指导关系，往往一个人（讲师、助教）是几个教授的助手，只使用而得不到指导、培养，不利于人才的成长"❸的问题，李国豪倡议在系、教研室组织学科小组（即今天的科研团队）制度。具体做法是：在教研室中选择部分高级、中级、初级职称的人员组成教学、科研小组，每组六七个人，没被组合进小组的人员在系、校

---

❶《教力系抓紧师资培养工作》，《同济大学报》1981年4月13日第2版
❷《通过科教任务 提高师资水平》，《同济大学报》1981年4月13日第2版
❸《一片丹心化彩虹——记桥梁力学专家李国豪》第117页，同济大学出版社1997年5月第一版

1982年，学校举行庆祝建校75周年大会，这时的同济大学已形成为多科性理工大学。

分流。1979年，成立了7个以学术带头人命名的科研班子，1982年6月，又增加了10个，1984年再建2个，最终总数达19个。这个在今天看来再平常不过的做法，在当时引起的震动可不小。说什么的都有，但说得最多的还是"看看效果"。与此同时，按照中央"调整、改革、整顿、提高"的方针，学校开始压缩一般性项目，人力、物力、财力向重点课题倾斜，采取分级管理手段督促立项课题的研究。

全校19个学科组在科研、教学方面的示范作用很快彰显出来。"一年来，第一批7个高、中、初结合的科研班子共进行了19个课题研究、写出了41篇论文，还指导了37名研究生，为研究生和大学生开了一些课程。"❶在老教师的带领下，中青年迅速成长起来，1979年同济大学科研成果评奖中，77%的奖项得主是55岁以下人员。更为喜人的是，老教授的兢兢业业带动了大批中青年奋力拼搏，仅1979年一年全校教师撰写的论文数量便达到了313篇，学校内的学术氛围日趋浓厚，承担国家、地方项目越来越多。"这一措施（学科小组）使老专家的作用得到较好发挥，中初级职称教师得到有计划的培养，在稳定科研方向、形成学科优势、促进专业建设、培养新的学术带头人等方面起了重要作用。"❷

1982年4月16日,李国豪校长(右一)在同济大学第二届教职工代表大会上作学校工作报告。

### "两个转变"的速度惊人

1982年5月20日,同济大学迎来75周年校庆。《同济大学报》为此发表了社论,指出:"(同济大学)已逐步成为多科性理工大学,并初步成了我国吸收西德科学技术的基地之一。"截至75周年校庆时,同济大学已经恢复除医科外的所有原设专业,新增了德语和一些理工专业;制定了新的教学计划和大纲;恢复了绝大部分并新开出一些教学实验;教材建设卓有成效,主编了63种、主审33种、自编291种教材,同时翻译40种德语教材;电化教学逐步推广。

科研上,恢复和新建了一批研究机构;103项研究成果获得国家和上海市各种奖励;42项设计分别获得国际、全国、上海市竞赛奖;出版著、编、译书籍76部;与生产单位签订102项科技合同;成立了为社会生产服务的科技咨询部;建立了硕士和博士研

❶《80年我校取得55项科研成果》,《同济大学报》1981年1月9日第一版。
❷《同济大学百年历史沿革》,第65页。

1984年10月13日，李国豪（右）迎接来访的德国总理科尔

究生制度。

物质保证上，几年来的仪器设备投资达1300多万元，充实了实验室和工厂，建立了中心实验室；电子计算中心和模拟振动台正在建设中。

国际交往上，先后有100多名西德专家、90多名其他国家专家来校短期任教和讲学；150多名教师出国考察。

75周年校庆前，同济大学于4月16日召开了全校教职工代表大会，校长李国豪在会上的学校工作报告说：

在教学方面，这几年大家做了大量的工作。到今年一月份，"文革"后第一届经过正式考试进校的77级学生毕业了。可以说，我们完成了恢复阶段的第一个回合。现在，恢复的老专业和新设的理工及德语专业共29个，分属15个系。今年77级本科毕业生约有1000名授予学士学位。教务处对质量做了调查和分析，认为总的质量不低于"文革"以前。

我校是较早设立函授的学校，1978年，我们恢复了函授专业，现在已有7个本科函授专业和3门单科函授。前者学生为2100

人，后者为363人。

研究生培养方面，1978年恢复了研究生的制度，开始招研究生。今年建立了硕士和博士研究生的学位制度。今年毕业研究生中已有135人授予硕士学位。现在在校的硕士研究生有137人，博士生6人。

李国豪在报告中特别指出："在'两个转变'中，初步建立了一支德语教师队伍，1979年初我校只有3名德语教师，现在我们有40多名了。另外，我们还培养了少量掌握德语的专业教师，有的已经能采用德语教材进行教学了。"他还直率地说道："在实现'两个转变'的过程中，对校内外的情况估计不足。向德文的转变步子大了一点，以致目前懂德文的专业师资和德文图书跟不上发展的需要。""改进研究生的培养计划和培养方式。过去研究生的培养，要求读的课程太多，并且用大学生上课的方式；在科研上，导师指导的也太多，这样不利于培养研究生的独立工作能力，要改进。"

在"今后的工作任务和措施"一节，李国豪谈道：教育部蒋部长、卫生部部长和上海市教卫办主任都认为"在多科性大学里办医疗专业可以培养高质量的医生，同时同济有吸收西德先进医科的条件。学校正在积极创造条件，主要是医学基础的师资。后期临床方面的实习和上课，已商定由第一人民医院负责。今年拟招生30人，第一年学德语"。"科研成果最后可以实际使用，用于经济建设。要发展与上海市政建设结合的科研，很好地为上海市的建设服务。"这年校庆，老校友武忠弼前来参加，李国豪与他就恢复同济医学深入地交换了意见，讨论了恢复医学的各种方法和途径。

各种史料表明，李国豪担任校长之初，就心念念不忘恢复医科。赵振寰回忆："先生的办学思想中最重要的一点是要恢复同济当年的综合性大学的规模，文、医、理、工、法五大类一级学科和二级学科因综合而可相互渗透、互为裨益。只有一定的规模效应才能产生质量效应，才能办出国际一流的学科，独木不能成林这是众所周知的道理。为此，他亲自到当时的国家教委汇报、游说，争取上级部门的支持与批准。他又向当时上海市市长汪道涵汇报，争取市长批准一笔启动经费，又让我联络上海市各大医院如华东医院、第一人民医院、儿童医院、第二军医大学附属长海医院、市肺痨防治所等单位的校友。李校长亲自主持召开医学院校友会议，座谈恢复医学院诸事宜。还让我陪同翁智远副校长与市卫生局谈判、如何具体支持同济恢复医学院，并商量划拨第一人民医院作为同济医学院附属教学医院，并与当时的卫生局及第一人民医院签订了协议。为筹划办学资金，李校长还亲自与煤炭工业部商谈委托同济培养并输送大学毕业生到煤炭部工作，煤炭部为此可拨款数千万支持、委托同济办学。当年，已届古稀之年的李校长为同济办学、为同济实行两个转变真可谓呕心沥血、不辞劳苦。"赵振寰感慨："同济大学有今日的成就，虽离不开几届领导人和全校师生共同不懈努力，但其中最为关键的，是得益于'两个转变'战略举措，此后同济大学真正开启了综合性大学的日渐复兴，李校长在其中的作用无疑居功至伟。"

董鉴泓的回忆直截了当地从李国豪当校长说起："李国豪教授认为同济大学以医建校、以医见长，过去有'北协和，南同济'称号。所以他任校长不久，就开始筹备成立医学院。他通过各种关系把在云南工作的中国医学科学院的庞其方（解放前同济地下党的副书记）调回同济；又先后调回一些原医学院的校友，成立了医学院筹建小组。他又召集原医学院的老校友开座谈会。来的都是当时上海几个大医院的院长及老教授，在胜利楼的会议室大家情绪激昂，有的表示可以回来兼课，有的表示要把自己的图书资料捐出来。李校长曾与翁智远副校长赴北京向教育部申请同济恢复设立医学院，但教育部认为医学院归卫生部管，清华交大也无医学院，未能同意，但他回校仍继续筹备工作。后来，上海铁道大学合并进入同济大学，也带来一个铁道医学院，记得那年的春节团拜会上，他激动地说：'我们学校终于有了医学院。'"

20世纪80年代中期开始，在上海高校中流传着"吃在同济"的说法，而这也是与李国豪重视后勤保障工作分不开的。同济大学原常务副校长陈小龙回忆说：与之前的历任校长们不同，李校长上任后非常重视学校的后勤建设。他曾做过一个有趣的类比：中国人民解放军有三总——总政治部、总参谋部、总后勤部，学校的后勤就好比是人民军队里的"总后"，如果说"总后"是军队建设的一大支柱，那么后勤则是学校搞教学科研的根本保障。他不仅提出了这样的观点，而且立刻落实到位，不久就遴选了电子系的系主任熊同舟担任后勤处处长。那时的后勤处，涵盖面远大于现今的定义，它包括了今天的财务处、资产处、设备处等。这也在国内开创了由教授出任后勤处处长之先河，对同济的整个后勤发展起了相当大的作用。不仅教学科研在创新，管理后勤的思维也在革新，李国豪校长对于后勤蓝图的构想并未止步于此。熊同舟上任后，学校领导班子和后勤处在一起商议如何把后勤搞得有声有色，如何更好地为师生服务。最终，一个大胆的方案确立：创建后勤的半企业化模式。陈小龙说："这个方案在今天看来并不出奇，但在当时却是一个全新的尝试。这种带着承包性质的运营模式，在当时有着一定的政治风险，可以说同济在这方面做了第一个吃螃蟹的人。须知刚刚经历了动荡岁月，人心彷徨，单是开展教学工作，李校长就要登门去说服那些老教师出山，安定他们的心思，更何况这一次是尝试新事物呢？细想当年，每一步的改革创新，需要多么大的魄力，又需要多么敏锐的洞察力。

也正是这一步,开辟了后勤发展的新路径。之后的同济后勤建设,在李校长和学校领导班子的支持下,如同一只鼓满风帆的船,从小心试水,到后来高歌猛进,一举成为国内高校之典范。如今已为师生们津津乐道的'吃在同济',正是从老校长改制起逐步形成口碑的。"

不仅是后勤,还有今天欣欣向荣的科技服务,也与李国豪关系密切。"1982年,学校调我筹建学校的科技咨询服务部,管理学校的服务社会,参与社会建设的科技开发工作,李校长找我谈了一次话,明确了工作的要求,这个部门实际上是学校后来产业工作的发端,体现了李先生认为学校教学应该与社会工程建设密切结合的办学思想。"高大钊回忆道。

### 名誉校长

"1984年,李校长退居二线,担任同济大学名誉校长,但仍时刻关心同济的发展,为学校争取支持奔走呼吁,为学校的改革成就鼓掌欢欣。只要学校需要他出面办什么事请,总是二话不说,尽心尽力;至近90高龄时,仍要参加学校的开学典礼。"李国豪夫人林凤棣回忆说。

李国豪从校长的位置上退下来之后,告别了学校日常的事务性工作,但历任校领导班子有大事、要事,学校发展的大事,都不约而同想起李国豪:老人家站得高,看得远,主意拿得准。正因为如此,江景波、张纪衡、高廷耀、王建云、吴启迪、周家伦、万钢等历届校领导班子每当重大决策酝酿之际,都一定要前去讨教,征求老人家的意见和建议。尤其是民主推荐校长、211工程、万钢回国等几件具有历史意义的事,李国豪都发挥了极其重要的作用。

1995年第一期的《同济大学学报(社会科学版)》以"我国高

校第一位民主推荐的校长吴启迪教授"为题介绍她的个人简历和工作成绩。笔者找到当年负责组织民主推选工作的同济大学党委副书记周箴,他说:"在此事中,李校长起了关键作用。"他介绍:"当时学校在争取进入'211工程',我们向教育部申请要求民主推举校长。当时王建云担任书记,我是分管组织工作的副书记,所以此事由我来实际操作。其时学校有4位候选人,都非常优秀。实行民主推举,重点在'民主'二字,学校很重视,给每一位候选人都做了录像,并组织了有18~19人的推举委员会。"

1984年,李国豪在办公室。

应该怎么选适合同济特点的校长,李校长说了以下几句话:其一,同济与德国之间有悠久的历史渊源,对德联系很重要,所以未来的校长跟德国的联系应该比较紧密;其二,推选上来的人年纪要轻,因为学校正在争取进入"211工程",需要花费很大的精力,所以最好是相对比较年轻的人来做;另外,如果有海外经历,有一定的管理经验和能力,就更好了,但前面两个条件最重要。因此,李国豪非常明确地对周箴说,他个人比较赞成吴启迪。"应该说,当时我对于他讲的话,感觉有道理,但还不是很明白。"周箴坦言:"吴启迪做了校长后,我感到李校长当初的选择,的确是非常有道理的。吴启迪出任校长后,同济与德国的联系得到进一步加强,很多专业、学科上的建设进步比较明显。"

尤其是汽车,当时汽车还在机械工程系。那时,同济汽车到底该怎么搞、要不要发展,吴校长调研之后,决心把汽车单独拉出来，成立汽车系。"我觉得这个决定对同济是很重要的，同济今天汽车学科能发展得这样好，跟当时吴校长的决策和最后学校班子做的决定是分不开的。"周箴说，汽车学科发展起来了，才可能有后来万钢同志从德国归来。当时候选人都很优秀，但是要从优秀的人选中选出一个更加合适的。相对而言，吴启迪更加合适，并且事实证明，她确实把学校带到了一个新的高度。

20世纪80年代开始，国内许多高校纷纷设立分校。上海市建设委员会就在与同济大学一路之隔的赤峰路上设了同济分校（后更名为上海市城市建设学院）。面对这种一路之隔重复设置学科雷同的高校，李国豪认为布局极不合理，特别是在办学经费短缺的情况下更不合时宜。于是，他授意时任党办、校办主任的王建云起草一份内参，呼吁改变这种高校布局极不合理的状况，内参写好后送至文汇报社，以期引起高层的重视。

1995年春节前夕，时任国务院副总理李岚清专程来上海拜访李国豪。李国豪反映说，高校办学经费短缺，学校面临诸多困难，而高校同类学科重复设置、布局不合理的状况，是教育资源的严重浪费。"李副总理同意李校长的意见，并以商榷的口气说，全国现有2300所左右的高校，如果合并掉一半，国家投入每所学校的办学经费不是可以翻一番了吗？！这次谈话，预示着全国高等教育管理体制改革和布局调整已在酝酿之中。"王建云介绍，随后不久，这场改革和调整便拉开了序幕。同济大学也积极投入了这一高校管理体制改革和布局调整的潮流之中。

王建云回忆，这次谈话的话题还涉及教育部与地方政府共建部属高校，因为这也是高教管理体制改革的一项重要内容。当时，上海交大与复旦已经实现教育部与上海市政府的共建，同济大学当然也想实现这一目标，况且这是同济大学进入国家211工程的一道坎，必须力争。而当时，教育部（国家教委）主要负责人考虑上海第二批共建的高校是上海医科大学和上海财经大学，同济大学不在计划之列。王建云说，那次李岚清副总理看望李校长时，李校长抓住机遇向李副总理汇报了同济大学对上海地方建设所作的突出贡献，得到了李副总理的肯定。李岚清说，同济大学对上海地方建设作的贡献是很大的，上海市政府应该与教育部共建同济大学。"李副总理的谈话是对同济大学的极大支持，我与高廷耀校长受到极大鼓舞。"王建云回校后，立即起草了一份《同济简报》，把李副总理与李校长的谈话精神，特别是关于上海市政府与教育部共建同济大学的指示精神及时地反映给教育部和上海市委市政府有关领导，最终在1995年实现了教育部与上海市政府对同济大学的共建。

所谓"211工程"，是中国政府为了迎接世界新技术革命的挑

1995年，国务院副总理李岚清（前排右七）来同济大学视察，与李国豪（前排左六）等学校领导合影。

1996年,国务院副总理李岚清(左一)专程看望李国豪(左二)

战,面向21世纪,准备集中中央和地方各方面的力量,分期分批地重点建设100所左右的高等学校和一批重点学科、专业,到2000年左右在教育质量、科学研究、管理水平及办学效益等方面有较大提高,在教育改革方面有明显进展,力争在21世纪初有一批高等学校和学科、专业接近或达到国际一流大学的水平的建设工程。"211工程"是建国以来国家正式立项在高等教育领域进行的规模最大的重点建设工程,自1990年开始酝酿。这项工程对于各高等院校来说,毫无疑问属于千载难逢的发展机遇,当然是要全力以赴抓住的。

李岚清看望李国豪之际,正是"211工程"紧锣密鼓酝酿之时。民选校长吴启迪上任后面临的第一件大事就是带领学校全面冲刺"211"。

就职演说中,吴启迪校长明确表示:"211工程"的整体建设目标为我校的建设和发展提供了思路,这就是"经过十几年的努力,使同济大学理、工、文、法、医各学科互相渗透并具有鲜明特色,优势学科能跻身世界先进行列,建设成有国际声望、国内一流的研究型大学"。可是,同济想着成为首批211,路并不平坦。"关键时刻,李国豪老校长出场两次。"校董事会主席、原校党委书记周家伦回忆，其中一次是在1994年，时任上海市委副书记的陈至立来学校听取工作汇报。"已年届81岁高龄的老校长专程赶到学校。等陈至立书记从会议室出来，李校长立刻起身上前，从同济大学长期来为国家和地方所做贡献、办学特色办学实力和学校未来发展角度，力陈同济首批进入'211工程'的重要性。"正是由于老校长的鼎力支持，给了吴启迪校长等时任学校党政领导班子以极大的鼓舞。终于，1995年学校迎来了国务院副总理李岚清的专程视察，他对同济进入"211工程"表示肯定和支持，鼓励学校为建设世界一流大学而努力。1996年7月26日，国家教委主任朱开轩宣布：经国家计委、国家教委和国务院"211工程"协调办公室研究，同济大学被列为全国211工程首批启动学校。

对率领同济进入"211工程"学校之列的吴启迪，李国豪更是给予了无私的帮助。2013年1月3日，笔者电话采访了吴启迪。她回忆说："最早接触李校长是在1992年至1993年之间，时任校长助理的我跟随李国豪、高廷耀两位校长访德，沿途听李校长讲解往事，洪堡基金会、波鸿-鲁尔大学，作为洪堡基金会的名人，李校长所到之处受到的尊敬令我印象深刻；在他的讲解中，我们增强了对同济演变历史的直观印象，其中包括在同济了解中国大学的演变，对德合作过程的轨迹等，更真切地感受到李校长对同济的深厚感情。"

吴启迪回忆："我自1995年担任校长后，第一件事就是争取同济列入'211'计划，李校长起了很大的推动作用。"当时上海市要求同济合并其他两所名气不高的大学，市里给配套，学校进入"211"。这种形势，让部分师生有意见，李校长指出"胸襟应该宽阔些"、"有同济这面旗帜，一定能把学校办好"。吴启迪感慨地说："在重大的历史性关头，李校长看得远，他的支持对我们的工作很重要。"

"李校长对同济学科的发展看法独到。"吴启迪告诉我们，李校长认为同济应该办成一所综合性大学，"解放前，同济就是一所综合性大学"；"我就和医科的同学住一个宿舍。不同专业的同学住在一起，对知识结构、思维模式，甚至心智结构的养成都有很大好处"；李校长听说铁道大学并入，很高兴，说"铁道有医学院，并进来同济就有医科了"；"现在同济虽以工科为主，但理科、材料、文科都要恢复起来。"吴启迪说，按照李校长的嘱咐，同济先后把物理、材料等都独立并光大起来，又相继设立一些文科系别。

"我担任校长的8年间，李校长一直作为名誉校长默默地支持学校班子的工作。"吴启迪回忆，当时李校长提出"立校为公"的思想，认为这对学校的领导很重要。李校长说："两个一把手要把学校当成责任，为学校、为国家尽职尽责。""1999年开始的一段时间内，我生病住院，好多事情都难以支撑，李校长不但经常来看我，还直接参与了学校行政的一些重要工作。"吴启迪清楚地记得，1999年秋季开学典礼，他给我留了条："好好休息"。"这张珍贵的纸条我一直保留至今，上面李校长签名后面的时间精确到了分：99. 8. 19. 9:45（即1999年8月19日上午9点45分）。那一年的新生开学典礼他还代替我在会上讲了话。这份建立在同济这一基石上的深情厚谊，永远也不会因为时间的流逝而褪色。"❶她说："后来我到了教育部工作，仍然记挂同济和李校长，并关注同济在'985工程'中的进展情况。最终，中央决定把同济大学列入'985'计划。我获知这个消息，第一时间就致电李校长。我可以真切感受到在电话的那一端，李校长充满了欣慰喜悦之情。"

全国政协副主席、科技部部长万钢回国，与李国豪也有直接的关系。

1985年，同济研究生毕业的万钢获得世界银行奖学金赴德留学，博士毕业后进入德国著名的汽车企业奥迪公司，一干就是11年，一路升至公司总规划部的高级技术经理。万钢的表现引起了时任中国驻德大使馆参赞周家伦的高度关注。"万钢那会儿是德国最杰出的华人之一，自然会引起我的关注。"面对采访，周家伦谦虚地说："我只是起了一个穿针引线的作用，老校长李国豪和他的谈话作用大。"1996年，同济大学德国校友会组建，周家伦推荐万钢担任首任会长。因为"他不只专业技术过硬，而且对事物有整体把握能力"。不久，万钢又成为中国驻德国大使的4名顾问之一，遇到经济问题时，大使都会向他咨询。"他和一般留学生的区别在于，他一眼看着国际最前沿的东西，一眼看着国内，然后聚焦，找到我们所能做的事。"

1999年，由周家伦穿针引线，当时的教育部副部长吕福源邀请万钢，带领中国留德汽车工业博士工程师代表团回国考察。

这次回国，万钢发现中国汽车工业对国外的依赖已到了非常严重的地步！他撰文向国务院提出：中国汽车工业要跨跃式发展，新能源汽车是个切入口，传统能源汽车技术我们落后国际先进水平20多年，但新能源技术我们的差距没有那么大；况且这样一来，以后有能源危机了，我们也不怕。

新能源汽车？一石激起千层浪。2000年6月，时任科技部部长朱丽兰访问德国，在周家伦的引荐下，万钢与她见面了。朱部长正式邀请万钢以首席科学家的身份回国，主持汽车新能源技术的研究工作。告别朱部长，万钢依然举棋不定。2000年9月，李国豪访问德国，万钢和老校长有了一次推心置腹的谈话。老校长对他说："虽然你在奥迪干得很不错，进入了一个高峰，但是人的发展都是有高潮和低潮的，国内目前形势很好，回国可能迎来

❶ 参见《纪念李国豪诞辰100周年文集·序二》。

更有意义的高峰啊。"

3个月后的2000年圣诞节,万钢回到了同济大学,被同济大学正式聘任为教授、博导、新能源汽车工程中心主任,同年又被科技部聘任为中国国家863计划电动汽车重大专项首席科学家、总体组组长。万钢说,当时欧洲也在做清洁能源的汽车。但他觉得,与其在德国做,不如回自己的国家做。因为"国外把专业知识分得太细,在那里学习后往往会成为一个领域的专家,但缺乏全方位操作的能力,在中国却可以做更多的事情"。

2007年,万钢接受凤凰卫视专访时坦言,自己的人生经历中,有三位智者给过他很好的启示。其中一位就是李国豪先生,他告诉万钢"每个人的机会都是均等的,但机会只等待有准备的人"。

同济大学开始迈上综合型大学的征途时,恢复同济医学就一直是老校长李国豪念念不忘的心思。在任时,千般努力;卸任后,万般牵挂。吴启迪这样表述李国豪"恢复医科"情结:"医科是李校长一生的情结。他起初就想念医科。后来医科从同济中分割出去,他也魂牵梦绕盼望恢复这一传统学科。所以当与铁道大学的合并带来医学院时,他甚感欣慰,并不顾近88岁高龄,亲自去德国调研和'招兵买马'。那种心情,大概只有在峥嵘岁月里与同济相濡以沫的人才能体会到。"

2004年11月14日,年逾九旬的李国豪来到同济大学医学院新落成的大楼,了解医科建设情况。医学部主任傅继梁回忆:"老校长哪里都不去,就说要到我们这里看看。老人家听得仔细、问得仔细;上上下下地查看新建的教学和科研实验室,看得仔细;还来到教室看望正在上课的学生。学子们激动地向老校长致敬,他高兴地挥动帽子还礼。老校长太想早点把同济医科搞上去了!"

在陈小龙的笔下,当时情景有着更加细致的描述:

新的医学院大楼在四平路校区落成时,李校长却因身体有恙

2004年11月14日，李国豪在医学院实验室

入住华东医院，不能前往观礼。我至今还记得，在李校长最后的日子里，他心心念念放不下，想要来医学大楼走一走。那天校办给我打来电话，说老校长要来学校看看。听到这个消息，我心里又高兴又担心。带领自己尊敬的人参观校园，我高兴；考虑到老校长的身体状况，我担心。

2004年11月14日，天气微寒。我早早来到与老校长约定的地方，那时心情之雀跃，足以把人带回到二十几年前。是的，与当年听闻老校长上任的心情一般无二。

其时老校长已年逾九旬，行动不便，由夫人林凤棣老师陪同前来。我见到他时，他坐在轮椅上，鼻子里还插着鼻饲管。这位与同济一起经历了风风雨雨的老人，拖着病躯坚持来校，我想无论是谁看见这一幕，都会深切感受到：老人已经把自己生命的意义与这所学校的命运紧紧联系在了一起。

我推着轮椅，带领老校长参观医学院大楼，从一个楼层到另一个楼层，逐个察看。老校长非常兴奋，要去看各种各样的实验室、标本室、研究室、教师工作场所、学生的上课教室，等等。他挨个看，不断询问。因鼻饲管所碍，老校长讲话不太顺畅，但这并未影响到他的兴致，像孩子般充满好奇，嘴里不断重复着一句话："同济总算有医学院了。"这也让我更深刻地理解他为什么一定要来参观医学院大楼。是啊，这正是这位可敬的老人怀揣了几十年的一个梦想！

当他看到教室里有学生正在上课时，他迫切要求与他们交流。进教室前，他非要拿掉鼻饲管，觉得那有碍形象。我们赶紧阻止他，因为鼻饲管拔掉后，再次插入鼻腔，会损害到鼻黏膜。此外，任凭我们怎样劝说，他都坚持要从轮椅上站起来：鼻饲管可以不拔，但不能坐在轮椅上跟学生讲话。

他颤颤巍巍地立起身，在我们的搀扶下走进教室。同学们鸦雀无声，惊讶注目。他们年纪尚轻，并不认识这位长者，但长者的举动仍然令人起敬。我给大家介绍，这就是我们的李国豪老校长。话音刚落，同学们便纷纷起立，教室里顿时响起了雷鸣般的掌声。他们虽然没有见过李校长，但对于这个同济人骄傲的名字，早已熟稔于心。同学们的致敬，更加感染了老校长。他看着一张张略显稚嫩却朝气蓬勃的脸，好像看到了同济医学院的明天。老校长微微抬起手，一字一顿，用缓慢但有力的语调对同学们说：今天同济总算有了医学院，希望你们好好学习，努力成为好医生，把同济传统的医科重新发扬光大。

他的话不多，表达也不连贯，断断续续，但在场的师生都能从他的眼神和语调中清楚领会他的心意，感受到他对学校赤子般的情怀。掌声再一次热烈响起，久久不绝……

在众多同济人的记忆里，参加同济大学每年的新生入学典礼是李国豪的"必修课"。聆听李国豪的致辞则是新生们莫大的期待，虽然他的话语朴实无华："做学问是一项很艰苦的工作，应该意识到，没有很舒坦的路给你走。我在德国留学时，为解决一个桁架的分析问题，一直搞到失眠，神经衰弱，休养了一个星期，回

2003年6月16日，在同济大学全校干部大会后，李国豪（中）与刚被任命为副校长的万钢（左一）、同济大学原校长吴启迪合影。

来再搞；在生活上也不可能有更多的要求。不过有一点，从事科学技术工作的，得到成功时，那种满足和愉快不是任何什么所能代替的，金钱也是买不到的。同学们，你们毕业后，究竟追求精神财富呢，还是追求物质财富？要两个财富兼而有之恐怕不太容易，要是追求物质财富，就得不到精神财富；要下决心追求精神财富，就要淡泊物质财富。作为年轻人，还是要在物质上淡泊一些，要以事业为重。"后来，李校长年近九旬，不大开口讲话了，但还是要来参加开学典礼。看到他坐在主席台上，也让同学们激励、兴奋不已，一位2003级新生这样说："仿佛又回到了一年前沪西的开学典礼，老校长90高龄还亲自来到开学典礼的现场，虽然他没发一言，但那鼓励的笑容和充满关爱的眼神依然深深地感染着我。老校长似乎看到了同济的明天与希望，而我们也找到了心灵的支柱和奋斗的目标。"

李国豪关心爱护莘莘学子，不是蜻蜓点水，不是浮光掠影，而是只要可能，随叫随到、热情参与。"枫林节"如今已成为同济大学生的一项文化品牌活动，而1985年9月21日举行的第一届研究生"枫林节",名誉校长李国豪亲自为开幕式剪彩;1987年,以"爱我中华,爱我桥梁"为宗旨的第一届"桥梁杯"举办,名誉校长李国豪亲自题写"桥梁杯"杯名,希望活动能够"陶冶情操,团结进取,为我国桥梁事业不断输送高质量的人才";1991年3月,学生读书小组刊物《文榷》第一期出版,李国豪专门为刊物题词;1992年12月,校团委、物理系等联合举办"同济大学奥林匹克头脑赛",名誉校长李国豪应邀担任大赛的第一顾问;1997年11月29日,第三期同济大学百名优秀大学生培养暨九七团校开学典礼举行,84岁高龄的名誉校长李国豪为学员作青年成才之路的专题报告;1998年,同济学生艺术团在上海音乐厅举行上海高校首次合唱专场演出,名誉校长李国豪和千余名上海师生一起观看;1999年,同济捐建的云南元谋"同济希望小学"建成并投入使用,李国豪亲自为该校题写校名,以表达对同学们援助举动的嘉许。

## 百年同济:与祖国同行

李国豪将其带上复兴之路的同济大学,今天在世人眼里究竟怎么样?

2007年,同济大学迎来百年校庆。当年的《人民日报》刊发了题为"与祖国同行,以科教济世"的长篇通讯,详细介绍了同济大学百年历程。文章浓墨重彩地讲述了李国豪等同济人的科教济世足迹:

### 与祖国发展心魂相守

新中国诞生了。1952年,在高校布局调整中,同济大学变身为土木类工科大学。1979年,同济大学和共和国一样,迎来重大转机。李国豪教授劫后余生,复出担任同济校长。

李院士在"文革"中被隔离两年之久,赤子之心支撑着他始终不辍科学求索。他从广播里听到南京长江大桥通车，猛然记起了武汉长江大桥的通车典礼，大桥曾出现晃动现象！他为两座大桥不安了……从此，几尺见方的隔离室，成了这位科学家神游八极的天堂。他以报纸边角和夹缝，演算推导，渐入化境，寒来暑往，物我两忘，终于取得重大成果。1973年，囚室结晶的专著《桁梁扭转理论——桁梁桥的扭转、稳定和振动》，破解了武汉长江大桥的振动问题和南京长江大桥的稳定问题之疑案，也消除了中国大桥设计多年来的心病。

李校长甫一赴任，办了两件大事：其一，将同济转变为以土建为主的多科性大学；其二，恢复与德国高等学校和科研机构的传统联系和德语教学传统。20世纪90年代以来，同济大学又与上海城市建设学院、上海建材学院、上海铁道大学等院校并校融合，羽翼日丰，一飞冲天。

"造桥修路，是同济长项，在中国工程界口碑很好。"做了50多年钢结构研究的沈祖炎院士，看似淡然的一句评价，却有强有力的业绩支撑：虎门珠江大桥、江阴长江大桥、钱塘江三桥、大小洋山深水港建设……一系列重大工程建设，都凝结着同济人的汗水和智慧。

单说造桥，就辉煌得炫目：截至2006年底，我国已建成38座主跨400米以上的桥梁，其中同济参与设计24座，占63%；在建22座主跨400米以上桥梁，同济参与19座，占86%；至于有同济毕业生介入的，数量更加惊人。

有一段与宝钢的往事，是同济人无私无畏、与共和国建设同舟共济的写照。

1981年，国家实行国民经济调整方针。由于宝钢选址、投资，以及一期建设中出现桩基位移等问题，"宝钢下马"呼声很高。李国豪校长力排众议，认为位移之症结不在选址失当！他和专家们提出三个强有力的科学论据，得到采纳，使宝钢幸存，并建成举世闻名的钢铁工业基地。

**与上海建设鼎力互动**

20世纪80年代，上海决定修建跨越黄浦江的南浦大桥。日本专家傲然提出：中国不具备此类大桥的设计能力，称愿提供免费设计及贷款，条件是工程必须由他们承担。

李国豪院士急了，他让助手项海帆代表同济桥梁系师生给时任上海市市长的江泽民写信，力陈中国桥梁界有信心有能力承此大任。1987年9月，江泽民批示："我看主意应该定了，就以中国人为主设计……"

李国豪提出的"叠合梁斜拉桥"方案，工程造价仅及日方概算的一半！

1990年，上海酝酿浦东开发，杨浦大桥又摆上议事日程，同济方案一次通过专家委员会评审。1993年，主跨602米的杨浦大桥通车，成为当时世界上跨度最大的斜拉桥。中国桥梁界自此走上一条独立自主、国际领先的桥梁设计与建造之路。

上海的苏州河，蜿蜒穿越全城，却曾是该市一道刺目的伤疤，其恶臭浑黑，市民无不掩鼻。

作为市政府"一号工程"，上海决定全力治理苏州河。积重难返的千钧重担，由同济人轻轻挑起。同济环境学专家徐祖信教授"标本兼治"的治污思路脱颖而出，其创意在于"让苏州河水变'活'！"苏州河与黄浦江交汇处，新设一道闸门，江河互换，流水不腐，提高了河水的自净能力。如今，河里重见鱼虾嬉戏，更添龙舟竞渡……

土木、桥梁、交通、环保……同济人使出传统的拿手绝活，助上海发展一臂之力，同时，在汽车、软件等创新领域，也为这座城市插上翅膀。

2002年4月，承载着开发新能源汽车的梦想，同济汽车学院呱呱坠地，院长是留德归来的国家863电动汽车重大专项首席科学家万钢。一年后，我国首辆混合动力轿车"超越一号"起跑。2006年6月，法国巴黎必比登赛场，同济研制的两辆氢燃料汽车"超越三号"，在这项全球清洁能源汽车的顶级大赛中，创下4个A、一个B的骄人战绩，让外国同行惊羡。一位中国外交官兴奋地说："以前一直都为西方的科技成果轻轻鼓掌，今天，我终于可以痛痛快快地为中国人喝彩了！感谢同济！"

由于与上汽集团等企业的合作，燃料电池轿车的产业化步伐日愈加快，有望成为上海汽车工业新的增长点。

日前，投资4.9亿元的上海地面交通工具风洞中心，即将在同济嘉定校区投入使用，将成为具有国际一流水平的汽车产品研发基地，同济与企业的协作，将更加密切。

近年来，同济的深海地学研究、大规模集成电路研究、生物基因研究等项目，均成国内领头羊之一，并在2010年上海世博会规划项目中脱颖而出。在上海市重大产业攻关项目中，同济大学入选8项，其中5项为牵头项目，力拔各高校头筹。

正如上海市委书记习近平日前在同济调研之后所说："城市孕育了大学，大学滋养了城市。大学是城市振兴发展的强大支撑，是城市活力、城市魅力、城市实力与城市动力的重要体现。"

一所大学和一座城市，在新世纪的东海之滨，正演绎着一曲曼妙的"双人舞"。

让同济大学师生感怀不已的是：百年校庆前夕，温家宝总理来校视察，送来《对同济大学的祝愿》：第一，要树立为社会服务的办学理念；第二，要把学校办出特色；第三，要培养全面发展的人才；第四，要开放办学；第五，要勤俭办学。最后，总理还衷心地祝愿："同济的未来是美好的！"2007年9月4日出版的人民日报《大地》副刊，刊发了温家宝总理的诗作《仰望星空》。温总理在题记中提到了同济大学百年校庆期间，他在我校建筑城规学院钟庭报告厅的即席演讲中，对同济全校师生的祝愿和殷切希望："我希望同学们经常地仰望天空，学会做人，学会思考，学会知识和技能，做一个关心世界和国家命运的人。"

  2012年，同济大学迎来105年校庆，同济工科教育迎来100周年。同济大学图片展的前言中说：在100年的工程教育实践中，同济大学为中国的经济社会发展作出了巨大贡献：1933年，在国内首创采用预制混凝土构件和水泥制品，代替传统的木料制作；1960年，研制成功全国首台液压挖掘机；1991年，设计完成了南浦大桥引桥；2008年，承接了奥运会乒乓球馆设计工作；2010年又完成了上海世博会的大量设计建设任务。100年来，同济大学已经为国家培养工程人才近20万人。

# 第六章 杰出的教育家

**"科研就像到陌生的城市,先找'地图'"**

正如李国豪在1982年4月召开的职工代表大会报告中提到的,"要设法提高研究生独立工作、独立科研的能力,并提高科学研究的水平。"❶根据自己的经验,李国豪深知,培养研究生必须要把独立的研究能力放在十分重要的位置。

这一点,他的第一位研究生项海帆深有体会。研究生主要是要靠自学,项海帆回忆自己在成为李老师研究生后听到的教诲时说:"老师还讲了他自己的经验:在德国时每访问一个陌生的小城,他都先找一份地图,按图走遍大街小巷,很快就熟悉了,研究学问也一样。"

1985年,李国豪(前排左四)出席"文革"后同济大学首届博士研究生学位论文答辩会。

---

❶《在教职工代表大会上的报告》(1982年4月16日),载《李国豪与同济大学》第250页,同济大学出版社2007年版。

李国豪(右一)认真填写学位论文答辩会意见。

工科大学本科生更注重的是打基础和动手能力的培养。在德国传统 Diplom（理工科）学制下，所有的工科学生都必须有半年左右的企业实习经验。德国理工科，主要就是培养技术性人才，所以学生几乎没有上任何超越专业知识的课。由于接受了良好的一元（理工科）思维的教育，至大学毕业时，德国理工科的学生就成为了具有较为健全理性思维的人。

但德国背景的研究生教育就不一样了，李国豪赴德基本就是独立开展研究工作，只是与导师讨论一些遇到的问题。受过这些训练并从中尝到甜头的他自然在研究生的培养中注重和强调独立开展研究的能力。他在《谈谈怎样培养好博士生》❶一文中将"录取时要注意考核硕士学位论文的水平和分析考生攻读博士学位的设想"作为第一个小标题，从中我们可以读出：他把学生已有的基础（能力）与从事科学研究的创新能力作为最重要的两条考察学生的原则。他说：

我从1981年开始招收博士生，到现在已有六年。开始是以入学考试为主来确定录取博士生的，第二年就发现从入学考试来选才不很理想，感到入学考试的成绩还不能说明考生的水平。因此，我开始注重审阅考生的硕士学位论文，这样就可以看出考生在攻读硕士学位时所掌握的基础理论和专业知识的程度，可以初步估计攻读博士学位的条件；另一方面看本人对考博士生有何设想，准备搞什么。攻读博士学位只有三年，时间有限，要深入一个领域不容易，而能在硕士论文的基础上再搞深下去就比较好。因此，在招生录取时，入学考试、审阅硕士论文、本人对博士学位的设想三个环节，我认为应在后两个环节上。通过实践证明，这样做比较恰当，可以为培养出较满意的博士生选准苗子。

招收博士生，除了面向本学科、专业外，还要注意跨学科选才；注意选拔有实践经验的考生，对这些考生，了解他们的硕士学位论文，攻读博士学位的设想就显得更重要了。

在这篇专谈博士生培养的论文中，李国豪较为鲜明清晰地阐述了工科研究型人才培养问题，他从博士生培养计划到博士生论文、指导方法等，可谓面面俱到，较为系统地展现了他的人才的培养思想。关于培养计划，李国豪说，"我国的博士学位，从条例上规定有学位课程，念些书我还是赞成的"，但他又说，"作为博士生，要制定攻读博士学位的培养计划，这个计划应该主要根据博士生自己的情况和博士论文的方向来明确应设的学位课程"。他还特别谈到："培养计划中的时间安排很重要，论文方向的具体确定，如果超过一年到一年半就不合适了……因为以后还要继续看文选，确定实验方案，准备实验设备，做实验，整理论文，等等，事情很多。"

博士研究生，研究水平自然重要，而研究水平的直接反映就是学位论文了。所以李国豪说，我们的学科、专业是应用性学科，论文一定要"理论联系实际"、"要做实验"。他明确地说，"我们的论文要回答实践中的问题"，因此无论是学术性为主的论文，

❶ 参见《李国豪与同济大学》（程国政）第266页，同济大学出版社2007年版。

还是以设计、工艺研究为主的工程博士学位论文，都需要有实践。前者"必须有理论又有实践，而且有实验"；后者是应用科学的论文，"大多数论文一定要有工程背景，要对国民经济有价值"。李国豪又说："当然，涉及理论、方法的发展，能为此开辟新的领域，也是有实用价值的。"

从李国豪的阐述中，我们至少可以得出以下几条工程类人才培养的思想：独立开展科研能力的培养，包括研究领域的确定，研究的思路、方法及开展研究的种种手段，等等，都得被培养者自己解决，导师只是答疑解惑、指明方向，不当保姆；研究必须理论与实际相结合，见解与实验、工程背景相结合；课题研究要与国家建设相适应，要对国民经济有价值。正因为如此，他强调要做实验：

做实验有两个目的，一个是培养认识论的观点，我们搞的理论分析往往是作了简化假设，最后得出结果。这样的理论分析是否对，不是靠脑子想，或利用过去的方法进行分析来得出结果，而是要通过实验来检验，就是要看理论分析的结果能不能反映实际。如果理论分析与实际不符合，就要重新考虑了。这是一个认识论的重要问题。搞科学研究，不建立这个观念那就很危险，就容易拿起笔、纸，通过计算机一算就得出结果，对工程作出建议，这是非常不恰当的。所以我对硕士生或博士生，从入学那一天起，我就要求他们建立这个观念。

另一个是培养动手能力，通过做实验，自己动了手，可以更深入地认识实验的数据，以便判断自己和人家的成果……工科的青年学生，不会动手做实验，将来也不会是一个称职的工程技术人员或者是称职的教师。

对于指导的方法，他一向认为："不必具体地过细地指导，只是在方向上，关键问题上给予指导。"

他说，论文题目不应该由导师给，而是要博士生自己设想二三个方向，提出自己的见解，然后由导师提出意见，再由自己去选定。博士论文的范围和内容上不要太大，因为大了以后，考虑的面就宽了，工作量也就要大，会造成做不深收不拢。要做出一个创造性成果，必须把范围适当限制一下，要做到在有限的两年多时间内，把题目做得深一点，真正做出相当深厚的成果。这一点导师在指导中很重要，要一开始就向研究生明确指出。

不仅如此，他还对做论文的关键处一一给出指导方法："在博士生搞了文献综述的基础上，提出论文计划，拟定实验方案时，导师要注意指导。这是关键时候，要对博士生的计划、设想提出指导性意见。如果在论文完稿后，那就太晚了。"他举了自己带的两个博士生，一个做的是结构抗震，提出房屋模型要用七八千元的铁砂做骨料，但李国豪听了之后发现这样的模拟达不到实际效果，于是指导他改做细粒混凝土，计算这种混凝土模型的参数；另一位博士做的是钢箱梁弹塑性极限承载力，想做钢模型。"我们知道实体的钢箱梁腹板本来就很薄了，如按1:20比例缩小，模

1985年，李国豪（前排左四）出席学校结构系首届博士论文答辩会。

型板有的就不到1毫米了,这样模型试验就很难做。根据这样的情况,我建议做有机玻璃模型,这样实验也就比较容易做了。"李国豪说:"我和研究生的谈话很少,一学期一次到两次,就是在关键的时候相约见面讨论……博士生自己遇到'困难'、'烦恼'时,自己去解决,去克服,这样他过后感到是一个锻炼。"

《同济大学生·研究生专刊》1998年11月4日刊发了李国豪为年轻学子们的题词:"攀登科学高峰,振兴中华献力",鼓励年轻人。同时发表的《李国豪院士》专访说:"李国豪校长首先谈到高素质人才应当在国内做出贡献,而不是跑到国外去再来讲报国。"文章说,有些在国外的学生讲,在国外也一样可以为建设祖国服务,像杨振宁、李政道一样,但"在国外与在国内报效祖国是不一样的,高素质人才应当回国自起炉灶做研究,并为祖国培育出一批人才来"。他以项海帆院士为例,出国去进修,吸收国外的先进技术是必要的,但"心要在国内,像风筝似的,有一根线牵着";"项院士学成后如不回来,那么我们学校的这个风工程实验馆就建设不起来,就没有今天世界排名第二的规模,就没有在国内建造近二十座大桥的辉煌成就。"不仅如此,李国豪还就理工科院校学生的综合素质发表看法,他说:"青年学生除了用现代科技、信息科技武装自己外,还应该在人文素质的养成上多下功夫。"并以自己德国求学时经常到剧院去听歌剧、音乐会为例,建议同学们"多读一些中国文学精品,让中国文化在心中扎下根来。"

### 新时期,同济抗震研究从唐山开始

李国豪介绍的博士生培养方法,其实就是他所受德式工科教育的经验总结,这些思想一直指导着他的科研和育人实践,无论是德国易北河上的桥梁,还是武汉和南京的长江大桥,1976年的唐山大地震更是把他和他带领的同济科研队伍全面推向济国拯民的最前线。

1976年7月28日凌晨3点42分53.8秒，一场7.8级地震降临到唐山市市民头上。

这场地震中，24万多人被夺去生命，16.4万人受重伤；极震区47平方公里内的建筑物几乎荡然无存。一条长8公里、宽30米的地裂缝带，横切围墙、房屋和道路、水渠。市区、郊区内裂缝带、喷水冒沙、井喷、重力崩塌、滚石、边坡崩塌、地滑、地基沉陷、岩溶洞陷落随处可见；毁坏公产房屋1479万平方米，倒塌民房530万间；全市供水、供电、通讯、交通等生命线工程全部被毁，所有工矿全部停产，所有医院和医疗设施全部毁坏；地震时行驶的7列客货车和油罐车脱轨，蓟运河、滦河上的两座大型公路桥梁塌落，其他小型桥梁塌落无数，唐山与外界的交通全部中断……事后测算，此次地震能量释放相当于400颗殃及广岛的原子弹。

解放军来了、科技人员来了，全国人民行动起来了，所有的中国人全部毫不犹豫地加入到这场规模空前的大救援中来了！

已经解除监督劳动的李国豪也急不可待地要求参加救援。可是，心急如焚的他直到1977年初才被交通部吸收为专家组成员赶赴唐山。

眼前景象惨不忍睹。虽然过去快半年了，依然是废墟，废墟，除了废墟还是废墟，除了电线杆子和树是歪歪斜斜地立着，所有的东西都趴下了。虽然没有了遍地的医院帐篷，虽然没有了来往奔忙的解放军战士，但倒塌的房屋、扭曲的铁轨、塌下的桥梁告诉他：必须立即把抗震研究全面搞起来！不能让大好河山、无辜的百姓再遭此劫难！

回到上海，李国豪开始思考工程抗震问题，他结合唐山的情

滦河大桥是1976年唐山大地震跨后新建的大桥,迫切需要解决桥梁抗震等重要技术难题。

况撰写出桥梁抗震分析讲稿。碰上合适的场合,就阐述这个问题,所到之处反响热烈。

李国豪的弟子范立础院士回忆:"李校长刚上任,就把我们几个人找到一起,交代说:抗震研究,尤其是桥梁抗震就以你为主。"唐山大地震后,李国豪带领同济大学土木工程学科的同仁们全面开始了桥梁抗震研究。他们的研究也掀开了中国此类研究的历史大幕。

大地震后,1974年建成的滦河公路大桥在28日下午的强烈余震中坍塌。墩倾梁断的大桥残骸呈纵立折线形状,一节一节,头扎于水,尾曳于墩。崩陷之声,惊魂裂胆。断墩内清晰可见小臂粗细的螺纹钢筋。可是,公路桥上游建于1894年、长670米的詹天佑铁路滦河大桥却处变不惊,岿然屹立。中断交通12小时的津秦公路,最先就是通过这座沧桑屹立80年的"詹氏大铁桥"接通的。

为什么1974年的桥还不如80年前建成的桥坚固?新滦河公路桥设计时,李国豪被请来,他要负责大桥的抗震分析工作。对于这样一座预应力混凝土桥,要扛住烈度9度的地震,桥梁振动特性必须要弄清楚。为此,他先后两次带队来到新桥建设工地、坍塌的老桥现场，布置、指导现场测试，获得大量桥墩和成桥状态的振动特性数据。回到学校，李国豪公务间隙见缝插针，分析数据，组织试验，数月后拿出了老滦河桥的震害分析和对新滦河桥的抗震分析与建议。

同济大学结构理论研究所有关科研人员在国家相关部门的组织协调下，对拱桥、曲线桥、斜张桥的抗震问题开展了全面的调查。"近几年来地震处于活动时期。目前，全国17个省市有地震中期预报，这种形势下对双曲拱桥的抗震能力如何评价，应采取哪些措施提高其抗震能力以及在地震区是否修建双曲拱桥都是迫切需要解决的问题。"在这份形成于1977年6月的《天津地区几座双曲拱桥震害调查报告》中，同济大学会同交通部科学研究院等7家单位对天津地区的小薄庄桥、杨花庄桥、南埋珠桥、大于庄桥、司庄子站前桥、小靳庄向阳桥和林亭口村胜利桥7座桥梁的震害部位和损失程度开展了现场勘查，分析了震害发生的原因，提出了整修意见。

紧接着，李国豪和结构理论研究所的同事们又接受教育部、铁道部、交通部等委托，在1977年至1983年间，结合抗震规范的修改、天津市新建的永和桥抗震分析以及旧桥的抗震加固等开展抗震的理论研究。1981年3月9日，同济大学结构理论研究所迎来恢复建制3周年科研成果报告会。成立于1964年、"文革"期间被迫解散的结构理论研究所，在短短的三年里共完成52项课题，其中包括唐山滦河大桥抗震分析、吴泾化工厂30万吨合成氨工程钢梁构架气轮空压机动力基础设计试验、建筑物地震破坏机理等课题。这些与国计民生联系密切的课题有的获得国家发明奖，有的荣获上海市重大科技成果奖。除此以外，还先后招收33名研究生。该所提出的"三年打基础"目标顺利实现。

抗震研究继续深入，领域逐步向抗风研究拓展。项海帆带领研究生们针对这两座桥——新滦河桥、永和桥反复模拟试验，通

1983年12月7日,"桥梁抗震理论"科研成果评议会在广州召开,李国豪作桥梁抗震理论的演讲。

过拱桥自振特性和内力影响线的研究,提出了控制断面内力影响系数的概念,建立了拱桥抗震的实用方法,使工程人员的抗震计算变得轻松起来。

1977年开始的7年中,同济大学结构理论研究所逐步建立起"桥梁抗震设计的一般理论和计算方法,开发了应用软件,比较系统地解决了各种桥梁的抗震设计问题"[1]:

1. **桥梁抗震** 以新滦河大桥的抗震设计为目标,首先建立了平面杆系的动力分析程序,进行了现场静力、动力测试和分析,在此基础上完成了地震反应分析和抗震设计,为连续梁的抗震设计提供了理论依据。还利用这一手段进行了邕江大桥的抗震验算和加固设计。

2. **拱桥抗震** 现行公路工程抗震设计规范中关于拱桥抗震计算是以裸拱为力学模型,并且只给单孔拱桥的地震力是不完备和不方便的。同济大学通过震害调查和理论分析,考虑了拱上建筑的实际作用,直接给出了控制截面的内应力反应系数表,使拱桥的抗震计算达到了实用的程度。同时,这一思维被推广到多孔连拱以及横向计算上,对于铁路上常用的钢筋混凝土双肋拱桥,根据其构造特点和动力特性进行了处理,这些成果为我国桥梁抗震设计规范的制定提供了理论依据。

3. **曲线桥抗震** 完成了三种不同精度要求的计算方法:曲梁单元有限元法,Reyleigh-ritz方法,实用方法。

4. **斜张桥抗震** 在李国豪演引出斜张桥空间动力分析的有限元法之后,编制了用以分析斜张桥特性和纵向的线性地震反应专门程序,以此为手段研究了斜张桥的抗震体系及其减震方法,对规范设计谱的长周期提出了合理的修正,并研究了符合规范谱的人工地震波,还进行了地震相差效应的分析和非线性时程分析和振动台试验,最后在上述工作基础上提供了斜张桥的实用抗震计算方法。在上海泖港桥竣工后的动力测试和计算表明这一力学模型和计算方法的可靠性。

报告特别指出:"本课题的研究是在李国豪所著《工程结构

1977年,李国豪(右一)带领科研小组在滦河大桥工地进行桥梁抗震的科研工作。

❶《桥梁抗震研究总结报告》,同济大学桥梁结构研究室。

抗震动力学》和《桥梁与结构理论研究》的基础上进行的，研究人员根据其桥梁结构理论建立方法，编制程序，通过对各种体系桥梁的动力特征和地震反映规律的深入研究，提出合理的简化模型，从而为工程抗震设计提供了较为系统的桥梁抗震理论和分析方法。"这些成果获得1985年国家教委科技进步一等奖。

在此基础上，1984年起，在中国科学院基金的帮助下，结构理论研究所又以天津永和桥为工程背景，进一步研究抗震挡块对非线性地震反应的影响，斜张桥的延性分析及其弹性阶段的抗震能力等；提出了曲梁桥的实用抗震计算方法；建立了隔离支座设计的力学模型；对桁架拱桥的抗震性能进行了研究，提出了抗震加固措施；这些研究让研究所同仁们瞄准了国际地震科学研究前沿的三个重大课题。它们是：

1. 大跨度桥梁的抗震动力可靠度和危险性分析；

2. 考虑桩土相互作用的桥梁非线性地震反应分析及场地土的综合判别；

3. 桥梁结构的动态延性和抗坍塌分析方法。

这三个课题也顺利进入交通部"七五"期间重点资助项目名单。

**抗震研究，捧回国家科技进步一等奖**

与这些研究相适应，1983年我国第一座中型地震模拟振动台在同济大学落户。当时，振动台的价格130多万美元，而且设备对构筑物基础部分的定位误差要求不允许超过1毫米。如果美方设计，仅设计费就要价10万元，同济大学决定自己设计。"在副所长朱伯龙的指导下，余安东、王天龙查阅了国内外大量的动力学性能文献，吸收了我校在抗震研究方面的新成果，经过3个月的反复研究、比较和浩繁的运算，终于解决了在软土地基上、在原有厂房里建造基础的方案。"[1]三个月后，美方人员来到振动台基础现场，大声连说3个"相当好"。1983年12月，自重10吨的模拟振动台建成。试验台4米见方，最大载重15吨、试件重心最大高度3米，试验采用计算机自动控制，近百个传感器可以真实地重现任何大地震的记录波形。

在工地简陋的帐篷宿舍，李国豪在写桥梁抗震的研究文章。

那一时期，结构理论研究所相继添置了模拟地震振动台、土动力试验设备和地震模拟试验三大实验装置，第八届国际地震工程会议所列的12个研究方向，该所在结构地震反应、结构抗震性能、震源机制、强震观测、强震仪研制、土动力学等9个方面都进行了具有国际水平的工作。

硕果出自躬耕家。2010年，范立础院士带领的团队完成的"大跨、高墩桥梁抗震设计关键技术"获得2009年度国家科技进步一等奖。2010年1月20日《同济报》报道：

范立础院士告诉记者，1976年唐山大地震发生以后，当时还是助教的他去灾区调研发现，主要是因为房屋构件根本不防震，才导致了如此重大的损失，极少数的钢筋混凝土建筑并未完全倒塌。此后，在他的恩师、时任校长李国豪院士的引导下，他开始了桥梁抗震研究的征程。因为他们深刻意识到：随着我国经济社会发展，建筑物防震，尤其大型桥梁、公路的防震将越来越重要。

[1]《一切为了达到第一流水平》，《同济大学报》1983年3月22日第4版。

30多年坚持，30多年的积累，从理论到实践。桥梁抗震研究团队已经从最初只有2个人发展到今天拥有11位专职研究员的规模，先后培养博士、硕士100余人，还为社会培训了300多名高级技术管理人员。记者在有关申报材料上看到，围绕"桥梁抗震设计关键技术"，课题组完成的主要创新成果就包括了5个方面：一是基于寿命期与性能的大跨度桥梁抗震设计方法；二是大跨桥梁高桩承台基础抗震设计技术；三是大跨度桥梁合理抗震体系和减震技术；四是高墩和非规则桥梁抗震设计技术；五是大吨位双曲面全钢减隔震支座的研制。这些成果均由课题组首次提出或开发研制。

"大地震持续时间短，破坏力强，要做到大桥毫发无损，就要在经济上付出极其高昂的代价，因此国际上的共识是：'不倒'、'可修'最重要——只要大桥不倒，就能为后续救援提供许多便利。"范立础说，正是在这一理念指引下，课题组发展出了一套"以柔克刚"的减、隔震技术：他们发明了一系列双曲面全钢减震支座，就像为大桥桥墩装上了一个可以360度滑动的关节，当地震波冲击大桥时，这个关节就会滑动，卸掉大部分冲击力，避免大桥因"硬碰硬"而粉身碎骨；他们又将阻尼器安上了大桥，相当于给大桥垫了个软垫子，"这就像打太极拳，硬挡容易受伤，但只要稍稍避让，就能保护自己"。

课题相关研究成果已被国家行业标准《公路桥梁抗震设计细则》采用，并已应用于世界最大跨度拱桥——上海卢浦大桥、世界最大跨度斜拉桥——苏通长江大桥、国内第一座跨海大桥——东海大桥、世界最大跨度双层斜拉桥——武汉天兴洲公铁两用大桥等30余座国家重大桥梁工程中。我国正在建设的400米以上的23座大跨度桥梁中，16座直接应用了这一成果，其余不采用该技术的大部分位于非强震区。

1983年,已基本安装完成的同济大学模拟地震振动台。

汶川地震中,四川雅泸路高速公路上30余座桥梁完好无损,这得益于这些桥梁在建设过程中,采用了课题组研发的成本低廉的弹塑性抗震挡块。从而间接验证了该项目的相关理论和方法。

同时,项目开发研制出的大吨位双曲面全钢减隔震支座,最大竖向承载能力达8000吨,突破了我国大型桥梁减隔震技术的应用瓶颈。2008年6月通车的苏通长江大桥其5公里的引桥因为采用了这一技术,直接节约工程造价约3.9亿元[1]。

2010年1月15日《中国交通报》报道这一成果说:"据统计,我国正在建设400米以上大跨度桥梁为23座,本项目研究成果直接应用于16座,占70%。成果已被国家行业标准《公路桥梁抗震设计细则》采用。"

有趣的是,面对采访,范立础院士记住的都是老师的叮嘱:"一篇论文写得好比得上十篇","你所研究、分析的桥梁抗震成果,必须能够解释和证实以前的震害,只有击中要害才能取得进展"。"一切研究成果要能够解释震害,如果解释不了就是'无源之水'。学院式的讨论——从理论到理论是不行的,必须

---

[1]《范立础团队捧回国家科技进步一等奖》(吴为民),载2010年1月20日《同济报》。

在工地的简易帐篷内,李国豪(站立者)与科研人员进行桥梁抗震的动力分析。

要通过实践来检验"。李国豪老师的这些教导,指导并深深影响着范立础带领的抗震研究队伍,"地震是风险荷载。以前认为很有把握的东西同样承受着风险,如电视塔、深水港桥,都曾出现过问题。桥一旦断裂,影响就是极大,集装箱一旦停止运转,国家经济命脉就要受到影响……"范立础介绍,但桥梁等的抗震研究常常受不到应有的重视,像准备造桥的地方请我去评审,我就常常被问:干嘛跟我们过不去?人家的都通过了,就你的"抗震"通不过。有人甚至直接问:"范教授,你说,我们这里地震什么时候来?"

"不知道。"

"地震来时到底会怎样?地震波怎么样?强度怎么样?"

"你的问题我回答不了。"

可是回答不了这些问题的范立础说:"当然不能因为地震我们就不造桥了,我们可以造出更安全、更坚固、更高质量的大桥。"他说,影响桥梁结构安全的因素很多,人为因素、材质优劣、负荷大小、自然环境（海水浸蚀、大气腐蚀、温度、冰冻等），加上风、水等灾害性天气，地震及战争等都可能对桥梁造成损害。因此，桥梁的抗震研究要求桥梁要用结构保障早期的"活力"、以中期的"医治"保持"活力"及后期的"保健"以维持"活力"，范院士将其称之为桥梁的"全生命周期方子"。

2009年5月，包含当今世界规模最大的四座振动台组系统、国内荷载最大的结构抗疲劳实验系统的"同济大学多功能振动实验中心"开工建设。范立础介绍说："实验中心由教育部985计划（二期）提供支持，高23.8米，总长97.5米，宽88米。实验楼被分为两个实验区，一个是多功能振动实验区，一个是强力地板和反应墙实验区。在多功能振动实验区设置了长短不同的多个轨道，多个振动实验板可以在上面进行同步，不同步的多种振动实验也可以把多个振动板合并成一个整体进行实验。强力地板和反应墙实验系统是世界最大的实验系统之一，T型反应墙长30米，高15米，具有600吨的剪力强度（峰值）和900吨一米的总体弯曲瞬间强度。"他说，"这些实验装置可以进行大尺寸全结构模型静态、仿静态、仿动态实验。"

实验中心的工作人员进一步介绍说，由四台振动台组合而成的振动台组系统具有多种工作模式，不仅能对大型桥梁工程、生命管线、水坝、隧道等线状结构进行振动试验研究，还能以矩形振动台组形式对高层建筑、超高层建筑、体育场馆等大型建筑结构进行抗震试验研究。

想知道网友们是怎样评价李国豪、范立础这对师徒的吗？那就摘录一段吧（新浪网签名为"萍踪浪迹888"的网友）：

我国第一代的桥梁专家、同济大学教授李国豪，国家的栋梁之才，中国人为有这样的优秀人才而倍感自豪！李国豪的名字是可以这样趣解的。而他的得意门生、中国新一代的桥梁专家范立础，我

李国豪（中间者）在滦河大桥工地了解试验情况。

感到非常有意思，这个"立"字非常平凡，而出现在桥梁专家的名字中，却非常贴切，桥梁是座座悬立的，而桥梁的质量和寿命是取决于它的基础。基础不牢，地动山摇！你看看那些"大兴"的现代桥梁，由于是"豆腐渣工程"，小小的一个地震，往往是桥毁人亡，而李国豪大师与他的学生造的桥梁名扬海外。

我真正感叹李国豪大师不仅善于造桥，而且善于选择优秀的学生。有这样的大师国之幸哉，国之荣耀！

### "风洞，越建越多"

与抗震研究同时开展的还有抗风研究。在李国豪、项海帆的带领下，同济大学开展了对大跨度桥梁以及高耸结构的抗风研究，项海帆也成为我国大跨度桥梁抗风研究的开拓者及风工程学科的主要学术带头人。

"文革"的十年动乱结束以后，上海市便将跨黄浦江的大桥工程重新提上日程，而一跨过江的斜拉桥方案成为首选。但是摆在上海市政工程设计研究院的工程师们面前的难题是：万一上海遭到台风或强台风的袭击，400米长超大跨径斜拉桥能挺住吗？于是，决定在松江泖河上先建一座跨径200米的泖港桥进行预研。

1979年初，刚成立不久的李国豪科研组接受了上海市政设计院的委托，由项海帆负责泖港桥的风洞试验研究。1979年初，项海帆接下了泖港大桥的风洞试验研究任务，从查资料开始，边学边做，用铸铝模拟混凝土主梁的比重，用型钢制作了节段模型测振风洞试验的内支架，在校内声学研究所和结构理论研究所的协助下，1979年底，项海帆小组成功在中国气动中心低速所4米×3米的低速风洞里完成了国内第一个桥梁节段模型风洞试验——泖港大桥颤振试验。1981年，同济抗风研究小组又在这座风洞进行了主跨260米的天津永和斜拉桥及主跨330米的辽宁大洋和斜拉桥方案的节段模型风洞试验。

1982年，项海帆从德国回国后，在李国豪校长的建议下，开始了黄浦江大桥主跨400米结合斜拉桥可行性方案研究；1982年，项海帆协助李国豪指导国内第一位桥梁抗风研究方向的博士生谢霁明，开辟了桥梁抗风理论研究的新方向；1983年，在南航NH-2风洞进行的黄浦江大桥节段模型试验告别了铸铝模型，提出了斜拉桥气动导数识别试验的初脉冲耦合振动法。1985年，经历摸索和失败，提出了斜拉桥气弹模型斜拉索变位的拉伸弹簧模拟方法及结合主梁刚度的鱼骨梁模拟方法，成功实现了国内第一座主跨400米黄浦江大桥（方案）全桥气弹模型风洞试验，项海帆等还清楚地记得，做试验的时候，李国豪教授不止一次地来到南航的NH-2风洞察看试验进展情况；大桥风洞试验完成后，中国成为了世界上第七个成功进行全桥气弹模型试验的国家，这种方法一直应用到现在，得到了普遍的推广。1985年，谢霁明以《斜拉桥三维颤振分析的状态空间法》通过了博士学位论文答辩，这一方法以及提出的"斜拉桥多模态参与颤振形态"的理论得到了国际风工程界的高度评价。项海帆等撰写的《中国结构风工程学科发展三十年回顾》❶中回顾说：

在桥梁抗风理论和风洞试验方法取得初步可喜成果之际，项海帆研究小组又得到了一个更大的极好机遇。1985年，国家提出建立国家重点实验室，加强基础研究的计划，并于1988年得到国家批准，同时，委派林志兴开始风洞试验室及边界风洞的建设。在此期间，项海帆研究小组快速壮大……形成了10人的团队，先后完成了广州海印大桥、重庆嘉陵江石门大桥、东营黄河大桥、广西邕宁江大桥、湖北郧阳汉江大桥等多座斜拉桥的接段模型试验，进行了以南浦大桥命名的黄浦江大桥正式方案的气弹模型试验……经过十年磨砺，项海帆团队已成为国内结构风工程研究的重要力量。

1985年，在同时担任中国土木工程学会桥梁及结构工程分会副理事长项海帆的建议下，中国土木工程学会批准在桥梁及结构工程分会下设立风工程专业委员会，抗风研究终成一门相对独立的学科。1987年，项海帆出席了在德国亚琛召开的第七届国际风工程大会，从此，同济大学打开了与国际风工程界的学术交流之门。

要开展风工程研究，没有自己的风洞肯定不行。早在1983年，作为同济大学抗风研究的学科带头人，项海帆在老师李国豪的支持下，早春3月带领林志兴、宋锦忠相继考察了南航、北航、北大、七零一所等单位的风洞，萌发了建造自己的桥梁抗风研究边界风洞的念头。1985年，同济大学启动土木工程防灾国家重点实验室的筹建工作，李国豪亲自担任筹建小组的组长，"筹建工作

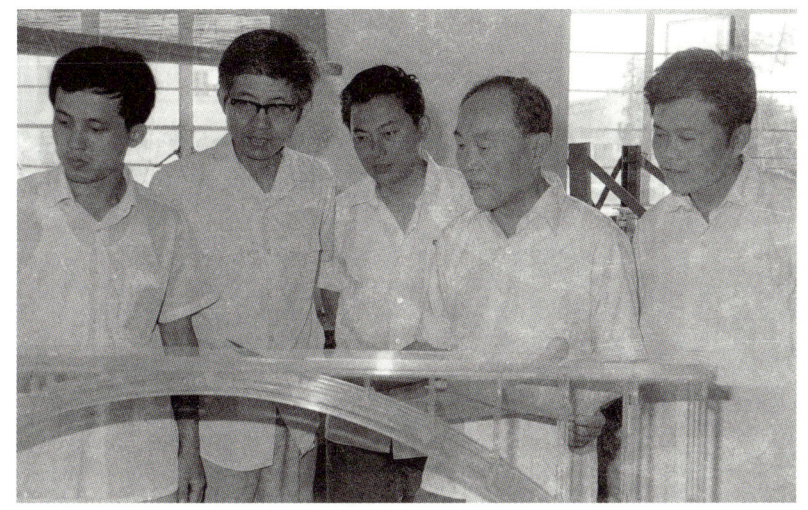

1982年，李国豪（右二）与科研小组讨论大跨度桥梁的科研工作。

是在李老师的亲自领导和组织部署之下起步的"。筹建小组副组长项海帆回忆，边界层风洞也被正式列入建设项目之中。1988年，国家计委批准同济大学土木工程防灾国家重点实验室建设计划，风洞动工建设。第二年底，在航天部七零一所的帮助下，只用了一年的时间和70万元的投入，便将包括厂房在内的边界层风洞建成并于1990年投入使用。作为同济大学第一座风洞，该风洞的试验段宽度为1.2米、高1.8米、长18米的直流吸式风洞，命名为TJ-1风洞。接下来的岁月里，这段风洞为同济的抗风研究立下汗马功劳：1991年，完成了东方明珠广播电视塔气弹模型、杨浦大桥节段模型、汕头海湾大桥节段模型试验。"东方明珠电视塔气弹模型首次采用有机玻璃薄壁管直接模拟塔柱的刚度，杨浦大桥节段模型试验证明了主梁不加风嘴可以满足跨度602米的倒Y型桥塔结合梁斜拉桥的抗风稳定性。"林志兴等在《同济大学土木工程防灾国家重点实验室风洞试验室30年发展回顾》中介绍："1990年和1992年完成的上海南浦大桥和杨浦大桥抗风研究，并提出了开口断面动力特性分析的三梁式计算模型，为国内首

❶ 载《中国结构风工程研究30周年纪念大会文集》第11页。

次超过400米和600米跨度的超大跨度斜拉桥自主建设提供了重要技术支撑，经受了日、美、加等国知名风工程专家组成的亚行技术专家组的多次严格审查，大大提升了大跨度桥梁抗风研究的理论和试验技术水平，是推进我国超大跨度桥梁快速发展的里程碑。"

随着桥梁抗风研究的影响日渐扩大，进入20世纪90年代之后，国内拟建的众多大跨度桥梁的抗风研究纷纷找到同济，其中包括长度超千米的虎门大桥和江阴大桥。这样一来，建造大尺寸边界风洞迫在眉睫，同济风工程的研究者们先后向10个单位求援，终而获得220万元的赞助经费，并在学校大力支持下解决了场地问题，同时风洞的方案也由原来的一个风洞两个试验段优化成两个独立的风洞。1993年，宽15米、高2米、长14米的TJ-3大型边界层风洞和宽3米、高2.5米、长15米的TJ-2边界层风洞同时动工。1994年，TJ-3边界层风洞率先建成，中国从此有了规模位居世界第二的大型边界层风洞，并在1994年11月第四届全国风工程与工业空气动力学术会议召开之际完成了主跨888米虎门大桥悬索主桥气弹模型及主跨1385米悬索桥——江阴长江大桥气弹模型试验。随后的1995年，TJ-2风洞亦告竣工，且设计时便预留的工业空气动力学实验功能得到了上海汽车工业集团的响应。1996年起，上汽和上海市科委共投入350万元人民币支持TJ-2风洞进行汽车模型风洞改建，并邀请当时在德国奥迪汽车公司工作的校友万钢博士担任顾问。1998年，TJ-2风洞改建完成，成为国内第一座具有汽车模型风洞功能的多功能风洞。至此，风工程试验室形成了三座不同尺寸和功能风洞组成的风洞群，成为土木工程国家重点实验室对外开放和国内建设工程风洞试验的主要基地。2006年，又建成了宽0.8米、高0.8米、长6米的TJ-4回流风洞。

有了这组风洞群的强大支撑，同济抗风研究的教学科研插上了翅膀。随着朱乐东、陈艾荣等一批新生力量的加入，试验室先后完成了汕头海湾大桥、铜陵长江大桥、重庆长江二桥、珠海横琴大桥、武汉江汉四桥、温州瓯江二桥、珠海伶仃洋大桥、杭州钱塘江三桥、上海徐浦大桥、海口世纪大桥、汕头礐石大桥、天津海河大桥等20余座大跨度桥梁抗风实验研究。与此同时，试验室的研究领域进一步扩展到建筑结构抗风研究，上海金茂大厦、上海虹口足球场、浦东信息枢纽大厦、浦东国际金融大厦、浦东中国保险大厦、天津国贸中心大厦等10余座高层高耸大跨度空间结构的风压试验均选择了这里。1996年，项海帆院士主编，林志兴、陈艾荣、顾明参编的我国第一部《公路桥梁抗风设计指南》出版，该书为大跨度桥梁的抗风设计提供了重要依据；在此基础上，试验室又编写出版了我国第一部《公路桥梁抗风设计规范》，为中国的大桥建设发挥着重要的作用。

风洞群的建成为同济的风工程研究人员获得国家课题创造了良好的条件。统计显示，同济大学风洞实验室在1997~2006年期间仅国家自然科学基金就获得了15项，其中包括项海帆、王光远院士共同主持的国家自然科学基金"九五"重大项目"大型复杂结构的关键科学问题和设计理论研究"中承担的专题；不仅如此，期间，实验室还承担了21项省部级项目，实验室的科学研究进入佳境。

项海帆等总结20世纪90年代"结构风工程研究得到了快速的提高"，主要体现在：

在试验设备上，逐渐由边界层风洞取代低速航空风洞成为结构风工程试验的主体风洞；研究队伍上，逐渐由学术带头人领导的团队形式取代以课题为主的分散形式；研究路线上，通过将研究力量较强的单位组织起来联合攻关的方式引领学科发展的方向；研究内容上，逐渐将重点转移到跟踪学科发展的前沿和热点；研究方向上，突出为国家重大工程服务发挥重要作用。

同济的风工程研究开始了"有系统、有计划面向国际先进水平跟踪与力争超越的研究"。至20世纪90年代后期，结构风工程研究逐渐被国际同行认可，林志兴、葛耀君1999年承担的日本名古屋矢田川桥抗风试验研究，成果得到日本著名的风工程专家伊藤学、山田均的充分肯定。这一时期，同济大学完成的桥梁、建筑抗风项目包括主跨1490米的润扬长江大桥的悬索桥、主跨550米的世界第一大跨拱桥——卢浦大桥、主跨世界第一大跨斜拉桥——苏通长江大桥、主跨1650米的国内最大跨度的西堠门大桥等71座；建筑结构的抗风研究完成包括浦东国际机场、首都国际机场、杭州市民中心、深圳市民中心、上海铁路南站、广州高度610米的电视塔（俗称"小蛮腰"）等在内的91个大项目。

渐入佳境的同济大学风工程研究人员"清醒地意识到自己任重道远，必须时刻保持吃苦耐劳、积极进取、严谨求实、持之以恒的科研作风和'淡泊、宁静'的人生态度，只有这样才能'明志、致远'，才能继承老一辈开创的事业并发扬光大"。❶

科研人员在风洞实验室安装桥梁模型。

## "我们的工作是站在巨人的肩上进行的"

2011年,国家科学进步奖获奖名单上,同济大学抗风研究第三代领军人物葛耀君带领的团队的"特大桥梁颤振和抖振精细化理论"因为成功解决了各种大跨桥梁在大风下的诸多颤振和抖振等问题,让我国的桥梁从高山峡谷建到汪洋大海,在风口浪尖上巍然屹立,成功捧得国家科技进步奖自然科学二等奖的桂冠。

"我们的工作是站在巨人的肩上进行的。"葛耀君一如既往的淡定:"这是同济几代桥梁人努力的结果。"

"李校长在改革开放初期率先提出了同济桥梁学科建设方针——'理论联系实际、发展桥梁科技'(李国豪亲笔题写的这一条幅悬挂在桥梁馆的大堂墙上)。同济桥梁历经沧桑变化,'理论联系实际'的桥梁学科精神永存;同济桥梁同舟共济奋进,'发展桥梁科技'的桥梁团队目标不变。"葛耀君代表桥梁系在《继往开来的同济桥梁》一文中说,李国豪教授长期从事桥梁结构理论的教学和研究工作以及抗震、抗风和抗爆动力学领域的开拓性研究,为中国重大工程建设,特别是改革开放后的许多大桥工程建设担任首席顾问和专家组组长工作,为中国现代桥梁的自主建设开辟一条成功之路,作出了卓越贡献,"他是中国现代桥梁工程自主建设的倡导者和精神领袖。"

在李国豪的带领下,同济人拿下了南浦大桥,随后便开始全线进军中国桥梁建设战场。杨浦大桥、虎门大桥、江阴长江大桥、润扬长江大桥、卢浦大桥、东海大桥、杭州湾大桥……数十年来,中国的桥越造越长、越造越高,桥型越变越丰富,同济桥梁人也在为国家服务中一茬接一茬地成长起来,同济的桥梁抗震、抗风等研究也越来越深入,越来越精细,当初的学习、追赶,也渐渐

---

❶《同济大学土木工程防灾国家重点实验室风洞试验室30年发展回顾》,载《中国结构风工程研究30周年纪念大会》第73页。

变身成了部分领域的领跑者。各地桥梁建设中碰到"疑难杂症"自然想到的就是今天同济的桥梁人。

"西堠门大桥，不做桁架梁。"这是浙江省交通厅、舟山人找上门来说的第一句话，葛耀君介绍，所谓桁架梁桥，上海的外白渡桥、武汉长江大桥是典型的例子。其双层钢结构至少要比钢箱梁桥多用钢材50%以上，精明的舟山人要省钱。

西堠门大桥是连接舟山本岛与宁波的五座跨海大桥中技术要求最高的特大型跨海桥梁。按照设计，主桥为两跨连续钢箱梁悬索桥，主跨1650米，是目前世界上最大跨度的钢箱梁悬索桥。设计通航等级3万吨，使用年限100年。

关键是，西堠门大桥位于受台风影响频繁的海域，桥位所在地水文、地质、气候条件复杂，"形象地说，此桥所在位置是'风喉'区，风到这里被勒了一下。"葛耀君介绍，一般气象预报的12级台风，风速就是36米/秒，但这里百年一遇极端风速41.12米/秒，达到14级。要在这里建超大跨度悬索桥，谈何容易！

作为浙江省的重要地级市，舟山位于海中，与陆地交通网连为一体是当地百姓强烈的夙愿。全长50公里的舟山连岛工程近年被列为浙江省重点工程和"五大百亿"工程之一，工程完工后将使舟山交通完全融入长江三角洲高速公路网络。

2005年2月，舟山连岛工程最为关键的一环——西堠门大桥、金塘大桥项目获国家正式立项。作为连岛工程二期工程，西堠门大桥等工程是舟山有史以来最大的基础设施建设项目，总投资超过100亿元。

"在风速巨大的西堠门大桥处，桁架梁应是最常用的桥型，但多出近两万吨钢，多花近三个亿的资金确实让人犯难。"葛耀君介绍，不做桁架梁，那就采用较为成熟的钢箱梁。紧接着跟进的问题是：双向四车道（桥宽不到30米）、悬索长度1650米的大

舟山西堠门大桥。

桥悬在50余米高的海峡半空,狂风中会是怎样一幅情景?"如果做不好抗风设计,桥就会像一挽孤零零的秋千,飘来荡去。自身都摇摆难保,更何况行车?!"

钢箱梁,又叫闭口钢箱梁,是大跨径桥梁常用的结构形式,因为外型像一个箱子故叫做钢箱梁。它是钢梁中的第二代,一般用在跨度较大的水域上。世界上的第一座钢箱梁桥是英国的威尔士塞文桥,其主跨988米,采用扁平钢箱梁,1960年建成。此后,从日本的多多罗大桥到我国的苏通大桥,钢箱梁桥越来越多。钢箱梁结构轻、经济性好,大量采用斜拉索或悬索等缆绳将其吊在空中用于通行车辆,它的抗风性能可谓是生命攸关。

"一般桥梁抗风能力都按照实际风速的1.2到2倍设计,也就是说41.12米的风速,西堠门大桥的颤振检验风速必须达到78.7米/秒以上。但西堠门1650米的悬索拉起30米宽的整体桥面,狂风到来时,其颤振临界风速只有50米/秒,非常危险。"葛耀君分析说,风洞试验表明,传统的整体式钢箱梁无法保证桥梁的正常使用,更不用说使用100年了。

必须另辟蹊径。2005年后的那些日子里,葛耀君带领的团队天天泡在风洞试验室，在桥中间增加隔离挡风板？试验表明，要取得理想的挡风效果，挡风板必须达到2.2米的高度。"这样一来，桥上行车，视线就被完全挡住了。"葛耀君说，方案在课题组就通不过。

加风嘴、导流板，加……能不能把桥分开？一个大胆的想法蹦出来。说做就做，风洞试验开始。经过反复试验、改进、完善，最后，课题组将桥面分开的宽度定格在6米。"也就是说，在双向四车道的桥中间，留出的空隙差不多是两条车道的宽度。这样一来，颤振问题解决了，桥也变宽了，比例到点了，桥型也好看了。"葛耀君说。这就是分体式钢箱梁，也被称为第三代钢箱梁，西堠门大桥是全世界第一座采用分体式钢箱梁进行抗风的。

"为了确保大桥安全，还需要拦侧风。"葛耀君说，如果不拦侧风，西堠门大桥将会有30%的日子无法正常通车，"这样就无法达到除了台风期封闭外，其他时段保证通行的设计目标。"科研团队决定采用风障。经过反复比选，最后采用耐候钢，6片叠在一起，中间留出适当的缝隙，刷上油漆，就成了风障。"这种风障比有机玻璃的耐久性好，不会因风吹日晒从透明变为白纸，旧了后再刷点油漆就又新鲜如初了。"葛耀君说，再者就是便宜，造价连有机玻璃的一半还不到。

一般的桥梁除了大风日的颤振、抖振外，还有一种风振叫涡振。也就是微风或小风时，桥面上形成一个个风的漩涡。西堠门大桥采用双箱断面方案，桥面中间的缝隙宽达6米，更加大了涡振发生的几率和强度。"风洞试验表明，涡振不会对桥梁造成伤害，只是行走在桥面上的人和车感觉不太舒服。"葛耀君介绍，消除涡振的方法可以在桥腹转角处加设导流板，但课题组想到了也可以利用风障下部的加速气流，"让风从拦风板下部的大缝隙中吹向桥面，吹散漩涡，减低涡振发生频率，减小涡振振幅。"

1984年2月26日，项海帆（左二）与科研人员在南航做黄浦江节段模型风振试验。

"西堠门大桥的抗风研究和设计是'精细化理论'这次获得国家自然科学二等奖的最新实践。"葛耀君如是说。据悉，西堠门大桥建成通车后，国外媒体纷纷报道这种新颖的桥型，随后不久，韩国也将建设分体式钢箱梁悬索桥，国内外桥梁界正迎来第三代钢箱梁桥的新时代。

国家重大桥梁建设凝聚了众多同济桥梁人的创造智慧，浸透了同济桥梁人的心血汗水。在已经建成的80多座400米以上的大跨度桥梁中，同济桥梁人的创新智慧覆盖了其中的52座桥梁；正在建设的20多座400米以上的大跨度桥梁中，同济桥梁人的心血汗水洒满了其中的15座桥梁。

**结构理论研究结出丰硕成果**

同济的抗风抗震研究，涓涓细流都是源自当年的结构理论研究，无论是60年代的结构理论研究室，还是"文革"后的李国豪科研小组，都是科研与国家建设紧密结合的产物。1983年4月5日，《同济大学报》头版发表了《出成果出人才还带出好作风》的长篇报道。报道说：

高中初结合的科研小组使研究集体具有合理的智力结构和年龄结构，有利于学术上的传帮带。这个小组有3个明显的层次：李国豪为第一层次，主要从事理论构思和模型抽象，并进行新方案决策；石洞、项海帆是中年骨干，属第二层次，是小组的中坚；3名六七十年代的毕业青年教师为第三层次。例如目前他们在承担上海市政府咨询课题——黄浦江钢斜拉桥设计研究中，李国豪主要进行结构选择和材料设计；中年教师项海帆负责难度较大的动力特性试验及抗震、抗风研究，同时进行桥梁的总体布置及计算校核工作；一名青年教师和一名辅助人员则完成课题繁重的计算和绘图工作。

报道还说：

李国豪严谨的治学态度、高尚的科研道德、敢做敢为的勇气精神起了表率作用。1979年以来，他一个人编著两部科学专著，发表了11篇论文。他自己写的论文，总要放上一段时间，考虑再三才拿去发表。对组内同志写的论文，他均仔细校阅，连标点符号都不放过，发现数据或结论出差错，就要求重新做实验。

这篇报道详细总结了20世纪80年代李国豪带领和影响下的土木工程科研和教学的总体情况，指出学科组"在选题时，规定研究课题都要有工程背景，或把工程建设中存在的带普遍意义的技术关键问题作为研究内容。"一如既往地坚持科研与工程问题相结合，科研与课堂紧密结合，结构理论研究室始终站在经济社会发展的前沿阵地，解决的重大问题越来越多，成绩越来越大。

当年的世界第一拱——卢浦大桥就是同济桥梁人的一个标志性成果。

上海在建成了位于内环线上跨越黄浦江的南浦和杨浦两座大桥以及位于外环线上的徐浦大桥和吴淞隧道后，开始筹建沿南北高架线向南跨越黄浦江的卢浦大桥。

1999年举行了方案征集设计竞赛，上海市希望不再采用斜拉桥方案，而是想尝试其他新颖的桥型，尽管斜拉桥是最适合500~600米跨度的经济合理桥型。

想法一出，同济大学桥梁系经过内部的方案比选推出了新颖的悬索和斜拉结合体系方案，上海市政工程设计研究院则推出了中承式箱拱的方案。经评选，市政府决定选用跨度550米的破纪录中承式箱拱的方案。同济大学的方案列第二位，被确定担任设计审核工作，同时负责抗风、抗震等研究项目。学校迅速组成了审核小组，对市政院的初步设计方案进行了仔细的独立核查，提出了多项修改意见，进一步完善了拱桥的设计。

在抗风研究和风洞试验中，发现了拱肋的消振现象，研究人员提出了克服涡脱抑制涡振的加膜方案，并经风洞试验验证了其有效性，建议预留设置隔离膜的扣件以备出现强烈涡振时安装。

中承式拱桥方案的选型雄伟美观，但施工难度很大，特别是拱肋节段比国外采用的桁架拱杆件的重量大，在黄埔江的繁忙航

风洞试验中安装好的桥梁模型。

道上又不能设支架而必须采用悬臂拼装和跨中合拢的方法。除了在两岸设置高大的临时塔架并用斜拉索固定悬臂拱肋外，在悬臂端部还必须利用沿斜拱肋移动的重型吊机提升从江中运来的拱肋节段，在空中连接。这一特殊吊机委托了法国公司特别设计和制造，而且这一设备很难重复使用，花费了高额的施工费用。尽管卢浦大桥的经济性受到了国内同行的非议，但500米以上钢箱拱桥于2003年建成仍不失为一个创举。

2003年6月28日正式建成通车的上海卢浦大桥，是黄浦江上第一座全钢结构拱桥，也是当今世界上跨度最大的钢拱桥之一，科技含量高，精度要求严，施工难度大。它标志着我国桥梁技术取得了重大突破，造桥水平跃上了一个新台阶。卢浦大桥犹如一道美丽的彩虹跨越浦江两岸，为上海市增添了新景观、新标志。这座大桥还创下了世界最大跨径拱桥等当时的10个"世界之最"。

卢浦大桥一个个连续的大钢梁化作了两道并驾齐驱的"彩虹"。据介绍，通常的拱桥施工方法是先在陆地上把一节节拱肋拼装起来，然后通过"转拱"的办法直接转到江面上，但由于卢浦大桥的两头都是建筑，无法采用此法。于是建设者在黄浦江两岸建起了两座128米高的全钢临时索塔，通过系在索塔上的斜拉架，采用斜拉桥建造工艺拉住拱肋，从而形成了拱。拱肋被送上"天"的过程中，拱桥的建造方式发挥作用。等到钢拱合拢，悬索桥的建造工艺也一显身手。由于拱桥本身的重力，跨径550米的卢浦大桥将产生约2万吨的水平推力，因而两"脚"踩在"泥淖"中的大桥可能会"垮"下。为平衡这股力，专家将为大桥安装16根巨型水平拉索，使得水平索将大桥两端紧紧地"捆绑"在一起。

除此之外，这座大桥的许多技术都是第一次。

第一次安装"安全带"，千年一遇的地震撼不倒。别看卢浦大桥"孤零零"地跨越江面，但它绝对称得上"坚强不屈"。专家特别为大桥装上了"安全带"——粘滞阻尼器，使得大桥在千年一遇的特大地震作用下，可以保证钢板不开裂，钢筋不会被拉断。即使遇上超强地震，它也有足够的变形能力，在强烈震动下左摇右摆上抖下晃，但绝对不会倒塌。同济大学抗震专家胡世德介绍，卢浦大桥必须考虑抗震，但主跨550米钢拱桥的抗震设计，在我国根本无规范可循。为此，同济大学土木工程防灾国家实验室桥梁抗震研究室的专家们编制了《城市桥梁抗震设计规范》，这是我国此类桥梁的首部抗震标准。和普通的抗震规范不同，新规范不仅能验算大桥强度的抗震能力，还能验算大桥的变形能力。

特别要指出的是，为保证大桥在车辆的制动力、风力、地震力等水平力的作用下，伸缩缝两侧的桥面不发生碰撞，大桥还安上了四条"安全带"。在大桥的两根中间横梁上，专家各放置了两个3米长的粘滞阻尼器。一旦大桥发生剧烈震动，这个装置立刻会产生很大的阻尼力，起到缓冲作用，一下子"拉"住大桥，防止两边桥面与中间产生剧烈碰撞和震动。在如此规模的巨型拱桥上运用阻尼器，世界上还是第一次。从那以后，阻尼器就在各地桥梁上普遍应用，并开始发挥巨大作用。

第一次设置导风器，12级强风正面袭击也不怕。上海位于东南沿海地区，受台风、寒潮引起的大风影响很大，尤其是卢浦大桥拱跨为"实腹式"，迎风受力面积更大，因此卢浦的"迎风挺立"必须考虑。为了提高测算精确性，同济大学风洞实验室的专家收集齐了上海市区的宝山、龙华和川沙3个气象站，连续35年来每天的最大风速及其相应风向的记录。通过对这6万多个数据的统计，专家们精确地"制造"出卢浦大桥桥位上可能遇到的16个方向的大风风速及风环境。然后，专家根据桥位的地形地貌环境制作了一个1:500的地形模型进行风洞实验。这种做法尚属国内首创。

科研人员在观察桥梁模型的风振试验。

在实验的最后阶段,通过1:100全桥模型风洞试验中,专家证实大桥整体抗风稳定性能优良,几乎不可能发生颤振等致使大桥倒塌的振动。但专家同时发现,大风在穿过"桥拱"后产生了一系列旋涡,这些旋涡激发了涡激共振,特别是施工阶段,"大桥"振动幅度可达几十厘米,这在施工阶段和成桥状态都是一种隐患。

发现这一隐患后,专家立刻开出药方,为大桥"涂"上一层"润滑油"——导风器,通过在大桥拱顶设置多个建筑膜结构以"导通大风"。相关试验结果表明,狂风经过这些"润滑油"就像汽车行驶于冰面,会加速离开拱肋。由于国外多座大型拱桥都是空腹式,不存在涡激共振的问题,因此这一方法目前也属世界首创。专家葛耀君介绍,目前卢浦大桥能抵抗12级强风的正面袭击。

这座桥,同济桥梁科研人员同样贡献至巨。《同济报》报道说:"我校土木工程防灾国家重点实验室承担了相关课题研究,李国豪院士、项海帆院士、范立础院士在实验检测过程中亲自指导,实验室尽遣骨干参与,保证了试验研究及应用的顺利进行,并形成了一系列显著成果。上海位于东南沿海地区,夏季受台风直接和间接影响，冬季受寒潮引起的大风影响很大，由我校土木工程防灾国家重点实验室主任项海帆院士审定、副主任葛耀君教授主持的抗风研究，在国际上首次提出并建立了涡振等效风荷载方法和涡振概率性评价方法，并成功采用分流膜方法有效控制了大桥风振；由重点实验室学术委员会常务副主任范立础院士审定、胡世德教授具体主持的抗震研究，率先采用二水平设防和二阶段设计思想，研制生产并采用了油阻力器，在实际应用中取得了良好的减震效果。这两项成果总体上达到世界先进水平。"

正因为同济的贡献，通车仪式，包括葛耀君在内，同济有4位专家荣获邀请。

如今，经过数十年的拼搏赶超，同济大学土木工程学院已发展成为国内同类专业中教学和研究实力最强的学院之一，目前院内设有建筑工程系、地下建筑与工程系、桥梁工程系、结构工程与防灾研究所和水利工程系5个系所，另外还有土木工程防灾国家重点实验室。现有教职工400余人，其中中国科学院院士和中国工程院院士5人、加拿大工程院院士1人，在校研究生指导教师220余人、正高级职称114人、副高级职称112人。现有9个博士点学科、12个硕士点学科、2个工程领域。设有土木工程博士后流动站、地质资源与地质工程博士后流动站。

因为杰出的工作成绩，2012年9月19日在韩国首尔举行的第18届国际桥梁与结构工程协会轮值大会上，项海帆荣获该协会国际结构工程终身成就奖。1929年创办于瑞士的IABSE是目前全世界会员国最多的土木工程类国际组织。该协会从1976年起，专门设立了国际结构工程终身成就奖，以表彰全世界在结构工程领域做出杰出贡献的专家。该奖项每年仅授予一名专家，1987年同济大学李国豪教授曾获此殊荣，2012年项海帆教授成为获此殊荣的第二位中国学者。

## "研究课题要有工程背景"

"要善于从别人的研究中发现问题。"这是范立础院士回忆老师李国豪对自己的教诲时说得最多的一句话,这句话其实就是李国豪自己经验的总结。

范立础说:"没有李国豪老师,就没有我的今天。"从李国豪老校长等前辈那里,范立础学会了从别人的研究成果中找出问题的方法,正是这些让他不断发现自己的潜力并保持了愈老愈真的幻想。他在演讲中对同学们说:"看教科书、别人的论文,就是要学会看出不足,看出别人的失败,因为所有人都只会把自己的成功写进去,失败是不会写的。而这正是后人要努力的方向。"他说,人一定要有思想,要会判断,判断错了没有关系,再改过来不就行了吗,关键是要有幻想:"说不定哪一天大家就能开着汽车从南美洲,沿着高速公路,经过巴拿马运河到北美洲,过白令海峡到亚洲,然后到欧洲。现在北欧好几个地方都有了跨海大桥,直布罗陀海峡也正在建桥,一路开呀开,开到非洲,绕着非洲大陆,到亚洲,回到中国。这一天会到来的!"❶

"做人要正派,做事要讲诚信。这是李校长对我们常说的一

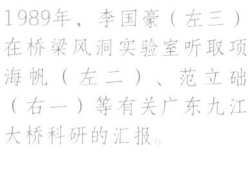

1989年,李国豪(左三)在桥梁风洞实验室听取项海帆(左二)、范立础(右一)等有关广东九江大桥科研的汇报。

1995年，李国豪（左二）在桥梁风洞实验室听取项海帆（左三）、范立础（左一）关于桥梁抗风科研的汇报。

句话。"范立础回忆说，李校长无数次以自己的身体力行告诉大家，一名合格人才，学会做人是根本。从建国前开始很长时间内，李国豪相继担任工学院院长、教务长，负责科研教学的副校长、校长，建国前还做过一个多月的训导长，可以说在工作中不得罪人是不可能的事情。

有趣的是，范立础记住老师的话大都是耳提面命之言。他清楚地记得有一年李国豪得知他一人带五六名博士生时，神情严肃地说："你有那么多课题让他们做吗？"

"先生的话醍醐灌顶啊！"范立础说，"没有工程作为背景，我们只能向壁虚构，那怎么行呢？"

正是因为有着众多重大工程作为背景，同济大学桥梁专业数十年来为国家培养了大量的人才。项海帆、范立础、石洞、陈艾荣、顾明、林志兴、方明山、葛耀君、陈德伟……他们或亲炙先生教诲，或是弟子的弟子，现都活跃在国内、国际桥梁领域。陈艾荣至今还清楚地记得曾受李国豪老师指导写的一篇论文，论文被要求前后改了十多稿，从观点到论证甚至连标点符号，老师都

❶《我是一座桥——记全国优秀教师范立础》，《同济报》2004年9月25日第二版。

一一圈改，毫不马虎。"可以这样说，桥梁系的论文列成表，就是一部中国改革开放以来桥梁建设的历史。而这是老校长带领我们一座桥一座桥踏踏实实做下来的。"陈艾荣表示，同济大学桥梁工程系的发展就是一部新中国的桥梁建设史，而这部历史的主角之一就是李国豪。

牢记从事科学研究须有深厚的基础、课题须结合工程背景的还有俞载道。

作为李国豪归国后的第一任助教，1947年春，俞载道认为李国豪的"言传身教对我后来走上科研道路启发很大、影响很深"。"见面共处没几日，他（指李国豪）就对我说，作为一名大学教师，仅仅能'传道、授业、解惑'还不够，还要培养过硬的科研素质，最起码要力争在大学毕业后5年内，科研起步并做出一点成绩来。"❶ 随后，李国豪就交给他几本刚刚出版的德文专业著作，其中包括他的博士论文、在《钢结构》上发表的论文，德国科学家的钢结构论文，要他逐篇认真阅读，然后从《钢结构研究纪念论文专辑》中挑了一篇名为"工字梁在集中力作用下的应力分析"的论文，让俞载道试着用不同于文中的方法来解决文中的同一个问题：

当时，我大学毕业不过两年多的时间，还从未接触到实质性的科研工作，不免有些心怯，但在他的鼓励和启发下，我前后一共写了3篇小论文，其中两篇是用德文撰写。尽管当时并没有打算拿出去发表，但对这其中的每一篇，李校长都极尽耐心地批阅、修改，当面给我指出不足之处，其要求之严丝毫不亚于对待要去发表的文章。这样耳提面命的教导，拨开了我心头的层层迷雾，使我开始对科学探索产生了浓厚的兴趣，并初步认识到了如何进行科研的思想和方法，令我终身受益。

1951年，冯纪忠教授为公交一场设计一个薄壳结构的车间，李国豪积极支持这个结构方案，随后命俞载道上图书馆查阅1935年首次在德文原版《钢筋混凝土结构》期刊中的"圆柱薄壳"论文，并举荐他参与到薄壳结构的理论研究之中，协助何广乾工程师完成这个新型结构的设计。"当时我刚升任讲师一年多，李校长就把这样一副重担压在我的肩上，从而使我对圆柱壳体结构计算理论以及传力情况有了一些认识。这也是他对我在工程设计方面的一个极有力的培养。"[2]俞载道回忆说，那以后，无论是被抽调参加鞍钢建设，还是从事土木工程结构的教研工作，岗位变化，但俞载道"挤出时间来做做结构的理论研究的兴趣一直保持着"。他说，正是得益于结构理论上的一些深入思考，"1959年在负责同济大学大礼堂的结构设计时，我采用了40米大跨度网壳这种新型结构"。大礼堂，是当时同类型结构的亚洲之最。礼堂竣工后两年，西班牙国际壳体协会还来函约稿，表示出浓厚兴趣。1999年，大礼堂荣获"新中国50年上海经典建筑"提名奖。同济园里，俞载道主持设计的建筑还有文远楼、青年楼、解放楼、图书馆等，结合这些楼宇的设计，他的结构理论研究亦渐入佳境。

长期从事钢结构、钢筋混凝土结构、高耸结构及地震工程力学方面的教学和研究的俞载道可以说是中国第一个研究动力学和随机振动的学者。即使在特殊的年代里，他仍坚守在科研第一线。1972年，天津筹建国内第一高度——250米电视塔，主体结构设计中，他第一次遇到了抗风、抗震这个全新的问题。在熬过了几百个日夜后，设计方案拿出来了，俞载道因此也成为同济大学乃至我国较早接触高耸结构的抗风抗震的学者。尽管后因唐山大地震，已打完桩基的工程最终搁浅，但他向未知领域迈出了重要一步。1977年，他主持上海市吴泾化工厂钢梁构架式汽轮空压机基础设

---

[1]《我科研起步的引路人——怀念李国豪校长》，《结构人生》（黄艾娇）同济大学出版社2007年版，第101页。
[2] 同上。

计，属国内首创，实测振幅2-3微米，如今它仍在安全运转。在上海吴泾化工厂30万吨合成氨工程的动力基础设计中，采用钢梁统底盘构架式，达到节省用钢量和运转良好的双重效果。参与"海上钢筋混凝土多用平台可行研究"，1985年获国家教委科技进步奖一等奖。著有《无线电塔桅钢结构》、《工程结构抗震动力学》、《随机振动理论及其应用》。而他担任《同济大学学报》（自然科学版）主编更是长近20年，"20世纪80年代，李校长要我同时担任《上海力学》及《同济大学学报》主编。""如果说，我这一辈子还做出了一点科研成绩，那也归功于李校长的搀扶和牵引，带领我朝着科学殿堂迈出了第一步！"

亲炙李国豪指点的俞载道在后学们的眼里究竟是怎样的一个人？项海帆院士回忆："1979年，我在赴德做访问学者前夕，李校长曾经邀请德国斯图加特工业大学波恩肖尔来同济讲学，一旁做翻译的正是俞先生，这样一件事情在我的脑海里留下了极深的印象，使我对俞先生的德语水平和学问根底有了更直接的认识。""'文化大革命'后，俞先生为全校很多专业的研究生讲授结构动力学的课程，记得整个梯形教室都坐满了人。我也去听过几次，感觉俞先生的课确实教得十分精彩，条理特别清楚，理论讲得十分透彻。""我指导研究生做桥梁振动问题研究的过程中，觉得随机振动理论愈来愈重要，为此我鼓励研究生去选修俞先生的课。俞先生的《随机振动理论及其应用》一书自出版后，一直作为研究生的参考用书沿用至今。我感觉这本书无论是前言还是引言部分，每一个概念都表述得非常清楚到位。书中在讲述基本原理时，也结合俞先生自己从事的工程例子来具体阐述，可读性强，我自己上课时还将其中的两章选来作参考。"❶

"俞先生在结构动力学理论研究方面的造诣十分精深，我曾请俞先生对我多届的博士研究生进行结构动力学方面的理论指导……美国科学家克拉夫（Clough）《结构动力学》可谓是经典之作，我的博士生回来就跟我说，俞先生要求他们认真阅读该书之后试着找出书中的不足之处。"范立础评价道："如此一来，学生首先就要将书中的基本原理吃深吃透，然后才能在此基础上进行更深层面的思考。这样的指导，对这些博士生一辈子做科研都是大有裨益的。"❷范立础院士的描述，让笔者立刻想到了李国豪，他就是这样教自己的学生的；李国豪从德式教育中获得这套育人方法，又把这套方法带给了他身边的年轻人，带给了同济的工科生们。"就拿土木工程来说，同济大学这一领域今天之所以能领先全国，也是得益于李校长、俞调梅、王达时、李寿康、郑大同等第一代，翁智远、俞载道、徐植信、孙均、朱伯龙等第二代，项海帆、沈祖炎和我等第三代同济人的不断传承、累积、续接而结出的硕果。"范立础说。

"每当说起李校长，老范的言谈话语里总是充满感激、爱戴、关切与敬畏之情。"《彩虹的脊梁》作者高陶描述道，老范怕李校长。问：为什么怕？"他像小学生般笑了笑，好像也说不清楚。'也许是怕老师说自己笨，说自己不动脑子……'"书中，高陶还采访了范立础的博士李建中。李建中"像自己的导师一样带着真诚的微笑"，"我读博士生的时候，范老师对我影响最大的一个是做学问，一个是为人。""范老师带学生非常有特色。一是他要求你独立思考，要求你看文献；二是他放手让你做。在你做的同时会详细地给你指导。他培养学生不但是知识，还有能力，他要求学生具备处理问题、思考问题、知识储备等综合能力。"

李国豪培养人才的经验被弟子们继承并发扬光大着。截至2002年，同济大学共有6篇博士论文获得全国优秀论文奖，其中3

---

❶ 《叶茂源自根深》，载《结构人生》（黄艾娇），同济大学出版社2007年版，第122—123页。
❷ 《学者风范 薪火相传》，载《结构人生》（黄艾娇），同济大学出版社2007年版，第124页。

1986年，李国豪（主席台左七）出席同济大学建校79周年校庆暨研究生院成立大会。

篇都来自桥梁系，他们分别是范立础指导博士生刘忠完成的《大跨径钢——混凝土复合桥梁的时间、几何、材料、温度非线性空间分析》(1999)、项海帆指导博士生张若雪完成的《桥梁结构气动参数识别的理论和实验研究》(2000)、顾明指导博士生周印完成的《高层建筑静力等效风荷载和响应的理论与实验研究》(2002)。

采访过程中，记者有一个强烈的感受，完成一篇高质量的博士论文，有几条原则是他们（指导教师）始终遵循的：一是博士生在开题之前必须尽可能全面地参阅世界上相关领域最新的文献资料，把握本学科国际上最前沿的研究动态，并从中寻找到自己论文具有创新性的切入点和突破口；二是必须有重大的建设工程为依托，从中选择一个作为学位论文的题目。这样不仅可以使研究的目的具体而明确，而且研究取得的每一个阶段性成果，都可以被实际所应用、所印证；三是大到一个系小到一个学科组，必须营造出良好的学术氛围，避免浮躁和科研过程中的浅入浅出；还有，指导博士生完成学位论文的过程中，导师明确自身的作用和定位也很重要❶。

### "要有国际化视野"

参加1998年金门奖学金授奖仪式的阮欣还记得李校长的"批评"。"那年我还在读本科二年级，为了祝贺室友获得金门奖学金，与他同去参加授奖仪式，李校长作为嘉宾也在座。首先是金门公司代表致词，他用英语发言，而他的助手则在一旁进行翻译。之后是李校长致辞，在用英语对来宾表示了欢迎和对获奖同学的祝贺后，他立刻严肃地对同学们说：'这样不行！这样简单的英语都要翻译，大家的英语水平怎么能满足以后学习和工作的需要，英语一定要多说、多用、多练！我看，就从今天开始！'当然，之后的议程就都用英语进行了，也不再有翻译。"❷在李国豪心中，外语作为工科学生吸收国际信息的工具，是必须要过关的，而国际交流则是提高科研水平的重要平台。

李国豪自己就是国际化工程教育的受益者。1929年入校的他首先学的就是两年德语。过关了，进入同济大学学习土木工程。本科阶段，骨干课程悉数为德籍教师传授，语言、思维都是德式的；毕业后，去德国深造。这样一来，在人生最为重要的成长岁月里（1929—1946年），李国豪沐浴的是欧风德雨，他的思维方式、行为方式自然都是德式工程思维模式；更加上，因易北河上的悬索桥计算而获得的"悬索桥李"的美誉，他站在了国际化的前沿，国际化对他来说，就像空气和水一样如影随形滋润着他的科学研究活动，两者须臾不会分离。

他任校长后，在当时诸多高校还在慢慢复苏之际，便着手迅速恢复德语传统，迈出了教学科研教育国际化的步伐。

1978年底，教育部决定恢复同济大学德语教学传统，李国豪

---

❶《谈优秀博士论文的指导——访博士生导师项海帆院士、范立础院士和顾明教授》（吴为民），载《教育改革与管理：研究生教育研究》2003年第一期，第14页。
❷《李校长的批评》，载2005年3月15日《同济报》。

李国豪（右）详细了解桥梁试验情况。

随即开始组建重点推进德语教学的外语系、留德预备部。

1979年3月，德国洪堡基金会邀请李国豪和叶景恩访问德国。"这本来是对两位20世纪30年代洪堡奖学金获得者的回访邀请，没有什么特殊要求。"❶ 在德国，李国豪心情急迫地介绍同济的实际情况和奋斗计划。李国豪的学术贡献为德国年轻人仰慕，加上当地媒体的宣传，一次普通的回访按照李国豪的心思演变成了"破冰之旅"。洪堡基金会认为，重续西德与同济大学的传统联系，首先要做的是德语培训，于是赠送语音实验室设备一套。

赵其昌回忆，"文革"后自己在路桥系做副主任，本来打算再赴德国波鸿-鲁尔大学做核电研究。李国豪校长找到他，希望能够帮着把德语这一摊弄起来。

随李国豪校长访德的赵其昌把这次访问称之为"开拓之旅"。

开拓之旅，不仅仅是打开门户，建立联系通道，同时，李校长还不遗余力地落实具体的实物和经济支援。合作关系确定下来后，同济大学当即获得洪堡基金会的许诺，捐赠给我校外语系语音实验室设备一套，使得外语系语音实验室成为当时上海最现代化的语音室。这也为后来"同济之友"的建立奠定了基础，"同济之友"由德国的大、中企业和知名人士组成，该组织后来多次捐赠先进仪器设备给同济大学，例如同济最早的计算中心设备，汽车实验室设备……多次资助同济大学师生到德国访问、进修。受他们资助去德国进修的德语师生就有数10名。

让赵其昌感动的是，"李校长还从德方提供的生活费中省下马克，为外语系购买了电子打字机和录音机等仪器设备。最后，将剩余的马克留在大使馆中同济工作人员处，供同济日后赴德项目使用"。

与此同时，李国豪设法组建起外语系、同时附设留德预备部和德国科技情报研究室（现德国问题研究所的前身）；紧急招聘教师，仅1979年德语教师就从4名增加到40名；大量购进当时市场上仅有的《简明德汉词典》以备脱销时应急之用；借用教室上课，同时加紧建造外语教学大楼，"效率之高，前所未有"。

为了准备与德国的大面积交流合作，从一年级新生中选拔了200名学员，从教师中抽调了18人，其中包括后来任校长的高廷耀教授，集中突击进行德语强化训练；紧接着，来自全国各高校拟赴西德的首批100名公费留学生3月底在同济接受德语强化训练；为了培养德语专业的专门人才，当年招收了本科生和研究生各18名；当年，力学和机械制图试用德语教材授课；为了营造德语教学氛围，3月份开始，全校广播德语教授《鲍曼一家》（*Familie Bauman*）……同济园中浓浓的德语学习氛围包裹着每一个人。❷

经过不懈努力，自1979年恢复重建德语教学以来，30余年间，同济已经为近10万名学员开设过德语课。20世纪80年代赴德

---

❶《同济德语复兴的设计师》（赵其昌）。
❷ 同上。

1983年,李国豪(第一排右)试用德国洪堡基金会赠送的语音设备。

的中国留学生一半是事先在同济接受德语培训的,同济新村当时也被戏称为"留德预备村",因为当时赴德交流的青年教师都住在那里。"自设立德语专业和留德预备部以来,同济已成为中国最大的德语人才培训基地和对德的科技窗口,我国留学生有半数经过同济的培训。同济每年的新生中也有半数以德语为第一外语。"❶ 曾任同济大学校长的吴启迪回忆:

17年来,同济已同德国的达姆施塔特工业大学、斯图加特大学、慕尼黑工业大学和波鸿-鲁尔大学等8所高校建立校际合作关系,另外还与9所高校建立了科研合作关系,获得德国联邦研究技术部和大众基金会合作研究课题17项,研究进展顺利。中德两国政府合作项目——上海CIM培训中心已在同济启动,职教培训中心、中德学院也将于1997年上半年启动。同济的污染控制与资源化国家重点实验室、波尔固体物理实验室、汽车与内燃机实验室、机械制造实验室、计算中心、校园网络等项目均获得德国资助,总价值1.4亿元。

不仅是德语，还有英语。中科院院士汪品先回忆改革开放初期海洋学院的英语及学制改革时说，海洋在全校比较早地邀请了国际专家讲学，并且根据专业的需要，较早地提出了加强本科新生英语教学的设想。我们向李校长汇报了海洋学科的特色和学习英语的迫切性，提出了海洋地质专业设立五年制、第一年主攻英语的计划，当场得到李校长的坚决支持。于是我们从1981年起，将海洋地质专业从4年改为5年制，第一年除政治和体育课外，专学英语，为学生后续的学习和毕业后的工作创造了优越的条件。可惜后来由于师资力量困难和学生急于就业等原因，不得不重回4年制，但是重视外语的传统，却成为海洋学院的特色保留至今。

要掌握发达国家的科研动态，就必须加强情报研究。1984年，肖友瑟奉调负责图书馆工作，校长江景波转达李国豪的意见，要他协助新引进的马大地老师，在原来德语系"德国情报研究室"的基础上，组建一个全面研究德国、开展对德交流的学术机构。1985年11月，同济大学联邦德国问题研究所成立，李国豪出任名誉所长。

名誉所长李国豪参加了所里20世纪80年代至本世纪初几乎所有重大活动和关键会议。1986年，在德国问题研究所成立一周年之际，《联邦德国研究》杂志创刊。李国豪名誉所长担任杂志顾问并为创刊号撰写专题文章《祝同济大学——中德友谊的桥梁——日益发展》。1987年，德国问题研究所又在《德国科教通讯》的基础上创刊《联邦德国信息》。1992年，中国与联邦德国建交20周年，《联邦德国研究》杂志社与德国驻沪总领事馆合作举办了"纪念中德建交20周年"征文比赛，10月11日，李国豪出席征文比赛颁奖仪式，为获奖者颁奖。1993年年底《联邦德国研究》杂志获国家新闻出版署刊号，杂志更名为《德国研究》。

---

❶《同济沧桑九十年》，吴启迪《我的大学工作》（同济大学出版社2012年版）第22页。

1985年，同济大学联邦德国研究所成立，李国豪（左二）出任名誉所长。

1994年3月18日，《德国研究》上海地区编委会举行会议，讨论杂志获得正式刊号后的编辑方针。李国豪参加了会议并讲话，认为创办《德国研究》杂志是非常必要的，中德两国都是世界上极有影响的国家，两国友好交往正日益密切，经济技术上的互补性很强，《德国研究》这个杂志在发挥桥梁作用方面必将越来越显示出力量。这次得到国家新闻出版署的批准注册，也说明了我国政府的重视和对杂志前一阶段所取得的成绩的肯定。同时，杂志也得到了读者、作者的良好反映。会上，李国豪对办好杂志提出了几点具体建议：第一，编辑方针应配合我国以经济建设为中心的重点；第二，现在的读者范围主要还局限于中国读者，今后要尽量在德国扩大影响，争取出德文版专刊，争取通过商会等有关组织机构资助一些经费，以扩大《德国研究》杂志和德国研究所的影响，加强中德交往的宣传交流；第三，可以开辟交往密切的重要德国企业的介绍专栏；第四，可采取评选或推荐优秀文章的方式征求读者意见，也可专程拜访著名学者权威征求意见，以提高杂志质量；第五，要想办法吸收更多的人参加杂志工作，要充分发挥同济大学的德语优势，编辑部主要是搞好组织工作，在方法上、观念上要有所改变。最后，还对德国问题研究所今后的研究方向发表了重要看法。他认为，研究所自创办以来已取得很多研究成果，但主要集中在科技及教育方面，今后要调整研究人员的专业结构，将研究重点转到政治、外交及经济领域，扩大同济大学在国内德国研究学术界的影响。

在李国豪的推动下，1996年《德国研究》杂志出版了中德双语的"《德国研究》暨德国研究所创办十周年专辑"，他专门为德国问题研究所、《德国研究》杂志创办十周年题辞："采石攻玉 成绩斐然"。

"在老校长的关心下，杂志的办刊水平不断提高，成为我校对德研究的一个重要窗口，在国内学术界受到好评。"亲历其中的朱绍中介绍，经过20多年的努力，2008年起，《德国研究》先后入选中文社会科学引文索引（CSSCI）来源期刊、全国中文核心期刊。

令人欣喜的是，同济大学今天已经融入国际化教学科研的全球大循环之中，在对德为主的合作基础上，发展为以对欧洲合作为中心的战略布局，拓展北美、辐射亚非，建立起有特色、全方位、主动型、高水平的国际交流与合作体系框架，形成了具有同济特色的国际化模式。与此相适应，学校先后建立了中德学院、中法工程和管理学院、中德工程学院、中意学院、中芬中心、联合国环境规划署（UNEP）—同济大学环境与可持续发展学院、联合国教科文组织（UNESCO）亚太地区世界遗产培训和研究中心（上海）、中西学院等8大国际合作平台。

与此同时，学校不断拓展与美国、日本、澳大利亚等国家的交流与合作，积极开展与国（境）外著名高校、知名企业的合作，目前已与200多所海外高校签订合作协议，与众多国际著名企业共建了研究中心。

### 大跨度桥梁的"开创性贡献"

一生好学，钻研学术不止，潜心教书育人不言歇的李国豪，以一个个重大工程为背景，在桥梁力学领域作出许多开拓性贡献，描绘一幅波澜起伏、恢弘壮阔的人生图卷。

项海帆总结李国豪一生对世界桥梁理论的贡献，将其分为大跨度桥梁结构中的空间和非线性分析方法、桥梁的稳定和振动问题两个方面。项海帆认为李国豪"都做出了开创性工作。"项教授将其总结为变位理论、结构稳定理论、离散杆系结构的连续化分析方法和桁梁弯曲与扭转理论、梁桥荷载横向分布理论及桥梁空间分析等几个方面❶：

**桥梁振动理论** 20世纪30年代，铁路桥梁在蒸汽机牵引列车通过时的强迫振动及冲击系数问题是一个十分热门的前沿课题，没有人想到要研究像悬索桥这种复杂结构的振动问题。他很快就弄清了悬索桥的自振特性，并且顺利地将用于梁式桥的振动理论移植过来，得到了满意的解答。

50年代，他又将悬索桥的振动理论推广应用于"拱桥振动问题"。

60年代，他承担了结构抗爆的研究任务。结构抗爆问题的本质涉及到钢筋混凝土地下防护结构的弹塑性振动力学，土动力学和爆炸波动力学等领域，这是一个尖端的非线性振动课题。他使同济大学逐渐成为我国防护工程和地震工程学科的研究中心之一。

1978年起，面对我国大跨度斜拉桥日益增多的新形势，李国豪从研究斜拉桥动力分析有限元法入手，又开辟了桥梁抗风研究的新领域。经过多年努力，培养了一批人才；在桥梁风振理论领域创造性地提出了"多振型耦合颤振"的新概念，澄清了国际上将悬索桥的颤振理论直接用于斜拉桥所带来的一些模糊问题；改进了颤振分析的试验方法和数值计算方法，不仅在国内居领先地位，而且引起了国际工程界的注意。

1988年，李国豪兴致勃勃地探索斜拉桥颤振后性能的问题，这是一个从未有人研究过的领域。目的是为了使斜拉桥这一经济合理的桥型向更大跨度发展，最大程度地发挥其抗风潜力。他的理论研究取得了有意义的成果，阐明了斜拉桥颤振后的振动之所以不迅速发散是由于斜缆索的"有效弹性模量"的非线性，而不是实际不存在的所谓"系统阻尼"作用的结果。

在结构振动的领域，他的贡献遍及抗车辆冲击、抗爆炸、抗震和抗风等所有方面。从基于变分原理的近似解析手段到有限元的数值解，他经历了计算机前和计算机后两个不同的时代。他不仅是驾驭经典手法的巨匠，也是运用新技术的能手。他始终站在学术界的前沿，指引着科研前进的方向。

**梁桥荷载横向分布理论及桥梁空间分析**　70年代初，李国豪下放到镇北黄河大桥劳动时，结合工程实际，分析比较已有方法的优缺点，提出了一种原理简单、又能概括所有其他各种计算方法的新的梁系模型。这一力学模型的特点是将桥面板沿纵向割开形成各主梁单元，同时将少数几根横隔梁的刚度分摊到桥面板中。在割开的板缝中忽略法向力和纵向剪力，只保留两个对荷载分布起主要作用的竖向剪力和弯矩。最后利用计算荷载横向分布的基本假定：即以正弦形状荷载代替实际的列车荷载，使计算实用化。通过模型试验，检验了方法的合理性和足够的精度，并进一步编制了便于实用的图表。新的梁系模型与实际桥梁最为接近，比梁格系模型的精度高，又克服了各向异性板模型需要来

---

❶ 参见《李国豪与同济大学》（程国政），同济大学出版社2007年版第285—288页。

1978年,同济大学结构理论研究所成立,成立大会上李国豪作专题学术演讲。

回换算的缺点,同时在计算中也反映了少数横隔梁的重要作用。对于常用铰接板和铰接T梁桥,只要进一步略去板缝中的弯矩即可。因此,1977年,李国豪的《公路桥梁荷载横向分布计算》一书的出版,就成了这一延续30年的传统课题的最后总结。

1978年,李国豪还发表了"拱桥荷载横向分布理论分析"一文,大大改进了当时在拱桥设计中普遍采用的平均分配法或刚性分配法等十分粗略的荷载横向分布计算。拱桥作为既受轴力又受弯矩的结构,有着不同于梁桥的荷载分布规律。在它的理论分析中必须考虑分割的相邻拱单元之间的所有内力。李国豪引伸对梁式桥的分析方法于拱桥,建立了这方面的理论,并以现场测试结果作了验证。1989年,他又进一步推广这种分析方法,完成了曲线桥荷载横向分布计算的研究。

在李国豪对桥梁空间分析的贡献中,应当特别提到他在1958年发表的"斜交各向异性板弯曲理论及其对于斜桥的应用"一文。他针对斜桥的实际构造，将正交各向异性板理论，通过斜交坐标延伸为斜交各向异性板的弯曲理论，使各向同性斜板理论和斜交梁格系理论成为它的两个特例。李国豪的这一开拓性的工作很快就引起了国外力学工作者的重视，并以"李氏理论"为名被学术界所引用。

项海帆总结李国豪能够取得这些成就的原因时认为："他特别注意理论联系实际，他的理论从不满足于推导和计算，总是力求以模型试验或现场测试来检验修改和证实理论的正确性。"

## 老同济人眼里的李校长

教育家李国豪一生育人无数，无论是亲身接受其言传身教的，还是耳闻其种种轶事的，作为同济人无不敬佩其严谨的学风、深厚的学识和报效国家的深厚情怀。

同济回迁上海后招收的第一届工学院学生袁国干，毕业后就留在了同济工学院（后来为土木学院），亲眼目睹、亲身经历了李国豪与工学院、同济大学风雨同舟、和衷共济的半个多世纪。谈起李国豪的教育思想，年过八旬的老先生如数家珍："理论必须联系实践"、"实践中发现问题，上升为理论，检验后再实践，没有工程实践，就没有真正的教学科研。他解决武汉长江大桥晃动问题就是这样的过程"。得知袁国干一年看一两本书，他说"太少太少，一个月一两本。"袁国干总结李国豪的教育思想说：

### 一、德艺双馨，敬业爱国爱人民爱专业

李校长正直无私，严以律己，敢批评，批评对事不对人，事业心重，责任心强，是非常受人尊敬爱戴的一位老前辈。

1. 上海解放前，对学生运动很支持，他也要求学好本领，报效国家。对进步学生被捕，四处奔走，反对开除学生会委员；

2. 治淮动员。当时大三学生有顾虑，他动员说："要服从

'一定要把淮河治好'。淮河无出水口，夺江出水。国民党时期十年九荒，毛主席提出这个要求，我们学生要树立为人民服务的思想，一方面提高自己的工程实践能力，同时治好淮河也是一件造福人民的好事，治淮为子孙造福，功在千秋。"

3. 治学严谨。上课认真，亲编教材。建国初期无桥梁设计规范，他编写、油印出版《钢结构》、《钢桥设计》等书；主编《中国大百科全书（土木卷）》，《序言》三易其稿。

4. 同济复兴的最大功臣。同济在解放前是国内名校之一，日本侵略，八易校址；1946年复员沉船，设备损失惨重，大伤元气。1952年院系调整后变为单科性大学，这损失比抗战时的损失还大，国内外名气一落千丈。李校长的"两个转变"救了同济。

## 二、办好大学的思想

1. 师资培养

① 注重师德，打好基础。除了要有好的师德，业务上要求精益求精，打好数学、力学基础，为青年教师办提高补习班，樊映川《高等数学》就是重要教材之一，亲授《桥梁稳定与振动》。

② 重视教材编写，注重教学法。他亲自编写《钢结构》、《钢桥设计》等教材；他认为教学不能抱着走，要培养独立性、创造性学习能力，要给学生"一张地图"。

③ 要博览新书。他认为教师不能以能讲教科书为满足，一个月至少要看1-2本新书。

2. 要教学科研一起抓。科研很重要，可提高教学质量，可接触新事物，可谓生产服务。

3. 教授要上课，不能以搞科研为满足。他当了校长后，还亲自上课。

4. 要理论联系实践，有社会责任感。土木工程学科先是从人类实践开始的，造桥、造屋、开河……然后上升为理论，再从理论联系实际，验证理论，发展理论。

袁国干深情地说："武汉、南京长江大桥，宝钢工程，洋山深水港，李国豪老校长都为后人作出了很好的榜样，既对国家、社会作出了巨大的贡献，又为学校提高了知名度。"袁国干的言辞中，我们可以清楚地读出一个人的学风、品格对一个学科、一所学校，乃至国家的深刻影响。

在夫人林凤棣（20世纪50年代就读土木学科）的眼中，李国豪是一位"勤奋好学，时刻不忘学习，活到老，学到老"的科学家。每天看报纸、听广播，看新闻联播，"新闻中报道的某某国家、某某地区发生地震、海啸、水灾，火山爆发；某地建造了铁路、隧道、桥梁……他会马上查阅世界各地的地图，确认区域、位置，搞个清清楚楚、明明白白才行。哪怕是在报上看到不认识的偏僻字，都会立刻查《新华字典》，因此在我们家里，世界地图、中国地图、《新华字典》会放在固定的位置，以供他随时查阅"。他还不停地学习新的外语，"至年近九旬，他还买了《法语三百句》，还学习西班牙文、韩文等。有一次接待法国客人，李校长用法语致欢迎词，法国朋友很高兴，立即有亲近感，交流气氛融洽"。20世纪90年代，80多岁的李校长又开始学电脑，汉语拼音、笔画法，"凡是掌握电脑知识、技能的人，他都虚心请教，后来发E-mail、电脑写文章都学会了"。

## 桃李满天下

2003年9月10日，上海市隆重举行庆祝第19届教师节暨首届"上海市教育功臣"表彰大会，两院院士、同济大学名誉校长李国豪成为上海市首次评出的9位教育功臣之一。

这年的4月12日，学校为李国豪举办了隆重的90华诞庆祝大会。同济大学李国豪院士的弟子、弟子的弟子，还有熟识和不熟识同事们济济一堂，会上，李国豪壮心不老："假如把一年当作一日，把今天当作礼拜天的话，我算了一下，下个礼拜有很多重大的喜事：礼拜二就是2005年，上海深水港第一期工程完工；礼拜四就是2007年，同济大学百年校庆；礼拜五就是2008年，北京举行奥运会；礼拜天就是2010年，上海举办世博会。所以我预祝各位，工作顺利，身体健康，在下个礼拜的许多盛会上，我们再见。"全场报以暴风雨般的掌声。

李国豪十分注意培养学生踏实严谨的学风。

曾任同济大学副校长的翁智远先生回忆大学生活时描述道，时为系主任的李国豪在入学仪式上的讲话：做学问，好比是造桥，桥基不稳，地动山摇。工科学生一定要扎扎实实打好数学、物理、力学等基础，再艰苦也要咬牙挺过来，千万不能做"思想懒汉"。

1950年留校的翁智远经过长期的弹塑性力学、板壳力学理论积累，从70年代初期起，在核反应堆结构力学方面开始了开拓研究。翁智远的研究同样以国家重大工程——秦山核电站为对象，探询核反应堆安全壳的力学研究。从此一发不可收，弹塑性理论和板壳力学的动力问题、结构与连续介质（土壤、水）动力相互作用等研究无不延续并光大着李国豪倡导的科研、教学理念，他也走到了这一领域的国际前沿，担任了第十届国际反应堆结构力学科学委员会委员。2005年8月，翁智远指导弟子鲁亮开展"座式快堆钠池在地震激励下流固耦合相互作用"研究获得"第十八届国际反应堆结构力学大会青年奖"。

德国同济校友会名誉会长余安东撰写的《我的科研引路人》回忆说："1955年，在我们刚考进同济工民建的新生心目中，李国豪教授是一个偶像，神秘而遥不可及。1974年，上海器皿一厂升板施工中发生倒塌事故，人命关天，学校派我参加调查组。当时有人说全是施工质量不行，有人甚至认为是阶级敌人搞破坏。

2003年4月,李国豪(前排左二)90岁生日与弟子、学生在一起,前排左三为项海帆、前排左一为范立础。

我仔细了解了情况,认为是当时流行的设计方法对理论有误解,造成群柱失稳。我到校图书馆找来一大堆书恶补稳定理论,提出了事故原因的独特见解和新的升板群柱失稳计算方法及施工措施,但心中没底。当时我住在村二楼,国豪老师住在村三楼,他刚从'牛棚'被放出来,比较'闲'。那天我见他在楼下散步,就赶去鼓起勇气向他请教,他居然不像我想象的那样高不可攀,和蔼地邀请我到他家里去详谈。听了情况和我的见解,他指出群柱失稳的思路是对的,鼓励我大胆坚持,并作了指导。后来经过与建研院张维狱老师等合作,群柱稳定理论终于成为升板设计规范的主要内容。以后全国按新规范建造了几百万平方米升板结构,再也没有出事。"

"这也成为我毕生致力于科研的开端,而引路人还是国豪老师。"如今已在德国安家的余安东仍然为李国豪的二阶理论在德国教科书里的地位而高兴:"我们都为中国人出了个李国豪而自豪。德国土木界因国豪老师而对中国人有好的印象,达姆施塔特工业大学更对同济人特别友好。李国豪就是进入该校名人堂的极少数学者之一,有很大篇幅介绍他的业绩。"

统计显示，同济桥梁与隧道在60年的时间里，培养出了2709名本科生、333名专科生、149名函授生、755名硕士生、315博士生和50名博士后，4300多名毕业生中产生了一大批杰出的科学家、教育家、企业家和工程师，其中著名专家30多名、两院院士7名。李国豪、孙钧、钟万勰、陈新、项海帆、范立础、梁文灏……他们都是同济桥梁与隧道的杰出代表，是我们引以自豪的学界楷模。

# 第七章 战略科学家

**南京大桥，李国豪提出钢桁梁方案**

武汉长江大桥建设，技术顾问委员会只开了一次会议，李国豪如是回忆。

1955年2月3日，"铁道部武汉长江大桥技术顾问委员会"成立。茅以升任主任委员，成员有罗英、嵇铨、周凤九、金涛、王竹亭、王度、陶述曾、蔡方荫、杨宽麟、顾宜孙、余炽昌、钱令希、李国豪、李学海、张维、刘恢先、黄文熙、俞调梅、谷德振、陈士骅、梁思成、鲍鼎、汪季琦、赵祖康、李温平、华南圭等。2月6日~8日，技术顾问委员会在武汉召开会议，对大桥建设进行研究讨论。李国豪所说的只开了一次会议，指的就是这次。

继新中国的第一座"国"字号大桥之后，李国豪的名字就不断出现在祖国各地桥梁技术顾问委员会的成员名单上，建南京长江大桥时他担任了顾问委员会主任。事实上，武汉长江大桥还在建设中，大桥局就开始为建造南京长江大桥搜集资料了。1956年，铁道部大桥工程局着手进行南京大桥桥址的选择、地质勘探和测量工作。彭敏回忆说：

南京大桥的设计工作是与武汉建桥工作交叉进行的。1958年，南京大桥的设计草案完成。同济大学、中国科学院、地质研究所、哈尔滨工业大学、大连工学院等单位的全国著名桥梁工

历任上海市科协主席合影,从左至右杨福家、翁史烈、苏步青、谢希德、李国豪。

专家、学者李国豪、张维、谷德振等人参加了设计工作,主管设计工作的是大桥工程局的总工程师梅旸春。当时还成立了南京长江大桥技术顾问委员会。同年10月,在武汉召开了长江三大桥技术协作会议。近百人济济一堂,根据勘测资料和初步设计方案,讨论在南京长江江面上如何建造一座比武汉大桥还要好的桥。与会者建设社会主义的热情,融洽无间的气氛,探讨问题科学的、实事求是的态度,以及为国家建设主动承担任务、争作贡献的动人情景使我至今难忘。

　　南京长江大桥的开始建造是在中苏面临破裂之时。因此,铁道部大桥局起初对建设南京长江大桥信心不足,还想聘请苏联专家或顾问来指导施工,并向铁道部党委打了报告。但没过多久,铁道部副部长吕正操来到了大桥局:"不请外国专家顾问,中国人自己能不能建好这座大桥?""大桥局如果有困难,可以集中全国的技术力量嘛。要有自力更生、奋发图强的精神。"❶事实上,南京长江大桥的技术协作就是全国一盘棋的最好注释:

　　全国数十家单位参加了南京长江大桥的设计、施工及科学研究工作,主要有:中国科学院技术科学部(钢梁和基础研究)、中国科学院工程地质研究所(选线、基岩性质研究)……唐山铁道学院(桥式方案研究),大连工学院(桥式方案研究)、同济大学(桥式方案及振动研究)❷……

全国有数十家单位参与大桥的各项研究。紧接着，1958年12月底，在武汉又召开了第二次南京长江大桥协作会议，200多人参加会议。会上，各参与协作单位拿出了各种大桥方案："有的是原版图表，有的是经过勘测设计处加工重新绘制成的挂图，把汉口饭店的会议厅四面墙壁挂得满满的。在众多方案中，我记得有李国豪教授提出的大跨度钢桁梁方案；钱令希教授提出的以钢索拉吊的钢梁方案；刘恢先教授提出的先架立空心钢壳拱，然后灌注混凝土的大跨度拱桥方案；大桥局提出的160米钢连续梁米字桁梁方案……真是群英荟萃，百家争鸣。"❸ 最后，综合考虑技术条件、钢梁施工以及降低造价等因素，最后确定南京大桥上部钢梁采用米字型连续钢桁梁，跨度为160米，比武汉长江大桥超出32米。

会上，大家对梁式及跨长争论激烈，不少专家提出"大跨度柔性拱桁方案"，但未被采纳。此方案后来被九江长江大桥采用。王序森《大桥工程建设回忆》❹：

在这次会上，刘恢先提出的钢壳混凝土肋拱、钱令希提出的多腹杆桁及用悬索加固的钢桁，颇有新意，并列为比较方案。杨廷宝对古河槽处设简支单孔提出不影响全桥建筑外观的肯定意见，李国豪没有提出个人方案，表示支持大桥局设计组方案（即钢桁梁方案。按：王记忆有出入），这些都对推荐结论的形成起到了作用……彭敏提出的依靠群众力量完成南京大桥初步设计方案的想法，得到了同济大学、长沙铁道学院的支持，他们结合毕业设计将应届毕业生分配到了大桥局勘测设计处工作。

❶《实现历史的跨越》（宋次中），载《跨越天堑——南京长江大桥建设纪实》第8-9页。
❷《中国桥梁史上的丰碑》（陈琼 严玉昌），载《跨越天堑——南京长江大桥建设纪实》（东南大学出版社1996年版）第29-30页。
❸《团结协作奏凯歌》（李宗达），载《跨越天堑——南京长江大桥建设纪实》（东南大学出版社1996年版）第60-61页。
❹ 载《跨越天堑——南京长江大桥建设纪实》（东南大学出版社1996年版）第35页。

王序森在文中说:"会议结束后,勘测设计处受命编写初步设计文件,李宗达形成文稿,李家咸提供比较方案资料,1959年9月完成,经铁道部审定,报国务院批准。制定初步设计方案的时间虽是短暂的,但它集中了国内外著名专家的意见,是集体智慧的产物。"

1958年年底的这次会议开得非常成功,李宗达在《团结协作奏凯歌》一文中径直将其称为"一次'三结合(工人、干部、技术人员)'的技术协作大会,是一次桥梁工程界的群英会"。

作为桥梁专家、技术顾问委员会主任,李国豪始终站在南京长江大桥决策的核心位置,从咨询、设计,到派学生赴大桥工地实习,到毕业进入桥梁建设工地,新中国的重大桥梁工程由于李国豪的参与,同济的师生有了更多的机会。

**科协主席李国豪:"对宝钢事业,历史将会作证"**

自2003年进入世界企业500强以来,宝山钢铁公司已经连续10年进入这一名单了。但是,谁曾想到这个给上海、给中国带来无数荣耀的中国钢铁现代化程度最高的企业当初却命悬一线,差点下马。

把宝钢从死亡线上抢回来的科学家名单中,就有李国豪。

1978年12月23日,宝钢在上海宝山县的长江沿岸动工兴建。

宝钢工程由邓小平亲自拍板,其耗资之大、技术之复杂,在百废待兴的20世纪70年代末极其引人注目。宝钢打下第一根桩的那天恰逢党的十一届三中全会公报发表。一切都预示着宝钢建设会很顺当。那时,宝钢工地汇集了9个勘察院、12个设计院和10个建设公司参加大会战。

毕竟是一个投资百亿元的国字号项目,在当时国家财力非常有限的时代背景下,为了确保宝钢建设不走弯路,时任上海市科协主席的李国豪力主成立顾问委员会。有关方面采纳了他的建议，选择了20余位科技界、经济界专家学者组成了宝钢技术顾问委员会，李国豪任首席顾问。这是1979年末。

宝钢从打下第一根桩开始，争论就愈演愈烈，"下马"的呼声越来越高。"我们上了日本人的当。""从外国运铁矿砂来炼钢铁，人力、物力、运费、时间合算吗？""国家还这么穷，拿出300亿来建厂，吃得消吗？""这么大的工厂，环保怎么搞？"……质疑接踵而至，尖锐异常，其间还夹着一些不怀好意的谣言。

宝钢厂址位于上海市北翼宝山月浦一带，北濒长江。江水从上游携带的大量泥沙，在长江喇叭口形成又深又厚的软土层。当年，宝钢是否建在软土地基上，一直是全国人民关心的问题，外界传言："花了几百亿投资，说不上哪天钢厂滑到长江里去，代价太高。"

针对这一特殊情况，根据日本的经验，采用软土处理技术——钢管桩加固地基是科学合理的。

1978年末，宝钢工程开始大规模的钢管桩加固地基施工和大体积混凝土基础工程施工，工程进展迅速。然而，在一次测试中发现，宝钢1号高炉与热风炉的轴线发生磕头位移，经进一步测试证实：各大分项工程都有不同程度的位移，特别是正在施工的初轧厂开挖工程，桩基位移尤为严重，竟达到300至500毫米，引起了宝钢指挥部领导的高度关注。

一天，某报社记者问王铁梦❶："听说宝钢发生地基位移，是否有此事？"王铁梦承认有此事，并给他举初轧厂位移的实例。这位记者立即写了一篇内参，送到了中央，其中的"宝钢初轧厂

---

❶ 王铁梦（1931-），满族，辽宁铁岭人，建筑工程专家。1955年大学毕业。1961年调入冶金工业部建筑研究总院，从事结构与地基基础研究工作。1978年起兼任上海宝山钢铁总厂和宝钢工程建设指挥部副总工程师，长期负责地基基础与超长大体积混凝土的研究与实践。

地基向长江方向以每天1毫米的速度滑动",震惊了国内外,传说宝钢要滑到长江里边去。党中央国务院十分关心宝钢地基位移问题,李先念主席亲自批文:慎重慎重再慎重,注意注意再注意,宝钢不能出岔子。宝钢指挥部每隔15天要向国务院汇报一次,同时我们要求日方提出桩基位移问题的处理意见。日方代表说:"日本也发生过类似位移,都在100至200毫米左右,没有像上海这么大。土是上帝造的,我也不敢说什么原因,怎么处理。"地质勘探部门利用陀螺仪检测出了8条钢管桩的位移曲线,送到了宝钢顾问委员会。

这事就发生在顾问委员会成立不久。不仅初轧厂,一期工程的高炉区、焦炉区和炼钢区建设工地均程度不等地出现桩基位移,最大的达到50厘米!各种议论与指责纷至沓来:"把工厂建在沙滩上,真是瞎胡闹!"《人民日报》发表《替宝钢算一算账》的文章更是把宝钢建厂选址是否恰当的质疑公开化了。

必须弄清楚桩基位移的真正原因。1980年6月,顾问们齐集宝山宾馆讨论桩基水平位移对策。翻来覆去、仔仔细细查看每一个桩基位置和周边环境,李国豪心里有了底:不是选址问题,而是由于附近开挖基坑引起土体移动,进而产生了桩基位移。顾问们认真讨论后,认为李国豪的发言很有说服力,均表赞同。

当夜,他就在宝山宾馆演算这种情况下桩的弯曲微分方程,直至深夜。翌日开会时,李国豪分析了桩基位移成因,提出理论分析方法和基本微分方程。同时,为了更准确地确定桩基位移成因,他建议宝钢工程指挥部做一些桩基试验作为理论计算的依据。于是,宝钢指挥部立即组织了由冶建总院、二十冶、上海基础公司联合试验攻关小组,王铁梦担任试验负责人,1980年7月18日开展了位移为361毫米的钢管桩承载力试验,又于7月22日进行了位移为376毫米的钢管桩承载力试验。当荷载达到设计允许荷载的1.5

李国豪（前排左二）在宝钢工地。

倍时，钢管桩仍然工作正常，尚未出现破坏迹象。

7月19日，宝钢建设总指挥叶志强送来第一份《位移桩载荷试验情况简报》，接着是第二份，结果正如李国豪料想的那样。7月底开始，李国豪顾不上天气炎热、独自一人在家里参考宝钢建设指挥部的试验结果，写出了一份1.3万字的论文：《关于桩的水平位移、内力和承载力的分析》，对位移桩的承载力、需要加固的范围和合理的措施，作了理论上的分析和论证。宝钢几位副总工程师读过该论文后，都认为这是一篇从宝钢实际出发的高水平论文。他们说："论文解决了我们的大问题，而且很及时，因为我们过两天就要和日方谈判此事。我们增强了安全感，信心更足了。"那一年李国豪已67岁。

位移桩的处理，宝钢采用了李国豪的研究结果，节约了资金又缩短了施工时间。事后，日本专家来宝钢工地，仔细察看了桩基处理情况，得知是李国豪所为，纷纷竖起了大拇指。

可是，争论还在继续。1980年9月，五届全国人大三次会议上，有代表就宝钢问题向冶金部部长唐克❶进行了尖锐的质询。有的代表甚至在发言中说出了这样的话："宝钢决策者是千古罪人，应该从楼顶上跳下去！"

其间，"渤海二号"海上石油钻探平台倾翻事件正闹得沸沸扬扬，石油部部长被罢免，国务院副总理康世恩也因之受到公开处分，被报纸公开点名批评。

此时的宝钢真可谓是火烧油煎，前途渺茫。

一波甫平，一波又起。桩基位移刚得到处理，中央要对国民经济进行调整，提出基本建设必须压缩。1981年初，政府有关部门提出：宝钢"两板"（指"热轧板"和"冷轧板"）退货；二期工程停建；对一期工程进行论证，做好政治思想工作。归纳起来两个字——"下马"。

宝钢何去何从？！

1981年1月中下旬，国家计委在宝钢召开会议，要求贯彻调整方针，论证如何搞好调整，减少损失。面对宝钢生死存亡的大问题。与会的李国豪和顾问委员会的其他成员也和宝钢人一样坐不住了：已经投了几十亿的项目怎么说停就停了？这是实事求是吗？宝钢建设真的非停不可吗？！李国豪和顾问们对宝钢做了认真细致的调查，向各部门了解情况后，比照了历年来一次又一次的政治运动，比对了自己对所了解到的经济建设、经济运作情况，再三斟酌。在那个非常时期的日日夜夜，这位年近古稀的老人经常失眠，冬夜里常常一个人披着棉大衣在窄小的卧室转圈。思来想去，李国豪最终决定实事求是、坦率直言，为国家、民族的未来謇謇谔谔，放手一搏！

《宝钢志》记载了李国豪这篇关乎宝钢生死存亡的发言记录：

首先，中央有关部门先定下停建一期工程，再来论证。这是程序颠倒了，不恰当，应先论证再决策。

我国在以往经济建设中的教训很多。1958年大炼钢铁"大跃进"是错误的。1978年一次人民代表大会上，提出要年产6000万吨钢，建设10个大庆，是没有科学根据的，这又是错误的。对于经济建设，如果忽视了科学，只能是决心大，成功少。这次中央调整宝钢是否作了充分调查？现在有一风吹的情况，很是令人不安。20多年的教训，大起大落不好，宝钢不能如此，对宝钢要算经济账，政治账也要算。

算经济账，现在不能从零开始，而是要从宝钢目前的现状算，上要花多少钱，不上要赔多少钱，应想到已花的投资和合同的赔偿等因素，现在不应从零开始算。算账还不能只算宝钢本身，还要算与宝钢有关的全国各厂的账。宝钢不上，其他的厂要停工。工人空在那里也要成问题，也会造成不稳定的因素。

第二，不要孤立地看宝钢，要从上海、从全国来看，全国一盘棋。不顾客观现实，浮夸提6000万吨钢是不对的。但现在放（弃）了宝钢，日后将会感到是错误的。今后我们的国家还是要向6000万吨、一亿吨钢发展的。

第三，一期工程不能下，二期工程也不能下，这是宝钢的两条腿。原来设计两条腿，是一套。现在是要想法把一套搞好，不能只搞半套。一条腿不能走路，技术、经济上不合理，是错误的。

对宝钢事业，历史将会作证。

"李老师发言结束，全场鸦雀无声。"亲历这一历史时刻的张浩波（时任宝钢工程指挥部副指挥）回忆说："不过，我从他老人家铿锵有力的广东普通话和自信的表情中看到了宝钢的希望。"

1985年5月，李国豪（前排右一）在宝钢工地。

---

❶ 唐克（1918—），江苏盐城人。1938年，参加新四军。1947年，任黑嫩省企业管理局局长、东北经济委员会工矿处经理部主任。1950年，任中央人民政府燃料工业部石油管理总局副局长，后在北京外语学院俄语系学习。1977年6月，任冶金工业部部长。1985年，任中国国际信托投资公司副董事长，两年后改任中国康华发展总公司董事长。

宝钢生产车间一角。(摄于2008年)

接下来,大家纷纷抢着发言,或重申他的观点,或补充一些事例,无不表示支持。在李国豪发言的基础上,顾问们逐渐形成了共识,成为集体的建议,即对宝钢工程采用"缓中求活"的方案,提供中央作决策咨询方案。

方案受到极大的重视。随后,上海市委和国务院领导都认为李国豪言之有理而加以赞赏并采纳其意见。当时作为上海市分管宝钢工作的市委副书记、副市长并兼任宝钢党委书记,力主宝钢建设继续进行的陈锦华感慨地说:"国豪同志的意见给了我很大的底气呀。"

宝钢工程在停顿了一年后又继续开工了。这年8月,国务院作出宝钢一期工程续建的决定。

"水源问题,主要听了李国豪教授的意见"

7万建设大军又在上海的长江边上热火朝天地干了起来。

可是,问题又来了。

1978年开始建设的宝钢,是当时我国从外国引进的最大的钢铁企业,全部由日本新日铁钢铁公司设计。水是钢铁厂瞬息不能间断的资源,而且用量很大。新日铁在设计中提出的12项水质指标，长江水都能满足要求，唯有含氯离子一项枯水期受咸潮干扰有时超标。对氯离子含量这项指标，新日铁强力坚持，不肯让步。因为有串接循环水、软水、纯水等多种水，故工艺上对氯离子的要求较高。此外，还有对设备的腐蚀问题。经过与新日铁三个阶段的艰苦谈判，最后新日铁让步，确定含氯离子量最高不得超过200毫克/升，年平均含量要小于50毫克/升。中日双方达成了以下共识：认定长江水在5至10月为丰水期，水质完全合格，11月至翌年4月为枯水期，水质不合格。即半年合格，半年不合格。在枯水期宝钢附近没有合格的水源。宝钢水源解决的办法是丰水期用长江水，由新日铁设计，取水泵房设在宝钢自备电站水泵房内。枯水期的水源新日铁提出海水淡化，每天需要淡化海水8万多立方米，投资大、耗电高，制水成本高，因而被否决。新日铁主动放弃枯水期水源的设计权。枯水期水源改为淀山湖水源。

淀山湖又称薛淀湖。位于上海青浦县西，距市区72.5公里，邻接江苏省。湖呈葫芦形，面积63平方公里，为杭州西湖的12倍，水深约2米，并与黄浦江、吴淞江相通。古代曾是陆地，秦、汉时沉陷为湖。湖中原有淀山，湖名即源于此。淀山湖水碧澄如镜，沿岸烟树迷茫，一派浓浓的江南水乡风光，是数百万上海人民的水源地。但严峻的是，1979年长江上游干旱，上海市这一年也发生了春旱，淀山湖水量也大为减少。为了满足工农业和航运的需要大量从长江引水，淀山湖水含氯离子高达251毫克/升，年平均为89毫克/升，淀山湖水质也不合格了。

1978年筹建的宝钢给水工程，生产用水量不仅规模大，而且按照日本方面的要求水中氯离子浓度指标最大不得超过50毫克/升。当时国家建委组织全国有关专家对宝钢生产用水的水源选择进行研讨。提出淀山湖引水方案，并施工了一段。

但是，由于淀山湖也存在氯离子超标问题，长江水又有半年不能用，宝钢建设指挥部召集顾问们齐聚静安宾馆讨论此事。在宝钢附近无合格水源和避咸取淡节节上溯的思想指导下，提出把水源上溯到太浦河上的金家坝，距淀山湖水源16公里，这样一来就增加投资近2000万元。经过讨论后，顾问们认为金家坝的水，实质上是太湖的水。因为那时黄浦江和太湖相连的太浦河尚未挖通，挖通后金家坝的水就和黄浦江连起来了，遇到特大咸潮入侵，水质也会受到咸潮侵袭，以致水质不合格，和淀山湖的情况一样，遂未通过。

1980年底，宝钢工程缓建。那时为宝钢工程水源问题忙碌的还有当时的冶金部宝钢工程办公室副主任王中正，他利用这段时间对水源问题进行了深入的调查。他在《宝钢长江水源决策始末》[1]一文中回忆：

长江在枯水期究竟能否作为宝钢的水源地？衡量的标准就是新日铁提出的12项水质指标。这其中的主要矛盾是氯离子含量。调查从了解情况开始，先定性，逐步深入定量。

在经过查阅资料，走访设计、水厂、科研、水利、港务、规划、环保、工厂及有关部门和科技人员，考察现场，访问老乡等活动的基础上形成了以下概念：

1. 长江迳流水质符合宝钢12项水质指标要求，含氯离子10-20毫克/升。宝钢附近长江水质是以径流为主，潮汐只起干扰作用。只要取到通流水，水质就合格。在丰水期长江流量大，潮汐顶托不上来，径流占领了宝钢附近长江水面，长江水质合格。枯水期长江水质也有合格的例子。如：1975年11月至1976年4月这一枯水期通流水质只有两天不合格，据吴淞水厂1974-1980年小时水质分析，在7年之中有81%小时水质合格。这说明水质是以长江径流为主。

2. 落潮时可能取到合格水。宝钢处在长江的感潮段，长江迳流有大小，潮汐有强弱，它们无时不在交锋，在不同组合的情况下，出现了不同的水质变化情况。丰水期长江径流强大，潮流被阻，到不了宝钢附近，长江透流占领了江面，水中氯离子含量多在10-20毫克/升。枯水期在还流有时偏小的情况下，宝钢附近江面失去了丰水期的绝对优势。水质不稳定，波动很大。出现了一天24小时全部合格，24小时中有时合格，有时不合格和24小时全部不合格，甚至连续几天或多天不合格的情况，也出现过枯水期天天可取到合格水的情况，总之水质合格的时间长。一般在落潮后一小时左右就出现径流合格水，也就是在落潮时可以取到合格水。吴淞自来水厂8年每天24小时的水质分析，完整地体现了这一规律。

3. 所谓长江水质半年合格半年不合格，是不符合实际情况的。把水质截然分为两个半年是不科学的。枯水期需要解决的用水量不是半年的用水量，而是连续取不到合格水的天数的需水量。

4. 长江径流水质合格，只要排除咸潮干扰，就可成为宝钢枯水期的良好水源。

基于这些调查分析，王中正提出"落潮取水，蓄水保质"策略，确保长江水成为宝钢的良好水源。具体做法就是筑一座水库，将氯离子含量10毫克/升左右的长江水储入库中，库容根据合理的连续取不到合格水的天数需水量进行设计，保证枯水期长江水质不合格时使用。以确保宝钢生产。为了保证设计的最大连续取不到合格水的天数的用水量，必须经常保持库容饱满。当水库中水不满时就在落潮时提取水样进行化验，水质合格，即开泵取水以满库容。利用这一办法将流往东海的长江迁流截获并储存起来，使其成为水源。利用水库围堤，将库中蓄水与枯水期的咸潮隔绝开来，高壁分明，互不干扰。库外氯离子含量每升超过千毫克，而库内水质合格，保证宝钢枯水期的水质。用落潮取水以补

---

❶《中国软科学》1993年第6期，第14页。

库容的办法，库容可以大为缩小。

因为水源问题，那段时间，宝钢建设指挥部的马成德❶、陈锦华忧心如焚。

1981年5月，身为冶金部副部长、宝钢工程指挥部副总指挥的马成德又一次专程拜访了李国豪，请他召集顾问们开会讨论，论证能否就近从长江取水的问题。

此刻，淀山湖取水工程东大盈引水工地正在热火朝天地忙碌，因为宝钢一期投产日期日益迫近。

这年8月，一个热浪滚滚的日子，上海市建委和市科协组织了有40多个单位、百余位专家参加的论证会。紧接着市科协和宝钢顾问委员会又召开了有50多个单位、百余位专家参加的讨论会，主题仍是引水问题。会议还组织、布置了水中氯离子对金属设备腐蚀问题及如何防腐蚀的科学试验和调查研究。

李国豪一直关注着论证的进展。他认真细致地分析了各方面专家的意见，权衡利弊得失，以其一贯的科学态度坦率建言。1982年4月5日，他写了一封信给上海市副市长兼宝钢党委书记陈锦华，又到市政府陈锦华的办公室，当面恳切陈词，建议从技术、经济和发展考虑，采用江边筑库从长江取水方案。

最后，各方选择了李国豪与宝钢专家提出在长江边筑库蓄水以防海潮倒灌的长江引水方案。因为长江水稳定而充沛，又与上海市民用水无争，且投资少，还节省了运营费。

不久，陈锦华拍板决定采用长江引水方案。

长江取水引水工程的日取水能力为36万立方米，日输水能力为22.5万立方米。方案根据水源地附近实测水质变化资料与潮汐影响的规律，计算出每月至少能取水的天数，根据"避咸蓄淡，待机取水"的措施，最后确定水库设计容量为1087.7万立方米。为防止腐蚀，输水管外防腐采用二布三油环氧煤沥青涂层，外加电化学阴极保护，内防腐采用水泥砂浆涂层。

陈锦华回忆那段历史的文字收在《宝钢志》中：

宝钢引水方案先后有多种取水方案，每种方案都各有所长，都有反驳另一种方案的技术经济数据。面对这些众说纷纭、莫衷一是的建议，如何比较、选择？靠谁比较、选择？我感到各方案中都有好的因素，好多方案的设计者是我一向敬重的专家。但在最后决策时，我主要听了李国豪教授的意见。我从工作中感到，他的深厚的理论知识、丰富的经验、认真负责的精神、严肃的科学态度，使我在决策时感到心里踏实。后来实践证明这个依靠是对的。

从长江引水水库于1985年8月建成蓄水，9月及时为厂区输水。水库选定罗径江边江滩为库址。江滩广阔稳定，不受冲刷，200多年没有变化，在水下地图看负5米至0米之间多年没有变动。其地质和宝钢厂区相同，地耐力没有问题，渗透系数小，不占农田，是不可多得的库址。库址处江面距离约18公里，水库对长江航运、排洪都无影响。"宝钢长江水源'避咸蓄淡'设施，自1985年9月投产，截至1991年9月已为宝钢一期工程正常生产和二期工程安全投产提供了16 335万立方的淡水。特别是发挥优化取水、调蓄、预沉三功能作用后，水质比当初预见的优良，不仅满足生产需要而且有许多项目远优于水质指标要求。"[2]

宝钢水源地成了钢城一景。"在滚滚东流的长江之滨，出现了一池清水，微波荡漾，倍增景色：这就是宝钢水源之库。很多国家领导人参观之后，颇为赞赏，陈云高兴地为之题名为'宝

---

[1] 马成德（1919-2003），原名马骋德，奉天（今辽宁）营口人。北平大学肄业。1937年参加革命，同年加入中国共产党。建国后，历任鞍钢轧钢部党委书记、鞍钢总炼钢师，冶金工业部钢铁生产技术司副司长、司长，冶金工业部副部长，宝钢工程指挥部常务副总指挥、党委副书记。1982年离休后任冶金部咨询委员会副主任。
[2] 张元德 杨绍根《宝钢长江水源工程"避咸蓄淡"优化取水基本规律及应用》，载《宝钢技术》1992年第4期第16页。

山湖'。李先念为工程纪念碑写了'宝钢长江引水工程落成纪念'。"❶

此时的宝钢在顾问专家组眼里、在7万名建设者眼里比出浴的西施还美丽：纵横18平方公里的厂区，延伸到江中的1600米主原料码头……看着这一切，所有为她奔忙的人心里别提有多熨帖了。李国豪在《老知识分子的心声》中回忆说：

20世纪70年代末，为了加快现代化建设步伐，中央决定在上海宝山建设特大型钢铁基地。我当时担任同济大学校长，并被选为上海市科协主席。为了确保重大工程决策的科学性，中央和市委邀请上海市科技界、工程界的一批著名专家组成了"宝钢顾问委员会"，我被聘为首席顾问。1980年初，宝钢工地出现了桩基水平位移的严重问题。一位中央领导接连下达指示："千万不要出岔子"，"要慎重、慎重、再慎重"。日本专家提出了防止桩基位移加固的方法，但在计算方法上存在问题，而且工程量大、造价昂贵。情况发生后，应宝钢总指挥的邀请，我和顾问委员会专家们很快赶到宝钢，深入现场实地勘察。我们经过暑期一个多月的分析计算，向工程指挥部提供了《关于桩基的水平位移、内力和荷载力的分析》的研究报告，对位移桩的承载力、需要加固的范围和合理加固措施做了理论上的分析和论证。指挥部根据这个方案，采取积极措施，解决了桩基位移问题，不仅节约了大量投资，而且缩短了工期。

1981年，国家实行国民经济调整方针。社会上出现了一股"宝钢下马"的论调。当时，有关部门领导对宝钢工程作出批示："二期工程取消，一期工程下马，论证善后方案。"宝钢一时面临着上还是下的重大抉择。在宝钢工程调整论证会上，面对当时强大的舆论压力和有关部门领导的基调，我和顾问委员会专家们经过反复思考，提出了三个论点，坚决反对宝钢下马：

（一）宝钢不是从零开始，已经花了80多个亿，再投资20来个亿，就能建成一期；（二）宝钢下马，将会带来本厂和国内协作厂的大量职工失业，影响很大；（三）一期工程不能下，二期工程也不能下，这是宝钢的两条腿。❷

1985年9月，宝钢产出第一炉钢。

上海市委给顾问委员会的评价是："以他们卓越的胆识和认真负责的精神，向宝钢提出了大量合理化建议，不仅为国家节省了大量资金，而且给祖国赢得了声誉。"1983年，顾问委员会被评为上海市模范集体。1989年11月，顾问委员会成立10周年之际，宝钢赠送一块匾额，上书"风雨同舟"四个大字。

"由于宝钢的建设，使中国钢铁工业往前追了二十年。"2004年8月接受中国新闻社采访的原冶金部副部长、宝钢集团董事长黎明说。

**"发挥专家的作用，将会产生多么巨大的经济效益"**

宝钢建设中，上海市科协及科协的老专家们究竟是如何发挥作用的？

1978年12月宝钢破土动工后，上海市科学技术协会组织土木、建筑和水利等学会的40余名专家去实地考察。当他们获悉日方为防止矿石堆料场滑坡，要在80万平方米范围内打16万根20米长的砂桩时，专家们怀着对社会主义事业高度负责的精神，根据调查所得的第一手材料数据和上海多年工程实践的经验，向宝钢指挥部提出了"砂桩可以不打"的建议。先后于1979年3月和6月，向国务院和上海市委提出了《8千万元投资应当省下来》和《关于宝钢原料堆场地基处理问题的再建议》两份调研报告，引起了冶金部和上海市委的重视，有关领导分别同宝钢和上海市科协两方的

---

❶ 王中正《宝钢长江水源决策始末》，载《中国软科学》1993年第6期，第13页。
❷ 上海市政协"风雨同舟八十载"征文。

1983年4月23日,李国豪(右)与桥梁专家徐以枋在上海市六届政协一次会议上亲切交谈。

专家进行了座谈,并进行了论证,宝钢建设者也进行了实地试验,决定减少砂桩数目,为国家节省了3千多万元资金。报告的作者名单中,就有同济大学郑大同教授的名字。

这件事使宝钢领导看到了专家们为国出力的真诚愿望和他们的才智。1979年11月,宝钢领导同志亲自登门拜访市科委和科协领导,要求推荐各方面专家成立"宝钢顾问委员会",此时的科协主席正是李国豪。经过紧锣密鼓的筹备,上海宝山钢铁总厂工程指挥部《关于聘请顾问成立顾问委员会的决定》确定了上海市科协推荐的顾问,他们是:李国豪、周志宏、林万骥、王乐基、傅元庆、姚诵尧、孟庆元、张遵敬、徐以枋、俞调梅、郑大同、孙更生、童诩湘、何梁昌、吴钦伟、陈行祥、钱鹤、严东生、吴之衡、印均田、许景文、唐应斌、孙怀仁、钦关淦。确定由李国豪、周志宏担任首席顾问。后来,这份顾问名单又陆续增至31名。

《决定》确立顾问的职权包括"提出各种建议;审议各种重大科技问题;协助组织研究有关科技问题;参加宝钢的重要科技活动;从理论上帮助总结提高实践经验等。"为了便于顾问及顾问委员会更好地开展工作，指挥部还按照专业把顾问们分成若干小组，由宝钢有关同志分工对口。并且确定："顾问委员会全体会议原则上三个月左右举行一次，必要时随时召开全体会议。召开会议应有计划、有准备地集中探讨重大问题。在日常工作中，与顾问保持密切的联系。宝钢的同志应随时请教顾问，并向顾问提供各种情况、技术文件和资料。顾问也可随时深入了解建设情况，查阅各种图纸、资料，并给予及时的指导。"《决定》指出："顾问委员会是宝钢的智囊宝库，是宝钢建设过程中的总体组成部分。""上海科协和上海市各学会是顾问委员会的技术后方，宝钢通过顾问委员会，便于得到市科协各学会以及科技界的各方面支持与指导。"❶ 为了保证顾问委员会有效地进行工作，党委指定党委常委黄锦发同志主管这方面的工作，各分指挥部、各设计和生产单位、各处室，在工作上必须给予大力支持。这样一来，顾问们的工作热情被空前调动起来。

1979年的2月5日，宝钢建设指挥部在宝钢建设工地召开第一次顾问委员会全体会议，白发苍苍的科技界老前辈和年富力强的科坛新秀齐聚一堂，为宝钢的事业同心协力。时任上海市科委副主任的周克在大会上对顾问和一线科技人员的结合大为赞许，他在发言中说：

要理解专家们的心情，尊重他们的劳动，让他们分享胜利的喜悦。上海专家们想的是国家大事、宝钢的大事，他们希望自己的力量能用在刀口上。但须得理解他们的心情，尊重他们的劳动和工作价值，让他们心情舒畅，创造条件让他们把本事拿出来。在打砂桩问题上，市科协确实做了许多工作，当然市科委也是支持的，我开的两次会，大家的反映是满意的。砂桩问题不是节约了好几千万元么！郑大同教授、孙更生副总等40多名专家和宝钢

❶ 参见《宝钢志》及"宝钢顾问委员会"网页。

在宝钢的一次会议上李国豪（右）与朱镕基总理亲切交谈。

专家一起在工作上做出了成绩。在有关场合应该提到这些专家、教授们的成绩。为国家出了大力，有了成果，让大家分享胜利的喜悦么。

给顾问委员会专家们以应有的职权。这里顾问委员会是24个成员，实际不仅是24人，整个上海科技界都是宝钢的后备军。24人是上海广大科技界的精华。希望两支专家队伍真诚协作为宝钢服务，我们科委热切希望大家互帮互学，取长补短，共同提高。科学发展的规律告诉我们：科学愈向综合发展，越需要自己的知识加上别人的知识。因此，取才取智应该着眼全上海，甚至全国各地。

顾问委员会应该有什么职能？应该怎样工作？这需要探索，逐步完善．我建议是否可以初步这样设想，顾问委员会应该有五种职能：（1）咨询权。这包括接受提出的咨询和主动去咨询许多技术问题；（2）建议权。（3）审议权。对技术重大问题，应经过顾委审议，宝钢重大技术问题的审议程序应该包括有顾问成员的签署；（4）阅读一切技术资料权。对顾问委员会的成员，不存在什么技术保密问题。为国外技术资料向国内专家保密的蠢事，宝钢是不会做的；（5）视察权。顾委的专家们只要有时间和精力可以视察宝钢的一切工程设施。各个部门都应该把工程设施向他们敞开。

周克在讲话中特别指出："这里有一个问题，顾问专家们之间，如果在审议时意见不能取得一致，怎么办？我认为既不要和稀泥求同去异，也不要采取少数服从多数的办法。各个不同意见都可争论，不能统一时可由各人签署自己的意见，由宝钢领导倾听各方面意见作决策。"他说，"顾问委员会没有决策权，决策权属于宝钢领导。"

紧接着，顾问委员会主任李国豪发言，他回忆说："我曾在建造武汉长江大桥当过技术顾问，但只开了一次顾问委员会会议，技术问题完全听苏联专家的话，顾问委员会流于形式。在建造南京长江大桥时，完全由中国自己设计和施工，于是有一些技术问题需要请教国内的专家了。我担任技术顾问委员会主任，在铁道部召开的大桥技术鉴定会上，对大桥悬臂拼装时会不会侧倾失稳的问题，经过简单分析后，提出了无失稳危险的意见，使鉴定委员和工程技术人员放下了心。"他表示，建设宝钢"我们技术顾问作为局外人可以比较客观地提出意见，起到一些作用。有的当时就起作用，有的以后可以起到作用"。他认为："顾委会要搞好，首先要领导重视；二是顾问与宝钢专家要很好地合作；三是在具体问题上要发扬民主，倾听正确意见。"❶ 他在发言中指出：

我们顾问们只是提供一些参考意见。主要要请宝钢的同志们提出问题，我们大家一起来讨论、研究。我们还能起一个联系的作用，将上海市土建等方面的科技力量，生产、教学、科研三方面的技术力量组织起来，为宝钢建设献策。宝钢工程巨大，有许

---

❶ 参见《宝钢志》及"宝钢顾问委员会"网页。

多技术问题要及时总结,上升到理论。有些问题要通过一段时间的研究试验,这就要求宝钢领导给予支持。(叶志强总指挥插话:没有问题。)我相信宝钢工程不仅将胜利建成,而且将出经验,出理论。

时任宝钢建设指挥部总指挥的叶志强发言中提道:"陈云同志在今年上半年曾经对宝钢进行调查研究,提出了许多重要意见,其中一条就是'要依靠专家,发挥专家的作用'。固然要依靠和发挥外国专家的作用,更重要的是要依靠和发挥国内专家的作用。"他说,正是按照这一指导思想,在上海市委和冶金部党组的关心下,在上海市科委和科协的帮助和推荐下,征得各位顾问专家本人的同意,使宝钢指挥部所盼望的宝钢顾问委员会得以成立。

历史证明,宝钢顾问委员会不仅在建设的实际问题解决上发挥了积极的作用,在宝钢的生死存亡上更是力挽狂澜。

宝钢总厂整个工程的建设,包括外部配套项目,总投资为214亿元。以当时的全国人口计算,平均每人要为宝钢分摊20元。如此庞大的规模,如此巨额的投资,对当时尚处于恢复时期的中国而言,是一个巨大的负担。而且宝钢的建设刚刚开始,要到六七年后方能建成投产,产生经济效益的周期太长。

当时,中央为了解决宝钢项目是"上马"还是"下马",委托陈云对宝钢作出最后的决断。1979年6月1日,陈云在上海考察宝钢建设问题时,向当时的上海市革命委员会副主任严佑民、韩哲一等指出,宝钢的建设是全面提升我国钢铁工业的生产水平,并最终推动我国工业发展水平的一项重要举措。建设宝钢,中央已经下了决心,要搞到底,上海要肩负起责任,工作要一环扣一环,把建设衔接好。

回京后,陈云三次召开国务院财经会议,讨论宝钢问题,并在6月16日最后一次会上作重要讲话❶。

陈云说：宝钢是特大项目，对全国，对上海都关系重大，事关全局，投资很大，在200亿元以上。陈云提出了著名的关于宝钢工程的8条重要意见，其中第一条就是，宝钢的建设要"干到底……先这样定下来，举棋不定不好"。此外，宝钢作为我国"实现四个现代化中的第一个大项目"，将对我国今后大型项目的引进和建设起到示范作用。"对宝钢要有严格的要求，甚至要有点苛求"，宝钢的建设"只能搞好，不能搞坏……应该做出榜样来"；宝钢要下决心干下去，不要漏列项目等。

陈云特别强调：宝钢建设由国家建委负责，负责人第一是谷牧，第二是韩光，还有冶金部的叶志强（冶金部第一副部长兼宝钢工程指挥部总指挥），上海市的陈锦华（上海市常务副市长兼宝钢工程指挥部政委），要立军令状，搞不好要"斩马谡"。建设中要严格要求，甚至苛求，只能搞好，不能搞坏。

但是时间进入1980年底，当时的中央主要领导在主持中央财经领导小组会议（此时，陈云已从中央财经领导小组组长位置上退下来）讨论宝钢问题。会议决定，宝钢要"调整、退够、下好"。宝钢"下马派"不顾宝钢已投入103亿的现实，下马不仅还要继续增盖保管设备的仓库，国外后续到的设备还要继续付款，贷款还要照样支付利息，合同退货外方还会提出索赔，即使设备延期交付也要向外方支付保管费及考虑物价上涨指数……这些进口的设备如不用在宝钢，在国内哪个厂也难以对号入座，无法配套使用，只好白白烂掉。外方所应负的技术责任都将免责，也就是说100多个亿白打水漂，顶多就是一堆废铜烂铁，责任人都找不着。

在这次会上，谷牧拿着宝钢现场正在吊装高炉的照片说：问题是已经搞到这个程度，下马确实损失太大！

❶ 参见《同心协力建设好宝钢》，载"中国共产党新闻"网；《陈云与宝钢建设》，载2005年6月8日《解放日报》。

深感责任重大的陈锦华随即给中央写信,力陈"缓建宝钢,缓中求'活'"的思想。

但这并没有打消宝钢"下马"的冲动。1981年1月中下旬,国家计委的金熙英、国家建委的李景昭和中国社会科学院的马洪等,带了一批专家和有关部委的领导同志来宝钢现场,秉承国务院"宝钢工程下马"的决策旨意,召开走过场的贯彻宝钢下马论证会。

会上敞开思想,各抒己见。就在这次会议上,宝钢顾问委员会主任李国豪等委员们反应强烈,慷慨陈词,建议宝钢"缓中求活"。委员们甚至要求将他们的建议列入档案,载入史册,接受后人的检验。顾问委员会中的一位教授甚至说,如果宝钢要下马是因为资金问题,那么为了使宝钢不下马,他愿意到社会上去"沿街叫卖",为宝钢募集资金。

1981年2月10日,国务院再次召开宝钢问题会议。会上,马成德沉不住气了,站起来发言,约有10多分钟。他的发言中心意思有两点:1)表明宝钢指挥部坚决拥护调整方针的态度,提出为实现此方针所采取的措施,说明第三种方案施工不停不缓,1984年建成,1985年投产,损失最小;2)如果"下马",国内投资也需要15亿元(建设备保管仓库之类的),继续搞下去,只需要25亿元。

这时,主持会议的领导问马成德:"你的意思是,多用10个亿救活100多亿,少花10个亿,100多亿就付之东流了。"

马成德肯定地回答:"是这个意思。"

最后,马成德说:"如果搞得好,还可以节约2个亿。"

上级拨款要宝钢新建仓库保存设备,但新建仓库又谈何容易,因为有些器材设备需要在恒温恒湿和红外线照射条件下维护,有的还有时限规定。况且新建仓库就得再花一大笔钱,要再征地、设计、定构件设备、施工等,这又得花多少时间,多少钱?如果把这部分时间和钱用来建厂房，以厂房代仓库，把设备安装上去，"就位维护"和必要的"动维护"，这岂不是积极的维护吗！何况当时施工已进入安装厂房阶段。

宝钢建设一线的领导者马成德等一致认为不管采取什么方案，36万吨的进口设备的维护保管是头等大事，做了大量工作，包括解决了大量的保管技术问题，特别是对"大脑"、"心脏"部分，以后证明维护得很好。

在设备维护方案基本落实后，宝钢领导专门向国务院写了设备维护报告，请中央和国务院领导放心，并说明我们是能够负责到底，把宝钢的几十万吨引进设备维护好。

在宝钢领导马成德本着对国家高度负责，积极带领广大宝钢建设者贯彻"就位维护"和必要的"动维护"，力争把损失减小到最小的时候，也有不少流言蜚语袭来。有人说宝钢是口头说"下马"，实际继续施工；有人说宝钢和中央在政治上没有保持一致。这些都是上纲上线的，份量不轻，在当时的政治气氛下，宝钢建设者也不能无动于衷，思想不踏实不安定，压力很大。

1981年3月5~6日两天，谷牧来宝钢，听了马成德的汇报，查看了现场，表示同意指挥部安排的工作，认为指挥部贯彻中央精神是积极的，体现了积极对待调整方针的态度。谷牧还表示，回北京继续做有关方面的说服工作。

这时，马成德等一直不安的心情才始得平静下来。

宝钢终于获救了。中国科学技术协会网站上刊发的《宝钢顾问委员会智囊作用显奇效》一文评价上海市科协组织的宝钢顾问委员会的工作说："1978年12月，中国引进的特大工程项目上海宝山钢铁总厂（简称宝钢）破土动工。上海市科协组织40多名专家实地考察，所提建议意见获得很大反响。1979年11月，宝钢指挥部领导人亲自登门拜访上海市科协，邀请上海市土木、金属、机电、腐蚀、企业管理、技术经济等20个学会的30名专家,于当年12月成立了'宝钢顾问委员会',由上海市科协主席李国豪担任首席顾问。顾问委员会成立后的两年中,以高度负责的精神和严格的科学态度,积极参与宝钢重要决策和重大技术问题的讨论和论证,组织专题讨论80次,提出重大建议56项,取得巨大的效益。"

中共上海市委办公厅1982年有关文献中有一篇名为"宝钢顾问委员会的贡献和经验(摘要)"的简报。这份文献详细回顾了宝钢顾问委员会1979年成立以来两年多的工作,称:"他们以卓有成效的工作和敢于负责的精神为宝钢工程作出了重大贡献。"

文献中"卓有成效的工作"一节总结顾问们的工作:

顾问委员会除参加宝钢工程"总设计、总概算、总进度、总定员"会议、宝钢工程调整论证会和宝钢引水工程讨论会等大的决策外,平时还按专业进行活动,有专题审议、技术攻关、现场指导、书面建议和个别研讨等。据统计,两年来已组织专题讨论80余次,提出重大建议56项,进行个别咨询1000余人次。这些建议和咨询方案大部已被采纳。被采纳的重大的建议有:

(一)研究解决桩基水平位移问题。

(二)参加宝钢工程调整论证会,提出高水平的咨询方案。

(三)参加宝钢引水工程论证。一九八一年八月和一九八二年三月,顾问委员会两次邀请市内外专家进行长江口筑库取水的可行性研究。绝大多数专家认为,宝钢从长江引水在经济上、水量上都比从淀山湖引水好,水质也符合宝钢的要求,而且可以让出淀山湖的好水供市区人民饮用。现领导部门已采纳这一意见。

文章还专立一节,谈顾问委员会宝钢实践获得的重要经验:

(一)重大建设项目,特别是引进的重大项目,牵涉到成千上万个科学技术和经济问题,光靠建设单位的专家是不够的,有时甚至还会吃亏上当。因此，有一个由各方面专家组成的顾问委员会，对工程过程中的经济技术问题进行咨询，可收到事半功倍的效果。两年多来，宝钢顾问委员会以他们卓越的胆识和负责精神，向宝钢提出了大量合理化建议，不仅为国家节省了大量资金，而且给祖国赢得了声誉。

1998年11月，李国豪为上海市科协成立四十周年题词。

（二）顾问委员会要有合理的知识结构、智能结构和组织结构，才能处理好"专"和"博"的各类复杂问题。宝钢顾问委员会从知识结构看，学科门类比较齐全。自然科学方面有包括力学、土力学、建筑结构、炼钢、轧钢、自动控制、环保、腐蚀等十九个专业的专家、学者，社会科学方面有包括世界经济、政治经济和技术经济等四个专业的专家、学者。其中不少专家、学者是全国第一流的。从智能结构上看，教授8名、总工程师14名、研究员7名、局长2名。从组织结构上看，顾问委员会是相对独立的、群众性的科技咨询组织，不受行政系统约束，也不受个别领导人的意志支配，比较容易做到畅所欲言。顾问委员会设有秘书组，分别由宝钢和上海市科协干部兼任领导，便于做好组织协调及日常工作，确保顾问委员会工作的顺利开展。

（三）各级领导要尊重顾问委员会的工作，虚心倾听他们的意见。顾问委员会初建时，不少专家怕当"花瓶"，担心成为"御用工具"，对搞好顾问工作信心不足。通过一段实践后，专家们深深体会到各级领导对他们的意见十分尊重，态度极其诚

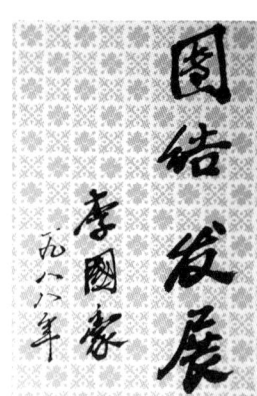

1988年，李国豪为上海市科协成立三十周年题词。

恳，相互之间逐步建立起了同志式的信任感，因而消除了顾虑，敢于坦率直言。

中共中央书记处研究室在这份《简报》上的批语："上海市委的这份材料说明，在经济工作中充分发挥专家的作用，将会产生多么巨大的经济效益。我们应当进一步做好对知识分子的工作，努力解决他们的实际困难，使他们的聪明才智得以充分发挥作用，为我国的社会主义建设事业作出更大的贡献。"随即将《简报》转发全国。

1986年7月，上海市科协根据宝钢顾问委员会的成功经验，又成立了汽车顾问委员会。为继续完善这种成立高层智囊机构的工作方式，1989年成立了包括自然科学、工程技术和管理科学等各方面学者专家的高级顾问委员会，时任上海市领导的江泽民、朱镕基等出席了成立大会。高级顾问委员会成立不久，就对黄浦江二期引水工程、上海市水资源问题和开发浦东的金融政策等提出了建议。

### "南浦大桥，中国人可以自己建"

"黄浦江上真要建桥了！" 20世纪80年代初，上海市决定修建连通浦东、浦西的大桥让上海市民兴奋不已。

1982年，上海市建委委托市政设计院进行南浦大桥的可行性研究，设计院以当时正在进行重庆石门大桥的经验建议采取400米的预应力混凝土斜拉桥方案，刚刚出任上海市科协主席的李国豪校长建议上海市科委委托同济也做一个可行性研究，这项研究的负责人就是项海帆。

一年后，两家方案均在广州举行的第三届全国桥梁会议上亮相。

可行性报告递了上去，可是几年都没有音讯。

1986年底,项海帆受日本桥梁专家伊藤学的邀请,从美国转道日本东京大学访问。

伊藤学介绍了日本正在进行的南浦大桥设计工作。原来,1986年副市长倪天增率上海市政府代表团访问日本,接受了日本提出的免费设计、低息贷款帮助上海市建造南浦大桥的建议,并草签了协议。日方组织了由设计、科研、施工单位组成的联合体,正在热火朝天地忙着!

回国后,项海帆立即找到李国豪。时任上海市政协主席的李国豪决定为中国人争到这次历史性机遇。

一次,市里各大班子领导聚到了一起,早有准备的李国豪走到时任市长的江泽民同志面前,原原本本地讲述了中国人自己建造南浦大桥的理由和已经做了的工作。"抽空到同济去看看,我们正在进行大桥的抗风试验。"李国豪建议。

1987年8月17日,江泽民市长如约来到同济大学,听取同济大学桥梁专家的汇报。

1987年8月17日,时任上海市长的江泽民同志来到同济大学,听取项海帆关于黄浦江桥风洞模型试验的汇报。

建设施工中的南浦大桥。

项海帆的汇报简明扼要,从结合梁方案到抗风、抗震研究进展,简短而条理清晰。

"自己来做有没有把握?如果做了一半再请日本人来帮忙收场,就更被动了。"江泽民面色凝重。

大家意识到还没有说服江市长。

江泽民同志走后,项海帆立即开始写信:"中国桥梁工程界完全有能力自己设计和建造像黄浦江大桥这样规模和技术难度的大跨度桥梁。""由外国人在国际桥梁会议的讲坛上演讲有关中国大桥的论文是难以想象的,中国工程界需要用实践来提高自己的水平。"

终于等到了好消息。

1988年初,上海市建委召开会议,南浦大桥建设的大幕拉开,由中国人自主建造,同济大学结合梁桥面的斜拉桥方案被定为实施方案。

1990年，李国豪（左二）在桥梁风洞实验室听取项海帆（左一）关于南浦大桥科研情况的汇报。

1988年冬天，刚刚成立的南浦大桥指挥部转来江泽民市长批复的复印件："我看主意应该定了，就以中国人为主设计，集思广益，至多请个把美籍华人当当顾问。"

江泽民的这个批示，启动了中国桥梁建设的一个新时代，一个从学习到全面追赶的新时代。大桥建设工作由副市长倪天增主持，同济大学除了参与部分设计工作，义不容辞地担当了科研项目总承包的任务。

1991年12月1日，南浦大桥通车。大桥总长8346米，主桥长846米，跨径423米，通航净高46米，桥下可通行5.5万吨巨轮。大桥是当时世界上最大的双塔双索面斜拉桥之一，呈"H"形的主桥塔高150米，刻有邓小平亲笔书写的"南浦大桥"四个大字。主桥设有6条机动车道，桥面总宽为30.35米，两侧各设2米宽的人行道，游人可乘坐电梯到达主桥。

日本桥梁界权威伊藤学参观后感慨地说："我们本来以为中国工程师不敢自主建设这一工程，但是你们完成了，而且做

同济大学科研人员在刚建成的南浦大桥上进行桥梁动载试验。

得很好。你们会了，我们就很难竞争了，按照你们的造价我们做不下来。"南浦大桥的造价不足日本概算的一半。雄伟的大桥飘逸、优雅地挽起浦东、浦西，近百年来上海人乘车过江的夙愿一朝实现。

南浦大桥为何采用斜拉叠合梁桥技术？1996年初，李国豪对采访者解释："南浦大桥的方案还是我提出的方案。当时上海市政设计院已经有了一个方案，为混凝土梁的斜拉桥，我的方案是叠合梁的斜拉桥。所谓叠合梁就是钢梁上面依列混凝土桥面板组合起来的梁。后来采用了我的方案，这个方案有什么优点呢？第一是桥面比较轻，这样基础就比较轻了，可以节省开支；第二是架钢梁比在现场浇混凝土梁要快得多，很多工作可以在地面上做。在黄浦江上架桥一定要在两个台风季节之间合拢，不然的话，桥的稳定性就要受到台风的影响，叠合梁造得比较快，能保证在第一年的9月开工，第二年的6月台风到来之前合拢。"李国豪说，"悬索桥和斜拉桥各有优点，悬索桥两边的索要有锚柱，上海的地基比较差，做锚墩就不经济了。像汕头的海湾大桥两边都是山，岩石上做锚墩就好做了，虎门大桥也是这

刚建成的南浦大桥。

样,所以那里就采用悬索桥。悬索桥的跨度比斜拉桥大,日本的悬索桥是1900多米,斜拉桥现在还没有达到这个程度,最大的跨度只有900多米(按:2012年通车的俄罗斯岛大桥为斜拉桥,中央跨径1104米)。"

南浦大桥工程获得1995年国家科技进步一等奖。

李国豪的突出贡献有两点:为中国人自主建设大跨度桥梁拉开了序幕,从此外国桥梁建筑公司全面退出中国;拉开了一种先进的桥梁技术——叠合梁桥梁技术在中国广泛应用的序幕。这对于我国桥梁工程建设和科技进步具有重要意义。

2008年9月17日,在河南郑州召开的第十届中国科协年会上,交通部总工程师凤懋润说:"在'五一'国际劳动节前夕和'七一'党的生日前夕,有两座世界一流的桥梁建成通车投入运营,一座是被国外同行称为建筑奇观的长36公里的杭州湾跨海大桥,这座大桥把上海和宁波联系在一起,缩短了陆路交通运输120公里。另一座是被国际上称为无与伦比工程的世界上首座跨径超过千米的斜拉大桥——苏通长江公路大桥。它把长江北岸的南通和长江南岸的苏州联系在一起,汽车运输只需5分钟飞渡长江。"[1]谈到中国桥梁公路的自主创新之路,凤懋润说:

我们应该记住在中国公路和桥梁发展过程中的三件大事,有历史意义的大事。第一件就是在90年代初,当中国桥梁的跨度已经突破了200米向400米跨度迈进的时候,桥梁建设者和领导者面对着中国人有没有能力建设400米以上的特大跨径的桥梁工程。在质疑和挑战面前,老一代桥梁工作者李国豪,时任上海市政协主席,强烈呼吁由中国人自己设计,时任上海市市长的江泽民同志作出了由上海市桥梁界合作建造南浦大桥的决策,使我们有了实践的机会,有了中国发展自己的桥梁技术的机会。1991年上海南浦大桥,中国第一座跨径423米的大桥建设成功。两年多以后世界跨径通过600米的杨浦大桥建成,当时是世界第一跨径大桥。两座特大跨径斜拉桥的建成极大地鼓舞了中国的桥梁建设者,掀起了全国建设跨越大江大河大跨径桥梁的热潮。

### "让外国人在虎门造桥是不可想象的"

这是笔者在网上输入"虎门大桥"和"景点"跳出来的文字:

与威远炮台遥相呼应的虎门大桥是由我国自行设计建造的第一座特大型悬索桥,被誉为"世界第一跨",是东莞标志性的旅游景点。大桥全长15.76公里,主桥长4.6公里,桥面双向6车道,主跨888米,以跨度大且不用钢索吊住的高难度造桥技术闻名。虎门大桥的建成通车,跨海连接了虎门、番禺两地,使东莞成为沟通穗、港以及珠江两岸和深圳、珠海两个特区的交通枢纽。众所周知，这里曾经是鸦片战争的古战场，清道光年间，林则徐带领虎门军民筑起了百丈铁链横锁大江，凭借一夫当关、万夫莫开的金锁铜关抵御来犯之敌。而今，硝烟不再，天青海阔，波澜不惊，天堑变了通途，泛舟珠江，只见大桥飞架，横空出世如长虹卧波；信步桥头，则气象万千，云樯帆影，尽收眼底。

李国豪在汕头海湾大桥。

除了"世界第一跨"随着时间的推移现在已成为历史之外，其表述基本说清了虎门大桥的几项关键内容。虎门是林则徐销毁鸦片烟的地方，那是1839年的事；虎门还是关天培抗英壮烈殉国的地方，那是1841年发生的。斗转星移，40多年后，又传英国人要到这里来设计虎门跨江大桥。

1984年，国家计委批准连接深圳—广州—珠海高速公路中的重要工程虎门珠江大桥立项。但不久传来一家英国公司将承担大桥设计任务的消息，李国豪忧心如焚。虎门不是别的地方，是林则徐焚烧坑害中国老百姓的鸦片所在地，贩卖鸦片的就是当年的英国殖民者。在这样一个特殊的地方还是让英国人来设计大桥，那不是莫大的讽刺吗？由中国人设计的南浦大桥已经开始建造，我们有能力、有信心建造这座虎门大桥！

1988年11月26日，李国豪致函当时的广东省省长叶选平：

---

❶《架桥铺路，造福民生——中国公路桥梁自主创新之路》，载中国科学技术协会网。

选平省长：

举世瞩目的广深珠高速公路的枢纽工程——虎门大桥的建设已经提到了议事日程上。虎门是中国的南大门，又是当年林则徐焚烟之处。虎门大桥的建设不但有着经济意义，同时也包含着特殊的政治意义。我国桥梁工程界，尤其是广东省的有关工程技术人员都十分关心此事，盼望着能为大桥建设出力，并为国争光。我作为桥梁界的一员，对家乡这座大桥的建设自然也很关切。

近年来，广东省和我国各地的桥梁建设取得了巨大的成就，通过实践积累了不少经验，技术水平有了很大提高，可以说，我国桥梁界已经具备了建造大跨度桥梁的能力……

1992年10月，几经曲折，由中国人自己设计的虎门大桥终于破土动工。这是一座全长4588米，主航道上为一座跨径888米的钢箱梁悬索桥，李国豪担任大桥顾问组组长。与此同时，李国豪还担任了先期开工的深珠高速上另一座大桥——汕头大桥的专家顾问组长。原本采用斜拉桥方案的汕头大桥为了给虎门大桥积累大跨度悬索桥经验，改为三跨预应力混凝土加劲梁悬索桥。

飞架珠江口的虎门大桥，连续跨越珠江出海口的虎门水道和蒲州水道，东连东莞市虎门镇，西通广州市南沙区，是珠江三角洲高速公路网的重要组成部分，是连接京珠高速公路和广深高速公路的重要交通枢纽，是沟通珠江出海口两岸的粤东和粤西、深圳与珠海两个经济特区、香港与澳门两个特别行政区的大型跨江悬索桥。

虎门大桥的桥址两岸为低山丘陵地带。东岸是虎门的威远山，沿山分布有威远炮台、靖远炮台、镇远炮台等古炮台，是第一次鸦片战争的战场之一。西岸是南沙的南北台。江中心为上横档岛和下横档岛，两岛均分布有古炮台。整个江面宽约3.5公里，从东岸的威远山到江中心上横档岛的水道称为虎门水道，最大水深

21米，从江中心上横档岛到西岸的水道称为蒲州水道，最大水深19米。

虎门大桥主桥长4.588公里，按高速公路的标准设计建造，桥面为双向六车道，设中央分隔带、路缘带和紧急停车带，净宽30米。设计昼夜通车量为10万车次，车速为120公里/小时。

虎门大桥主桥由主航道桥和辅航道桥组成。主航道桥为"加劲钢箱梁悬索桥"，是中国大陆首座现代悬索桥。主航道桥从东岸虎门的威远山一直到江中心的上横档岛，跨越整个虎门水道，跨度为888米，通航净高60米、宽300米，可通航10万吨级的巨轮。辅航道桥为"预应力混凝土连续刚构桥"，从江中心的上横档岛一直到西岸南沙的南北台，跨越整个蒲州水道，中间三跨的跨度分别为150米、270米、150米，通航净高40米、宽160米。

由于虎门大桥需从威远山上越过，而威远山100多年前就是鸦片战争的一个重要战场。是保留当年抗英的古炮台还是在曾经悲壮的土地上修建新大桥？也曾发生过激烈争论。更让人惊讶的是，当年这个问题曾经惊动过江泽民、李鹏等国家领导人。

改革开放以来，设想中的虎门大桥成了深圳、东莞、番禺、中山的交通交会点，其综合价值难以估量。但大桥建设过程中因为发现了炮台的一处遗址，工程一停就是一年多。后经协商，时任总理李鹏最后拍板，意见是既要建桥，也要保护文物。于是虎门大桥股东出资就近建一座海战博物馆，建桥时从大桥桥址下挖出来的文物都移到海战博物馆里。❶

虎门大桥凭借优良设计、精心施工先后荣获了不少工程大奖。1999年虎门大桥获交通运输部（原交通部）公路工程一等奖，1997年虎门大桥跨度270米连续刚构悬臂施工轻型挂篮的研究获广东省科技进步一等奖，大吨位液压提升跨索吊机获广东省科技进

---

❶ 郑子龙 欧阳艳琴《一桥架东西 炮台更威远》，载《南方都市报》2009年3月25日"东莞地理"版。

步二等奖，2002年获第二届詹天佑土木工程大奖。此外，虎门大桥还曾荣获国家科技进步二等奖、交通运输部（原交通部）科技进步特等奖等。

这些奖项中也有同济人的贡献。他们是范立础、朱乐东、章关永、程鸿鑫、夏才初……他们担任虎门大桥的抗风、抗震研究，获得交通部科技进步特等奖的"广东虎门大桥工程成套先进技术研究"介绍说：

虎门大桥是由中国人自主设计、自主建设的中国第一座大跨径现代钢箱梁悬索桥。大桥工程在工程设计、施工、科研、监理及建设管理中都取得了建设经验和技术成果。同济大学为该工程组成了以李国豪校长为首的顾问委员会，参加者有项海帆教授、范立础教授、姚玲森教授、胡匡樟教授、杨健副教授等。同济大学完成了虎门大桥抗风、抗震及岩土性能的研究、试验，范立础组织了研究项目，并主持负责总的研究工作。除此之外，还承担了虎门大桥辅航道桥（预应力270米混凝土刚构桥，在当时为世界第一记录）的独立核算工作。

……

这是国内现代化悬索桥首次全面的抗震设计，它的研究已达到国际先进水平。

### "海上波涛翻卷，到了那里就风平浪静了"

2005年12月10日，上海国际航运中心洋山深水港隆重开港，上海从此结束了没有深水泊位的历史。3000多位嘉宾中，一位头发花白的老人一直静静地站着，她专注地看着港区的各个角落，仿佛要把它们都装到眼睛里，这个人就是李国豪的夫人——林凤棣。❶多年前，上海国际航运中心洋山深水港还处于论证阶段，李国豪担任专家组组长。"他非常关心深水港和东海大桥的建设，

李国豪（左二）在上海国际航运中心洋山港区专家论证会议上。

一直说要到东海大桥看看。今天，我替他来了。"林凤棣对采访她的上海媒体记者说。

大、小洋山岛是我国东海海域崎岖列岛中两个默默无闻的小岛，距离大陆最近的地方也有30多公里，岛上没有电，也没有淡水。中国为什么要在这里建设远东最大的港口？

从19世纪后期开始，上海依托着黄浦江以及通江达海的便利，航线辐射到长江、沿海乃至东南亚地区。到20世纪30年代，上海港的年货运量就已经达到了1400万吨，当时世界排名第七，亚洲地区排名老大。上海这座城市凭借着它发达的航运，当时成为远东非常闻名的经济、贸易和金融中心，远东第一大都市。

改革开放之后，黄浦江里的文章使上海的发展速度更是令人目不暇接，经过几十年的努力，上海港已成为我国最大的港口，世界著名的大港之一。然而，河口里面好做文章，限制也在河口，黄浦江最深才7米左右的水深，是一道难以逾越的坎。

20世纪90年代开始，集装箱运输已经成为国际海运业发展的主流，远洋运输船舶越来越大型化，主流型号都已经是吃水在13~15米的超大型集装箱船。为了适应这一变化，上海加快了集装

❶ 叶景恩1982年去世；1983年，李国豪与林凤棣结为夫妻。

箱专用码头建设，但是新建的外高桥码头，仍然由于长江航道只有10米深的吃水量，集装箱船只能等待潮汐方能靠停码头。而潮汐每八个小时进来一次，等潮水涨高的时候，所有的船只都抢着、挤着进来，极为不便，制约了海运业的发展。

长江卡住了上海作为远东枢纽大港的喉咙，而此时，东北亚地区的一些大港口纷纷斥巨资兴建集装箱港深水泊位：韩国釜山提出建设"21世纪环太平洋中心港"，日本神户提出建设"亚洲母港"，虽然提法上各有不同，但焦点都是要竞争东北亚地区唯一的国际集装箱枢纽港，形势逼人！上海市深水港工程建设指挥部港口分部总指挥归墨说："2001年，我们到韩国釜山光洋去参观，受了很大刺激。我们走进一个观摩室，它像演电影一样，把地球仪，北极、南极颠倒过来，然后切掉半个球面，地球的曲面自然地展开，它指出釜山光洋是世界航运中心，把我们新疆、青岛、大连、上海都作为它的喂给港！从光洋港出来我们两个小时没说笑，都懵了！"

时任上海市市长、上海市深水港工程建设指挥部总指挥韩正接受中央电视台采访更是一语道破天机："国际贸易中间85%的货物通过海运，而大的船运公司，船只主要都是停靠枢纽港。谁有枢纽港的地位，谁就占领了航运中心的制高点。2005年，上海港的年吞吐总量达到4.3亿吨，名列世界第一，其中集装箱达到1808万箱，位居世界第三。但是这样的快速增量，使得上海港缺乏深水航道的软肋愈发突出。而到了2006年，上海本埠所有的码头都是超负荷运转，增量一点没有了。"

上海在20世纪90年代就开始了筹划深水港建设。可是，上海是个滩，长江千百年的流淌带来的大量泥沙逐渐形成了面积巨大的滩涂、湿地，近代上海就是在这个基础上逐步发展起来的，因此要在上海河汊、海边找到这样一个深水港口地址几乎不可能。

建成后的洋山深水港。

那时候，宁波、广州、天津、青岛……纷纷提出建设枢纽大港的设想，长江射向东海的箭头——上海能否突围，变成一支利箭引领中国射向世界？

1996年，第一次上海国际航运中心专家论证会在上海新亚酒店举行，与会的是来自全国的20多位水利、港口等方面的专家，德高望重的李国豪院士像以前一样再一次被推为专家组组长。

究竟把深水港港址定在哪里？这是个问题。

1992年，党的十四大作出"以上海浦东开发开放为龙头，进一步开放长江沿岸城市，尽快把上海建成国际经济、金融、贸易中心之一，带动长江三角洲和整个长江流域地区经济的新飞跃"的重大决策后，党中央、国务院又提出了建设上海国际航运中心的宏伟目标。

1995年，上海市委市政府为贯彻党中央、国务院的重大战略决策，将深水港选址列为十大调研课题之首，当时，上海市提出了"北上、东进、南下"三个方案。

北上到哪里？就是现在上海宝钢地区的罗泾；第二个是东进，就是外高桥地区；第三个是南下，就是杭州湾。但都不具备15米水深的航道和码头。

能不能跳出长江口、钱塘江口，到外海去寻找上海的深水港的新港址？在距离上海南汇芦潮港约30公里的大小洋山岛，建设深水港？

在远离陆地的外海建设深水港必须要有严密的测算和科学论证。建海上深水港，前无古人，这是中国人的大胆设想。设想要变为现实，自然条件、工程难度、技术难度、施工难度……乱麻般的问题都必须一一尽快解决。而这一切问题，世界上都没有解决的先例！最大的困难在于缺乏可借鉴的经验！

专家论证会开了一次又一次。1999年底，由国家计委组织，在上海再次召开专家论证会。这次重要的论证会分为两个阶段，第一阶段是关于在大小洋山建设国际航运枢纽深水港的宏观经济论证，参加会议的经济学家都认为，无论从国际航运需要，还是从我国经济发展着眼，在大小洋山的地理位置上建设一个东北亚国际航运中心，都是非常必要的，战略上也迫在眉睫。

李国豪院士主持的另一组技术专家论证会，集中了全国水利、泥沙运动、港口建设、航运以及桥梁等各方面的专家。李国豪说："目前国际上第五代、第六代集装箱货轮要求水深15米，大小洋山完全具备此条件。经水文地质调查，这一带泥沙运动情况100年间的资料基本无变化，说明海床稳定，水流也不太急，大货轮停泊应该没有太大问题。而气象资料也表明，这里每年可作业期超过了300天。"

李国豪兴致勃勃地描述："那年专家论证时，我还特意乘船去了一次洋山。航行中起先还有风，可是到了那里就风平浪静了。"他张开双臂，作环抱状："大小洋山的地理位置是这个形状的，是一个极好的避风港。那里建港条件也很好，至少可以造50个泊位，能适应一年1000多万标准集装箱的运输量。"

"从上海南汇芦潮港往东，在海面上架设一座长桥，往来上海就方便快捷了。"李国豪有些兴奋："原本就是长江流域经济中心的上海，更成了这个深水港壮阔而又便捷的腹地。这是中国未来的战略选择。"

而此时，中国航运中心究竟选址哪里，从中央到地方意见分歧还是相当之大。上海没有天然深水良港，在候选名单中作为港址之一一度命悬一线，甚至有人主张将它剔除出去。

就在1999年这次论证会之后，李国豪提笔给时任国家主席的江泽民写了一封信。在信中，李国豪坦诚地表述自己对于在上海设立国际航运中心的看法，并且陈述在大小洋山建设深水港的可行性，恳切希望这项关乎中国未来的工程尽快上马。随后，他拜望了德高望重的汪道涵，请教他对此事的意见。汪道涵仔细听取李国豪的想法后，十分赞成，并表示愿意代他向江泽民转交这封信。

2000年10月20日上午，万里长江上的又一座大桥——润扬长江公路大桥举行开工典礼，中共中央总书记、国家主席江泽民出席仪式，并为大桥奠基培土。李国豪作为大桥首席顾问在夫人林凤棣的陪同下也参加了典礼。

林凤棣回忆，仪式结束后，江总书记一行就往外走。半道，说了句"我要和国豪同志聊聊"，就折了回来。后来从报上得知，谈话是从造桥开始的。

"国豪同志，我们国家的桥是越修越好了，"江泽民很高兴地说，"能不能造到国外去呀？"

"是啊。"李国豪说。

说了几句后，李国豪再次向江泽民说到建设国际航运中心的事:"上海一直都是以港兴市的,深水港是上海发展的生命线,现在更是迫在眉睫的事。釜山和高雄都因有了深水港发展很快,我们得抓紧上马啊。"

江泽民神情凝重起来,认真地听着李国豪的话。还是他在上海工作期间,就听到过有关上海建设深水港的议论,他对此事一直很关注。

林凤棣说:"典礼完了之后,我们到了南通。有一天晚上,李先生已睡下,南通市委的人来敲门,说上海市委来电,北京江办要了解李国豪写给江泽民主席另外一封信件的事情。这封信谈的就是国际航运中心的事。"

2000年11月2日,江泽民找国家计委有关负责人谈话,听取专家论证等各方面情况,第二天就对建设上海国际航运中心的事情作出了重要批示。

建设国际航运中心选址终于尘埃落定,历史选择了上海。

## "绝不能盲目争什么世界第一"

我先后两次给江泽民同志写信,在信中充分表达了必须尽快在上海建造深水港的意见。在党中央、国务院的关心和支持下,大、小洋山深水港工程已正式开工。不久的将来,一个现代化的国际深水港湾将屹立在东海上。

李国豪在《老知识分子的心声》一文中简略地回顾了中国国际航运中心选择上海和上海选址大小洋山建设深水港的经过。

李国豪说:"从字面上看,桥是绕过一个障碍的意思,无论前面是山谷还是流水。"李国豪一生风雨无数、贡献无数,国际航运中心最终选址上海、最终定在大小洋山建设深水港,李国豪对中国历史功莫大焉。可以说,从对洋山港决策中发挥的举足轻重的作用来看,李国豪作为科学界为数不多的战略科学家是当之无愧的。他的作用和贡献已远远超出他的专业领域。

《上海国际航运中心洋山深水港区一期工程可行性研究报告评估会专家组意见》的材料长达30页，详细记录了2001年12月5日至13日的一次评审会的专家评审意见：

此次会议邀请74名专家组成了专家组。专家们认真研读了工程可行性研究报告及有关专题研究报告；听取了中交第三航务工程勘察设计院、上海市政工程设计研究院和上海航道勘查设计研究院分别对洋山深水港地区一期工程总体设计、芦洋跨海大桥和航道工程工可研报告内容的介绍；与设计、科研单位充分交换了意见；并分总平面布置、水工结构和泥沙问题、航道工程、船舶航行和靠泊安全、跨海大桥、配套工程和环境保护，以及运量预测和经济分析等6个专题组进行了深入的讨论。

通篇报告，字里行间无不浸透了或年富力强、或耄耋之年的专家们对国家、对历史的高度责任感，文字条分缕析，有好说好，有疵必究，从客观而素朴的字句中，我们读出了火热的使命感、庄严的责任意识。

2002年5月26日，上海市会同交通部召开"上海国际航运中心洋山深水港区一期工程初步设计审查会"，45名专家分成港区工程组、大桥工程组、配套工程组、经济组分项论证，29日便拿出了评审意见：同意在小洋山开工建设深水港一期工程施工方案，同意建设跨海大桥施工方案。

就在之前的2002年2月22日，国务院最终批准洋山深水港建设方案。

让专家们分外欣慰的是，由于国家经济形势良好，专家论证时考虑到投资问题的分两期建设的跨海大桥方案（总投资100多亿元），中央决定一次到位，按照六车道、行车时速80公里/小时建设这条长30.87公里的海上高速公路。

2003年8月11日，李国豪（左）在东海大桥与工程总指挥黄融合影。

在汪洋大海上架设一座大桥，谈何容易？！

岸上风息树静，东海大桥上的风达到5级。海水、风浪、恶劣天气、复杂的外海水文地质环境……40个月的工期、32.5公里的长度、不到20个月的有效施工工期、千军万马的会战、100年的使用寿命……2002年6月正式开工的东海大桥工程面临太高的要求、太多的难题。通常在国外，像这样的大桥，仅前期准备，掌握水文气象资料，就得20年。造，还得10年。风、浪、流、潮、雾、雨是东海的"常客"，要在20个月的有效施工期内打下8712根桩、架起670片单跨60～70米、每片重达1800～2000吨的箱梁，难度可想而知。"但有李校长为首的一流专家的指导，有团队的通力合作，尤其有党中央和全国人民的支持，我们还是有信心的。"黄融，这位毕业于同济大学的东海大桥建设总指挥回忆当年的情况时仍十分感慨。

国务院批准洋山深水港方案后，李国豪被推举为东海大桥专家组组长。在上海市委市政府就深水港和东海大桥的建设问题举行的专家座谈会上，李国豪语气平稳而淡定："我们中国的建设队伍，已经有了多年在大江大河造桥的经验，在东海建造一座跨海大桥,技术上没有什么克服不了的问题。建造东海大桥的困难主要是外海施工,海上风急浪高,海底地质情况复杂,战线那么长、工期那么短,一年海上施工时间只有180天。许多重大的考验在后头。"

自东海大桥设计酝酿开始,大桥指挥长黄融等就跟李国豪建立了"热线"联系;大桥工程进入实质性阶段后,黄融等更是为总体设计、建设方案、工程质量等问题,频繁登门求教,汇报工程进展情况,当面聆听李国豪解决难题的办法。黄融如今已记不清自己拿着东海大桥的各种图纸,往李国豪位于华山路的家中跑了多少趟了。只记得每次前脚进门,李国豪就迎出来了,让他们坐到自己身边,仔细地听、仔细地看。"话不多,句句点中要害,"黄融说,"在许多关键问题上,李校长为我们把握了方向。"

李国豪题写刊名的《东海大桥》杂志。

东海大桥指挥部要办一本反映桥梁建设生活的杂志,想请他题写刊名,李国豪不但欣然应命,还一字一句写下一篇《我说东海大桥》的文章,写下了他对大桥建设的重要指导意见:

按照100年的基准期要求,在桥梁基础的选择中,根据不同的区段,不同的受力情况,选择了不同的桩型:非通航孔低墩区采用防腐性能较好的PHC管桩;非通航孔高墩区由于受较大的水平荷载,采用钢管桩,同时采用保护措施以解决基础防腐问题;对通航孔主墩基础则采用了大直径钻孔灌注桩。对于基础形式的选择,除了考虑防腐耐久性要求外,也兼顾了快速施工的要求,应该说考虑得比较周全的……

在这篇文章中,李国豪详细介绍了东海大桥桥墩桩型、桥墩结构、大桥上部结构、通航孔梁体结构等的最终选择及理由,殷殷之情历历在目。林凤棣回忆:"李先生最后的日子里,什么杂志都不看了,就是这本《东海大桥》,他每期都看。"病重住院其间,他放不下的还是洋山深水港和东海大桥的建设,挂念的是

261

伸向大海，一眼望不到头的东海大桥。

东海大桥的施工进度。2004年台风季节里台风比往年少，有一天他说："黄融的日子好过些了，老天也给建设帮忙呀！"

2005年1月30日，华东医院。病中的李国豪，缓缓移坐到轮椅上，点滴一滴一滴不紧不慢地落下，李国豪的脸上却写满了企盼之情，黄融、杨志方（时任上海深水港工程指挥部大桥分指挥部副总经理，主要负责东海大桥的工程设计组织工作）今天又要来。

"大桥情况怎么样？"黄融和杨志方一进门，李国豪便急急地问。

"大桥箱梁已经架完80%，只剩下5公里桥面还没有接通。"黄融说，二人路上商量好了，为了让老人安心养病，工程上有些困难情况暂时不汇报。

"东海大桥规模宏大，你们建得这么快，不容易啊。"李国豪怜惜地看着越来越瘦黑的两位弟子。顿了一会儿，又说："建设东海大桥是历史给你们的机遇。我们老了，没有机会了。你们是年轻人，要抓住这个机遇啊。"

"东海大桥是我这辈子最后关心的一座大桥，我真想到你们大桥上去走一走、看一看。"李国豪说。

"天气转暖了，一定来接您去！"

"我不知道还能不能看到大桥通车……"李国豪幽幽地说完这句话，沉默了。病房里寂静无声。

"一定能去的！"两位弟子安慰他。

24天后，李国豪离开了他心爱一生的大桥、学校和学生。

2005年5月25日，新华社播发《上海从此直接'上海'——记东海大桥全线贯通》的长篇通讯，称：

2002年6月26日正式开工建设的东海大桥，与海天共一色，是一座以新的理念、新的技术、新的工艺建设的，以蓝色为基调的大桥。大桥长32.5公里，陆上段约3.7公里，芦潮港新大堤到大乌龟岛之间跨海段长25.3公里。大乌龟岛至小洋山岛之间的港桥连接段约3.5公里，全桥设5000吨级单孔双向主通航孔一处，通航净高40米。

海天一色的大桥，凸现时尚之风。桥的两侧全线采用蓝色LED发光二级体照明灯，勾画出桥的轮廓，远在10公里以外就能看到。设计者说，灯光照明为了用于海上警示。蓝色是海洋的主题色，大桥通体透亮的蓝光映衬海洋的雄壮之美。

海天一色的大桥，浓缩科技精华。建设东海大桥缺少现成的海上桥梁施工规范与工艺标准，科技人员经过科技攻关解决了海上大桥的防腐、超大体积混凝土箱梁预制和吊装、全球卫星定位系统定位打桩等一系列难题。

海天一色的大桥，经受安全考验。两座高159米的主塔耸立在海中，呈雄伟的"人"字形。主塔创造了海上大体积混凝土浇筑的国内最新纪录，并成功地经受了"蒲公英"、"云娜"两次大台风的袭扰。主塔的支撑192根极长的钢缆如同有力的臂膀，拉起了桥面。这些钢缆都是国产的。

海天一色的东海大桥，还是一项环保工程。由于大桥建在海上，处于海上盐雾的常年包围中，防腐对于大桥的使用寿命至关重要。设计技术人员经过专题研究。对海水中部分，采取包裹玻璃钢外加环氧层措施；对承台和立柱等结构加大保护层厚度，对钢结构采用重防腐涂料外加牺牲阳极的防护办法。同时，建设者巧妙地采用了工业废料浇筑混凝土，用粉煤灰、矿渣微粉工业废料添加等技术，改善了混凝土的性能，确保了大桥是"大海之友"，让桥与海共呼吸！

# 第八章 政协主席

"老李，保持你过去的风格！"

1983年4月28日，在上海市政协六届一次会议上，李国豪当选上海市政协第六届主席，开始了他5年的从政生涯。

1983年的中国，农村以包产到户为主要形式的联产承包责任制如火如荼，中央一号文件称："联产承包制是在党的领导下我国农民的伟大创造，是马克思主义农业合作化理论在我国实践中的新发展。"但在城市，各项改革正在破冰，旧的经济运行模式、人们脑子里"左"的思想、"文革"动乱的阴影还十分浓重，用"百废待兴"来描述当时的城市情形再合适不过了。

1983年，李国豪担任上海市政协主席。

如何找回上海这座当年远东大都会的神韵，让这颗太平洋西岸的东方明珠重新熠熠生辉，成为国际化大都市？上海人民、政府正在以各种方式共图大计。

说来有段插曲。李国豪得知自己将要出任市政协主席，力辞。他的理由是副主席中有那么多二三十年代就投身革命的老同志，还是让他们来做这个主席合适。时任市委书记的陈国栋❶的一番话同样推心置腹："你也是20多年党龄的老同志了，保持你过去的风格干吧。"其时，李国豪刚为宝钢建设仗义执言，上海市委深知：百废待兴的时期，需要一位从知识界、工商界走出来

---

❶ 陈国栋（1911-2005），江西南昌人。1931年参加革命工作，建国后，曾任中央人民政府财政部副部长。"文革"中受迫害。1975年，历任中华全国供销合作总社主任、党组书记，粮食部部长等。1979年12月起，任中共上海市委第二书记、市委第一书记，中共第十二、十三届中央顾问委员会委员，第四届全国政协常委。

1983年4月22日，李国豪出席上海市政协六届一次会议。

的老同志把大家凝在一起，发挥民主党派参政议政职能。

在上海市政协机关报（当时叫《上海政协报》）上，刊载了这则名为《市政协常委会上委员发言热烈 对本市改革开放踊跃献计》的新闻：

委员们普遍提出上海在引进外资、合资经营中，思想不够解放，政策和措施跟不上形势。……朱世琳常委说，参观了本市合资企业后感到很失望，我们很多政策和规定不适应中外合资这一新事物。很多部门办事效率低，"官商"作风严重，因此困难重重。美国和我们合办这一企业是试探性的，如果我们仍旧这样搞法，恐怕别人不敢同我们合资了。

在李国豪的领导下，年龄普遍古稀的政协委员们进工厂、走小巷、写提案，不辞辛劳，针对上海市轻工产品外贸出口额80年代以来逐年下降的趋势提交了《有关上海轻工产品扩大出口、多创外汇的几个问题和建议》等提案。《上海政协志》记载，仅六届二次政协会议期间大会秘书组就收到了273件提案，其中涉及产品国际竞争力、中外合资企业领导机构等经济提案47件。让委员们非常高兴的是，市委、市政府在短短的一年时间内便已经处理完毕，其中的一百余件提案中的建议被吸收到各部门的决策当中。

上海曾经是世界金融中心之一，各国都曾在此设立银行等金融机构，外滩上鳞次栉比的建筑便是当年的记忆。如何迅速着手恢复往日盛景？委员们没少费心思。

"上海要面向世界，成为开放型城市，就要大胆地向国际金融中心这个目标迈进。把'金柜子'放到家门口。"政协委员、复旦大学陈观烈教授说,上海要成为国际金融中心要走好"三步":第一步是积极创造条件使上海成为国内金融中心,吸引全国各地的钱存到上海来;第二步是在形成国内金融中心形成后要考虑建立金融特区,允许在上海开设的外国银行经营外币业务;第三步已经过金融特区的实践,进而便可考虑使上海成为国际金融中心。这篇报道刊登在《上海政协报》1985年2月1日的头版头条位置。1985年9月,市政协经济研究委员会就"七五"期间如何搞活金融市场问题,组织金融专家和政协委员进行研讨,写出了《关于本市'七五'期间搞活金融的意见》报告,其中就吸收了让香港中资银行和外国银行在上海设行开业、有步骤有计划采取措施推动上海金融市场的形成的观点。

1983年4月28日,李国豪在上海市政协六届一次会议上作报告。

经过从中央到地方各级政府、各界人士的共同努力,上海外滩上如今又恢复了数十年前的繁荣与热闹,世界各大银行纷纷在此设立分支机构;2005年8月10日,中国人民银行在上海设立总部,中国人民银行行长周小川说:"成立中国人民银行上海总部就是要围绕金融市场和金融中心加强央行的调节职能和服务职能。"

委员们当年的设想如今已经成为了现实。

李国豪领导的上海市六届政协,仅是深入各行各业的调研行动平均每年都在百次以上。1985年8月,上海市政府酝酿制定上海"七五"计划,政协委员们在大量调研的基础上形成了《关于本市'七五'期间搞活金融的意见》、《关于上海积极吸收外商直接投资的建议和设想》等数个专题报告,这些报告的意见不少都被吸收到上海市政府工作报告中。据统计,六届政协各专门委员会就上海市急需解决的重大课题共进行了650多次的调查研究、参观考察、座谈讨论,提出大量中肯的意见和建议。上海政协工作出现了久违的活跃局面。

随着上海市经济社会的快速发展，市内交通日益繁忙，和平饭店附近1908年竣工的外白渡桥越来越成为交通瓶颈。上海市政府决定加宽桥面至6车道，这个单纯考虑地面交通的方案受到政协委员邵常坎的质疑。

身为市水利局副总工程师的邵常坎上到和平饭店楼顶、下到苏州河河浜，反反复复观察周围环境，1986年4月下旬，在上海市六届四次会议上提出陆上、航运、防洪、景观综合治理的改建外白渡桥新方案：在苏州河吴淞路河段，建造一座挡潮闸，利用两个闸墩架一座新桥，桥面为三车道，并拓宽德福路、吴淞路南苏州路等道路，车辆由北往南单向行驶；外白渡桥现有的三车道改为由南向北单向通行。

方案得到李国豪的热情支持，他认为，邵常坎的意见将吴淞路桥与水闸结合，防汛防潮且投资省、效益好，还可增加河两岸近万平米的面积。在有关专家认真论证后，被市政府采纳，列入"七五"计划中予以实施。

类似这样既关涉城市发展更与市民生活密切相关的提案，在那一时期的政协工作中数不胜数。1985年，上海市政府斥资18亿多元用于城市建设，比上年增长76.4%。委员们在高兴的同时，还是从宏观和微观上提出许多建议：解决交通问题是重点；应该有一个长远的城市规划；"现在外滩的那些高楼大厦都是外国人造的，如果我们在一江之隔的浦东沿江建成一个现代化的外滩，那就会大长中国人的志气。"委员吴光汉说。如今，政协委员们的愿望已经变成了陆家嘴这张金光灿灿的上海名片了。

"政协就是要发挥好参政议政职能。"这是李国豪常说的一句话。1986年4月，上海市政协在讨论江泽民市长的政府工作报告时，委员们提出将设立闵行开发区，建造黄浦大桥，地铁项目列入"七五"计划，道路基础建设也要有长远规划，要改变80%的科技成果在外地开花结果的局面，拿出有效措施改造上海的传统工业，主管教育的市领导要把主要精力放在普通中学上，眼里不要只有那70所重点中学……委员们的建议条条关涉上海市的发展后劲。

除了参政议政，政协各团体自身就是一个人才富集、联系广泛的群体，尤其在海外联系方面优势独特，而据1986年的一份资料统计，上海市散落在欧洲、北美洲、亚洲等世界各地的海外亲属就达3000万人。市政协委员、侨办主任凌荣广广东考察后心情急迫地说："不能再等待和观望了。"从那以后，上海市各界别纷纷利用自身的优势，在寻找大企业落沪的同时，更加重视那些资本较小的海外华侨。走出去广结善缘，引进来走走看看，"不来投资来旅游也是欢迎的。"上海侨务工作的局面渐渐打开。

**"平反摘帽、落实政策工作要加快进度"**

政协是智力、财富富集区，从民主革命时期走过来的政协委员们在十年浩劫中几乎无一幸免，很多人忍受不了非人的摧残和折磨结束了生命，有的则是在"文革"后噤若寒蝉、深居简出。虽然从1979年开始，中央就开始了大规模的平反，但是各地情况却千差万别。

"要把大家从阴影中带出来，平反摘帽工作就要加快进度。"李国豪说。政协委员们纷纷行动起来，加入到这一浩大的工程中去。林风棣回忆说，那些年经常陪着李老师上"文革"中遭殃的老同志家里走访，如今已经记不清多少回了。

"文革"中，上海许多民主党派及无党派民主人士被扣上这样或那样的帽子，他们在沪的房产、私人物品大都被抄或者被占用。

平反先从容易着手的开始。1983年7月，在上海市委全市党员干部大会落实统战政策会议后，上海市政协随即召开政协主席扩大会议。会议决定成立5个检查组，分别由6名政协副主席带队对全市落实统战政策情况进行大检查，检查持续一个月；同年10月，市政协再次召开主席会议，组成22个检查小组分赴22个区县，一町一听取区县领导人的汇报，与区政协委员座谈，重点案件专门督办；同年11月28日，市政协主席会议决定12月份再次组织11个落实政策检查组督促重点、难点问题，历时一个月。这是笔者在《上海人民政协志》里看到的记载内容，上海市政协对落实政策工作的四次大检查，李国豪任期内有三次。

经过不懈的努力，1983年到1987年的4年中，218名市政协委员的485案件全部得到解决。其中，平反冤假错案28件，修改结论16件，归还"文革"中被迫所写材料31件；58名在沪全国政协委员的7件落实政策问题也全部得到解决，其中，平反冤假错案3件，修改结论7件，发还被迫所写的交代材料13件。不仅如此，全上海市61 000多名知识分子的冤假错案也得到了平反，77万件档案发还当事人。

抖掉了身上的"镣铐"，洗清了身上的污泥，政协委员、知识分子焕发出前所未有的热情。旨在响应中央提出的进一步开放沿海城市的方针，上海各界的政协委员们纷纷行动起来，有的针对改革开放中的重大问题，就筹集资金、搞好港口建设、体制改革献计献策；有的委员联起手来准备成立经济咨询中心，放手开展政策、规划、技术服务等的咨询工作；筹组开放经济组织，沟通内外贸联系、牵线搭桥更是大家的强项；积极筹办各类专业院校和培训班，采取多层次、多规格、多专业的办法，培养对外贸易、专业外语、专业管理、企业管理、法律知识、电脑运用等人才。

1985年，由中国民主建国会上海市委员会和上海市工商业联合会主办的全国第一所可以颁发国家大专文凭的民办成人高校——上海工商学院创办。当初,这所民办院校从招收市经委、外经委系统40岁以下的职工、干部开始,如今已经发展成为一所普通高校全日制专科院校。建院21年来,更是为国家培养了3万余名大专毕业生及各类专业人才。

"赶上了前所未有的好时代。"这是那时候的政协委员、知识分子们常常说的一句话,其实还有更加想不到的。在大力落实政策的同时,各地、各单位还在积极吸收知识分子加入中国共产党。同济大学在"文革"中受到的冲击同样十分严重,但80年代开始,学校一班人一边大力解决历史遗留问题,一边大力发展知识分子党员,仅1985年便吸收了382名副教授、讲师、助教及学生入党,新党员江景波等3人还在第一个教师节到来时当选上海市优秀教育工作者。统计资料还显示,1985年该校评定的95项教学、科研、管理特等奖,新党员有21名;而首届教师节表彰的优秀教师中就有11名是新党员;本科生新党员中也有12人免试直升研究生。

李国豪担任上海市政协主席那几年是上海市落实政策工作最为繁重和棘手的年月。一项资料显示,"文革"中被强行挤占的50万平米私房到1984年尚有24.9万平米没有归还原主,而中央规定的返还最后期限是1984年6月前,其中就包括荣氏家族的住宅。

上海市永嘉路上有一幢占地7亩的花园洋房,是荣毅仁先生在抗战胜利后建造的,后由其公子巴西籍华人荣智勤继承。但从1967年10月起就被占用,而代荣智勤看管房屋的孙同钰则被安排到另外一处私房的底层居住。常到国内洽谈贸易的荣智勤先生多次提出归还房产,可是占用单位却以各种理由予以回绝。无奈,1983年10月,再次回来的荣先生对该单位说:"希望一年内归还。"时间到了1985年,依然如故。荣智勤找到市政府落实私房政策领导小组办公室，称："今年6月，我还要到上海来，希望不再住在旅馆，我要住到自己家里。"

不仅如此，上海各民主党派在中山东一路15号的办公用房也被航天工业部占用不还，致使六个民主党派市级机关挤在陕西北路186号的一栋楼房内办公，拥挤不堪。此事被全国政协委员翁曙冠反映到全国政协会议上去了。

财物、文物的返还虽然没有私房返还那样复杂，但由于数量巨大，其困难同样超乎想象。

1983年底，上海市政协成立落实政策办公室，并向在沪全国政协委员和市政协委员中的非中共人士发出《知情、出力、落实政策情况调查表》，同时向政协委员所在单位发出《政协委员落实政策情况调查表》。一项重大而艰辛的全面落实查抄、没收财产返还工作进入了攻坚阶段。

表格返回后，办公室按人制卡，一一记上所需落实的具体内容；接着就是逐人、逐项与有关部门联系、督促检查；疑难问题，则采取共同商讨应对之策。令人高兴的是，上海市政协的此项工作得到了市文清小组、市落实私房政策办公室和各民主党派的大力支持，大家齐心协力编印无主文物、图书、印章目录，无主字画、工艺品则采取了向委员们开仓开架认领的办法。在1984年11月1日的《上海政协报》上刊登了一份《无法找到物主的印章释文的认领资料》目录，满满四巨页刊载的都是名字、字号、斋名或雅号的无主印章，共6千余方。

1983年7月29日，第二次落实政策大检查开始。由6名市政协副主席带队的5个检查组共112名政协委员对全市统战政策情况进行大检查。副主席杨士法带队的检查组重点视察被占用的15处宗教场所。每到一处，现场勘察、会商对策，定下归还日期。经过一个多月的不懈努力，15处宗教房产全部定好归还日期；而由副主席宋日昌、赵超构带队的检查组则发现市工艺品出口公司接受的文物与市查抄文物工艺品清理小组的统计数字相差25万件，当即要求重新梳理，查明真相。

上海市政协常委洪念祖曾经是赫赫有名的大中华橡胶厂副经理，为我国橡胶工业的发展作出过相当的贡献。他家在五原路上的一幢两开间三层楼的花园洋房"文革"中住进了四户人家，而洪家则被赶到了三层楼上居住。1983年，新一届政协主席李国豪得知此事，当即指示落实政策办公室介入。

私房返还，最难的是迁出居民。洪宅底层和二楼近80平米被陈家10口占用，而陈家也是在文革中被迫由房管部门安排到这四间贴有封条的房子里的。陈家愿意搬走，但提出的条件太高，他所在的单位无力满足。政协随即会同市政府在一栋高层建筑里分给陈家面积相当的房子，陈家方才心情舒畅地搬了出去；洪宅底层一间房子被一位姓居的老太太占用。动迁时，老太太提出要和同一弄堂的女儿一家一道搬走，大家觉得有道理，便安排了一处28平米的房屋，可是老太太却不愿意搬，拖！无奈，徐汇区法院出面干预……1984年底，在三楼一间小屋中住了17年的洪念祖终于舒展开了手脚。喜上加喜的是，他丢失的200多幅字画也回来了。那年春节，洪老对美国的儿子说："回来过年，你的房间也收拾好了。"

京剧艺术家周信芳300多平米的私房文革中被上海市群众艺术馆占用，归还后已经破败不堪。《上海政协报》1984年刊出"徐汇房管局应抓紧修缮"的报道："据了解，上海群众艺术馆在使用周宅期间，按月向徐汇房管部门缴付房租。因此，有关方面认为徐汇区房管部门应抓紧落实对周宅的修缮工作。"

财物文物的归还工作同样波澜起伏。全国政协委员吴志超有一部名贵的照相机"文革"中被查抄，吴要求上海市政协帮其找回。仔细阅读"文革"查抄记录，政协落实政策办公室发现，照相机被卖到一家旧货商店，几经周折，大家终于找到当年的售货员，一路追踪发现：照相机被一位海军干部买走。走访下去发现，照相机现在海军政治部所在地北京，照相机还在。海军政治部了解真相后，十分赞赏上海市政协委员们的执著，并派专人将机器送回上海。

1984年底，上海举办了隆重的查抄文物认领会。会上，年逾古稀的市政协委员张充仁领回了冯玉祥将军亲笔手书的"还我山河"墨轴。原来，1936年，张受邀到冯将军寓所为其塑像，独居泰山、忧心时局的冯将军听说蒋介石要上山与他详商抗战，精神大振，便特地为张充仁写下字幅；发还文物中，还有一幅珍贵的《签名轴》，它记录着周恩来、郭沫若在抗战时期的一次重要活动。1940年9月，国民党免去郭沫若国民党军事委员会政治部第三厅厅长职务，第三厅全体同仁以集体辞职表示抗议。经周恩来严正交涉，国民党不得不另组文化工作委员会，仍由郭沫若领导。文化工作委员会成立之日，全体出席人员在两张宣纸上签名，后被裱成横轴，郭沫若、田汉还在上面题了诗。郭沫若把横轴交由翁泽永保管。发还会上，翁当即表示，横轴送北京"郭沫若故居"保存。

1987年6月，上海市落实政策工作基本完成，包括私房、财物、文物、书籍、人事档案在内的大量被抄没物品、被篡改材料——物归原主或与事主见面处理完毕。

曾经担任两届上海市政协秘书长的陈福根这样评价李国豪的政协主席工作：

1983年至1987年期间，党中央作出了关于经济体制改革、社会主义精神文明建设和建设有中国特色的社会主义等重要决定。李国豪同志身为市政协党组书记、市政协主席，他把组织委员学习文件、提高认识、参政议政、协商监督作为政协工作的第一要务来抓。委员们通过参观视察，座谈研讨，对经济体制改革、金融体制改革、科技体制改革、土地使用和住房制度改革、教育体制改革、医疗体制改革和技术引进工作等重大举措，发表真知灼见，形成专题报告，报送市委领导，为上海重振雄风出谋划策。❶

### "我看就在原址建大楼"

1987年10月7日，农历中秋佳节。这天晚上，月儿分外圆润，上海市新落成的办公大楼华夏餐厅屋顶花园，100余名各界名流济济一堂，或赏月思亲、或促膝谈心、或拨弦弄音、或泼墨为书，人人笑逐颜开，个个欢声笑语：上海市政协终于有了自己的新办公楼。

上海市政协原有办公、活动场地面积狭小，很多民主党派的办公地点散落各处，对政协工作的有效开展影响日益明显。

李国豪上任后，心里渐渐萌生了造一栋新大楼的念头。在得到市委和市政府的支持后，想法变成了行动。搬迁原地居民，增加土地面积？北京路沿街居民迁走可不是一件简单的事；换地方？可一时在哪找一块合适且方便老同志办公的地块。大家比较来比较去，始终拿不定主意。办公会上讨论此事也不是一次两次了，忧心忡忡的决策者们却始终举棋不定。李国豪再也坐不住了：这事必须尽快解决。

"我看就在原址建大楼，"李国豪说，"东边需要拆迁的居民，我们用建起的宿舍楼还给他们相同的面积。"

1985年6月，上海市政协大楼开工建设。可是不久，中央根据"七五"计划的总体安排，提出压缩楼、堂、馆、所建设，要求各地对在建项目逐一进行检查清理。在上海的规划中，原本市

---

❶ 陈福根《心系政协 情牵同志》，参见《纪念李国豪诞辰100周年文集》。

1987年10月,上海市政协迁入新办公大楼。

委、市府、人大、政协都要新建办公大楼。经过检查清理,中共上海市委领导决定暂缓市委、市府、人大的办公大楼建设,集中资金和力量,确保市政协大楼如期建成,以改善办公活动场所,为开创新时期的政协工作局面创造条件。闻讯后,政协主席李国豪意味深长地说,党大公无私,市委以身作则,是我们的榜样,我们一定要高举团结、民主的旗帜,努力做好政协工作。市委同意政协大楼继续建设,这说明了党对政协工作的重视和支持。我们也要贯彻中央精神,自觉地对在建政协大楼工程进行检查,去除可有可无的设施和华而不实的装潢,节约资金,支援国家建设。于是,他请徐以枋副主席(著名土木工程专家)亲自负责此项工作。经过认真检查,市政协主动提出取消第21层屋顶花园的建设和多处标准较高的豪华装饰,使之更加庄重与平实。

1987年9月,在泰兴路北京路原地,一幢高20层、办公面积达1.3万平米的市政协大楼拔地而起。1987年11月14日,市政协举行行政大楼竣工验收移交仪式,从此上海市政协就一直在此办公。

政协大楼由一座高层主楼和低层裙楼联接为一体,占地1 800平米,地形受到环境的限制呈锐角三角形。"从使用功能要求和技术经济等客观条件,整座建筑的造型是大空间的餐厅和大礼堂在一个横向水平舒展,明快亲切的裙楼旁竖立起垂直、高耸的长方形主楼,设计运用了高低结合,形成竖与横的对比块体组合,无任何外墙装饰,无任何凸出的线脚,打破高层建筑偏多运用马赛克外墙饰面材料,运用一种基调为米白色的面砖,竖横有韵律变化的贴面,并采用古铜色铝合金门窗,在色彩和光线上采用了明暗对比,在建筑形式上创作出简洁统一格调的艺术造型,不仅体现出高雅庄重、新颖大方、清新明朗,且富有时代精神。"❶

陈福根回忆,李国豪主席很重视对活动场所的命名,他认为活动场所的名字不仅仅是个代表符号,有时也有历史意义和情感

1978年创刊的上海市政协会刊。

效应。他亲自把裙楼的两个多功能厅分别命名为"华夏厅"和"江海厅"。新大楼投入使用后,陈福根曾陪同几位海外华侨参观,华侨看到"华夏"、"江海"几个字,都说这个名字起得好。"得知这是李国豪主席亲自命名的,都说李主席不愧为建筑大师,连大厅的名字都有灵气。有位长者说,吾等华夏儿女,赤子归来,今日得以会聚'华夏厅',倍感亲切温暖,日后当为祖籍国之繁荣昌盛奉献绵薄之力。"

1988年,上海政协大楼被评为上海市优质工程。

### "大家一起努力办好《政协报》"

反映上海市政协工作的《政协会讯》创办于1978年。随着政协工作的逐步深入,以刊载消息为主的《会讯》作用越来越不适应新形势的要求。一向秉笔直书的李国豪感到这样不定期印刷的内部刊物对统战工作的作用十分有限,为此党组决定改成报纸。

经过一年的筹备,1984年7月1日,《上海政协报》正式创刊。李国豪专门写了名为《祝〈上海政协报〉成功》的发刊词,文中说:

---

❶ 周秋琴《上海政协大楼扩建设计》,载《时代建筑》1989年第4期,第12页。

《上海政协报》要成为上海市政协及其所联系的各界爱国人士的喉舌、耳目和纽带，要在发展爱国统一战线方面，在发扬政治协商、民主监督、合作共事、广交朋友、自我教育的统一战线优良传统和作风方面，在为上海市经济和文化建设新局面进行咨询服务和开创市政协工作新局面，等等方面，宣传党的方针政策，广开批评建议言路，交流情况与经验，充分发挥它应有的作用。

要办好《上海政协报》，固然需要编委会和编辑部同志们的努力。但还需要政协委员和有关爱国人士的关心和支持：出主意和写好文章。

最后，李国豪热情地号召："让我们大家共同努力来办好《上海政协报》。"随即，《上海政协报》以赵超构为编委会主任、社长的编辑部班子开始运作。

那一时期刊发的报道《晚霞行千里——记谭敬的故事》、《百万珍贵图书能再侥幸免焚吗？》、《归心终究五处同》、《剪彩、奠基、开幕、授奖何其多》、《请升起五星红旗——对本市升挂国旗的察访报告》等，还有这篇报道相继获得上海市好新闻一、二等奖。

 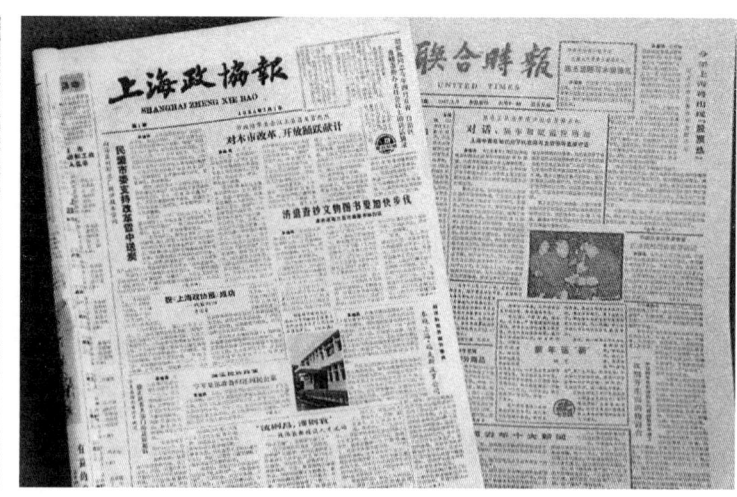

1984年的《上海政协报》，后改为《联合时报》。

### 成立"政协之友社"

上海是科技人才富集区,可是很多老同志从20世纪50年代就遭受不公正待遇,等到改革开放、政治局面稳定的大好局面到来时,他们中的许多人又面临着退休、离休的政策杠杠,身体有力、脑子有智却又没了地方使。

李国豪上任之初,就面临这样的难堪局面。1986年夏天,响应党中央提出的"废除领导干部终身制"的号召,上海市六届政协开会讨论换届工作。消息一出,被"杠杠"划出去的老同志或打电话来诉苦,更多的是来到他的办公室长吁短叹,有的老同志说到动情处甚至一把鼻涕一把泪。

这是个大问题!老同志想做事,我们得有地方让他们做!李国豪说:"政协是爱国统一战线组织,是发扬社会主义民主的重要场所。政协委员中大部分是各界别的知名人士和爱国人士,他们长期与党肝胆相照、荣辱与共,是我党的挚友、诤友。到换届时,由于年龄原因,许多人不能再担任委员,就国策而言,他们都会支持,但多年来情系政协,难分难离,他们希望离任后还能继续保持和政协的联系,畅叙友谊。"能不能把老同志们组织起来,成立一个松散点的机构,比如协会?大家在一起唠唠,通通信息,说不定还能做成点什么事情。想起1980年冬赴德国访问,拜访黑森州的"同济大学之友协会"的往事,李国豪心里有谱了。1986年夏天,这个想法从李国豪的心里走上台面,上海市政协8月底开始筹备"政协之友社"。目的是:广交朋友,联络友

1987年的《联合时报》。

1986年,李国豪(前排左八)在上海市科协与中外学者一起合影。

谊,团结各界代表性人士;入社条件:凡是本届和历届市政协委员、在沪全国政协委员均可参加。

李国豪的意见得到上海市政协党组副书记毛经权,党组成员杨士法、周璧、张瑞芳、陈福根等的一致赞成,形成的报告很快提交到上海市委的常委会上。这次常委会由江泽民同志主持,市政协党组委派秘书长陈福根列席会议,作关于成立"上海政协之友社"的口头陈述。常委们一致同意此项建议,江泽民同志说:"统战工作是我党三大法宝之一,政协党组和国豪同志建议成立政协之友社组织是有创意的,我们支持。"话音刚落,列席会议的市人大主任触景生情地提出成立人大之友社,但没有获得支持。"与会同志面面相觑,流露出对市政协成立'上海政协之友社'的无限羡慕之情。"❶

1987年2月5日,全国第一个人民政协联谊团体——上海政协之友社举行了隆重的揭牌仪式。理事会第一次会议上讨论通过了

《上海市政协之友社章程》和社徽，500多名退下来的老同志成为第一届社员。大会选举李国豪为理事会会长、罗冠宗为总干事。朱屺瞻、应野平、吴青霞、张雪父等10多位书画家专为该社成立合作画了一巨幅国画。

上海政协这一创举，很快引起全国各省、市政协的争相效仿。短时间内，全国20多个省、市政协纷纷派人来上海考察、取经。不久，各省、市政协连带上海的区、县政协，也纷纷成立"政协之友"或"政协联谊会"等类似组织，大大扩展了政协的团结面和政治影响。"我们又有家了。"政协委员们、退下来的老同志们纷纷表示对李国豪的赞许，大家甚至要授予他政协"诺贝尔奖"。

李国豪还在其上海市政协主席任上办了另一件事——委员沙龙。1986年下半年开始，上海市政协在文化俱乐部定期举行各种委员沙龙，每次沙龙邀请各专门委员会和有关人士，利用晚上业余时间，围绕一个议题，无拘无束地发表各自意见。老同志们对这种久违的交流形式情有独钟，每到沙龙之日，附近的老同志三三两两、散着步不知不觉就走进了文化俱乐部，远的则是不辞辛苦坐车、乘船相约前往。一落座，热腾腾的茶、饼干瓜子点心就端上了桌。磕着瓜子品着茶，老同志们的话匣子再也关不住了，气氛活跃自不必说，热闹处相互之间还要面红耳赤地争论一番。1986年，中央提出政治体制改革问题后，同年第三季度沙龙连续举办了3次话题讨论，话题涉及贯彻"双百"方针、社会主义民主、决策民主化和科学化，等等。大家的发言在《上海政协报》、香港《文汇报》刊载后，引起了较大的反响。

1987年2月6日，《上海政协报》刊发了一篇《"国际问题沙

---

❶ 林凤棣《浓浓爱国情，拳拳报国心》，载《纪念李国豪诞辰100周年文集》。

龙"引人入胜》的报道：

国际问题沙龙是去年岁末开始举办的。它采取自愿参加、自由讨论的灵活形式，很受会员们的欢迎。沙龙第一次活动的选题是"中美关系与台湾现状"，许多会员根据自己接触的情况和所见所闻，各抒己见，气氛十分热烈；第二次选题为"当前国际问题的几个热点"，使会员们获得了大量国际问题信息。

可以想见，当年老同志们汇聚一堂时的兴奋和投入情景。

1988年4月，李国豪婉谢了连任的请求，从上海市政协主席的位置上退了下来，又全心投入到他钟爱一生的桥梁和时刻关注的学校发展中去。

李国豪领导下的上海市六届政协共向上海市政府提交提案2083件，其中涉及经济建设提案444件、市政交通提案504件、教科文卫提案596件、其他提案539件，提案总数比上届增长40%。所有这些提案都是委员们冒着酷暑严寒、辗转城区农村明查暗访，在大量调查的基础上深入细致思考形成的，委员们的辛勤工作也得到了各方积极的评价。李国豪离任时，时任上海市委书记江泽民说："中央对上海市政协主席首次由著名科学家李国豪担任的形象和效果是满意的。"

1987年11月，上海政协之友社召开第一次社员大会。

先后担任过上海市领导的（从左至右）王力平、李国豪、陈铁迪、蒋以任。

1985年10月，上海市政协领导在长兴岛前卫农场，左一为李国豪。

2003年2月，上海市政协历届主席、副主席合影，前排中间者为李国豪。

1992年2月，李国豪为上海政协之友社成立五周年题词。

美好的回忆

上海政协之友社
成立五周年纪念

李國豪
一九九二年二月

# 第九章 晚霞满天

**阔别44年后,再回老家**

1982年,李国豪阔别家乡44年后第一次回乡。《关于李国豪教授来广州讲学的通知》中,中山大学、华南工学院、广东省土木工程学会共同邀请李先生在12月20日至25日6天时间内,作5场报告,内容涉及长江大桥扭转振动分析、截面可变形曲线箱梁的挠曲扭转分析、地震工程力学概貌和漂河桥地震反映分析,甚至包括当时尘埃尚未落定的宝钢钢桩水平位移问题。

盘桓广州6天后,李国豪回到了老家梅县。热情的家乡人陪着他看老屋、看田园,参观工厂、学校、东山大桥工地,年近七旬的李国豪一路看,一路感叹:再不是先前的莽荒之地了。这次参观他和弟子石洞帮助优化了东山大桥的设计。

16岁走出梅州的李国豪很少回来,可是老家却一直装在他的心里。1982年,他受到中山大学等单位邀请回到老家梅州,虽然只有短短的两天,但李国豪为梅州科技文教界作了一场报告、考察了东山大桥施工现场、和各界人士见面座谈,活动安排紧密,报恩之情之急切可见一斑。

李国豪在梅乡村莲塘垇,"男女老少均耳熟能详"[1],"李先生热爱家乡,每次回梅都会回村看老屋,他的客家话讲得蛮好呢"。名为"科技骄子 清风两袖"的文章中记载了李国豪第一次回老家的情形:

---

[1] 《科技骄子 清风两袖》,载《梅州日报》2003年3月7日第五版。

说起伯父，李勇曾（李国豪侄儿）显得感激而自豪。他说："我三岁没了爹妈，我和妹妹是奶奶一手抚养长大的，那时，家中没什么经济来源，兄妹俩读书全靠伯父接济，伯父在同济大学教书，除了养育四个子女外，每月寄20元给我们。我念到初二，文革开始了，伯父也落难了，与我们失去了联系。后来才知道挨了批斗，被囚禁了……"文革"结束，伯父与家里恢复了联系。1979年，我和妻子结婚的所有用品——一副被帐和两套衣服都是他寄钱买的。"

说到伯父回乡，李勇曾忍不住笑了。他说，1982年，他27岁才第一次见伯父。听说伯父要回来，他和妻子激动得一夜睡不着，不知拿什么来招待几十年未回乡且从未谋面的伯父。谁知，伯父回来后，点的菜谱居然是：白粥、炒菜脯、榄豉、米窖饭。这是伯父离家几十年后，也是此后多次回乡中唯一一次在家吃的饭。伯父每次回来，虽然都有公务，但总会抽时间回老屋看看，和乡亲们聊聊。

作为在老家的唯一侄儿，李勇曾曾经也想借着伯父的光，跳出农门。李国豪回乡时亲眼看到了当地乡亲们的日子还很苦，"他对随从的村干部说，家乡的生活还很辛苦，要靠你们这些父母官"。李勇曾对着伯父把自己的想法说了出来，"谁知伯父十分严厉地说'你还年轻，一定要靠自己才有出息，我不会也不可能为家人搞什么特权。'直至伯父担任上海市政协主席，我也一直本本分分地做农民，后来土地征完了，便在此地做早点。"❶

回来后，就不曾分离。李国豪心里总想着"我能为家乡做点什么"。

李国豪因搞科研等原因，晚年仍留在上海，但时刻关心着家乡的建设。

特别是从20世纪80年代两度回梅州后，他心里总是想，祖国需要我在上海工作,而我在上海又该为家乡做些什么呢?经过一段时间的思考后,他决定在上海组织一个客属组织,以这个组织来沟通和加强梅州和海内外乡亲的联系,帮助家乡更好地振兴经济。于是在上海发起和组织了"上海嘉属各校联谊会",后又成立了"上海梅州知识分子联谊会"。这一倡议立即得到在沪的客籍乡亲的响应和支持,并且一致推选李国豪为联谊会的会长。

自从联谊会成立以来,李国豪通过这个纽带,多次邀请梅州市党政领导和科技人员到上海去参观学习、交流经验,也不断派出人员回梅州了解乡情,解决科技和经济教育等方面的疑难问题。

李国豪说:"你们来上海,上海嘉属联谊会表示热烈欢迎,在上海工作的梅州籍人,绝大多数是专家学者,虽然拿不出钱来支持家乡,但是他们有比金钱更宝贵的东西,这就是智力、科学技术,智力的作用不可估量,但也不是现成的东西,需要开发。"此后联谊会的乡贤共同商议,决定在上海开办嘉友科技经济服务部,并明确规定其任务重点在于为家乡建设献计献策、牵线搭桥、提供经济信息、介绍项目、协助开展供销等活动。

李国豪对在上海工作的客家人员的子女也极为关心。在上海倡导成立客属子弟奖学金基金会,凡属客属子女品学兼优,经评委评定都可获得奖金,这引发了年轻一代青年学生奋发上进,使一批客属子弟取得了很大进步。学生曾雁辉首届获得三等奖,尔后在奖学金的鼓励下又取得优秀成绩获一等奖。这些奖金的颁发,每次都由李国豪会长亲自颁发奖状奖金。如今客属子女中已经形成奋发学习、争当优秀的良好氛围。❷

李梅荣作为李国豪的胞妹,从梅县妇联退休,文中她深情回

---

❶《科技骄子 清风两袖》,载《梅州日报》2003年3月7日第五版。
❷ 参见李梅荣等《李国豪的家乡情怀》,载《梅州日报》2005年5月9日第五版。

广东嘉应大学

忆了李国豪的家乡情怀。回乡参加嘉应大学开学典礼,恰逢梅江河修建东山大桥。工程指挥部的人听说李老回乡,立刻请求他前去察看。"李老察看了现场,了解了基本情况,结果在图纸上略作改动,就使原设计需要的钢材水泥节省了几百吨,总价值为200多万元。"❶

### "既是大学又是研究院"

李国豪最惦记的还是家乡的教育。一年多以后,他在一篇名为《重返故乡》的文章中写道:"梅县山多地少,缺乏矿藏。要进行现代化建设,重要的是要开发智力资源……梅县党政领导和许多旅居国外的梅县人士正积极努力复办嘉应大学,我十分赞成并完全支持。"

那一时期,应邀担任嘉应大学筹委会成员的李国豪与嘉应大学筹备委员会主任等建立起联系热线,往复磋商办大学的各种问题。1984年9月24日,他写信给嘉应大学筹委会,阐述他对学校定位的看法和做法:

一、要把嘉应大学建设成为梅县地区培养高级专门人才和发展科学技术与文化艺术的中心,既是大学又是研究院。

二、要制定比较全面的长远规划,包括专业和研究单位的设置,学生、研究生和教职工的发展规模,校园和校舍建筑的规划。国内外许多大学都痛感这方面的失策。相信嘉应大学将会发展成为具有文、法、理、工、农、医等专业和研究所室的万人大学,校园得有两千亩地,建筑面积得五十万平方米以上。规划宜宽不宜紧。

三、在近期设置的专业中应有土木、机械和电子学,专业范围宜尽量宽一些。

四、采用各种方式方法解决师资问题。1.以优惠待遇聘请外地的专职和兼职以及短期讲学的教师;2.派人到国内著名学校进修;3.委托国内院校培养大学生作为将来师资(梅县地区招生)。

五、要在国内报章包括英文的《中国日报》报道嘉应大学的消息,以引起各方的注意并争取支持。

这封信立即得到嘉应大学校方的响应:"国豪校长的意见十分中肯和重要。请研究采纳,化入草拟的方案中。"

1984年,李国豪欣然出任复办后的嘉应大学名誉校长并题写校名,在给周南翔的信中,他热切地希望嘉应大学"为梅县地区、广东省和国家培养人才和发展科学技术多作贡献"。

在当时,梅县地区还很穷,穷地方想办一所高等学府,谈何容易!《梅州日报》2008年11月22日以"见证历史:穷山区要办大学府"为题详细报道了嘉应大学的"初生"。文中,嘉应大学筹备委员会副主任何万真回忆:"穷地方办大学,谈何容易!外界认为这只是吹吹而已,办不成的;而内部则有人认为会影响普教的投入,不支持复办嘉应大学。但党政主要领导不改初衷,坚信这是改变穷地区面貌的战略决策之一,尤其是筹委会及其办公

---

❶《李国豪心系家乡大学》(罗传厚 张亮),载《梅州日报·桃李园》1984年4月14日。

室，没有动摇松懈过。从1984年7月11日成立筹备办公室，到1985年9月20日嘉应大学开学，只用了短短一年零两个月的时间！这样的办学速度，在国内外是少见的。"

办大学首先要做的事情竟是改地名。何万真说："为了节省基建经费，我们原定利用梅县南口已经搬走的部队三八医院现有房舍建校，去那看后才发现，虽然楼房现成，但地方太偏僻了。以后想招优秀老师，人家一看这么偏僻的地方谁还愿意来？所以没能定案。"后来，广东省高教局领导来考察，最后商定在老嘉应大学校址附近的梅子岗。"那地方当时叫麻子岗，因为觉得这名字不太好听，所以把它改成了'梅子岗'。那地方非常荒凉，但地理位置很不错，交通方便，地方也大，而且它毗邻嘉应师专，可以为日后两校合并打下基础，是校址的最佳选择。"

办大学，需要钱，可是当时的地区财政是拿不出多少钱的。"筹办之初，各种汇报材料都称政府投入了600万元，然而按当时的地区财政，拨款是不可能的。这600万元，其实是政府在北京同乡的帮助下，通过市场运作而来的。"原来，当时嘉应大学建校急需资金，外经贸部门刚好有购进一批设备的机遇，但却难以筹集外汇。眼看这宗贸易将坐失良机，无奈之下，何万真和几位领导亲自到北京找乡亲帮忙，在他们的鼎力协助下解决了一笔外汇，加上一部分华侨的资助，使这项进口贸易得以促成并盈利，如此这般，终于为嘉应大学筹集到了这笔难得的资金。

"嘉大能这么快办起来，离不开华侨和港澳同胞的大力资助。筹办嘉大只有短短一年多的时间，华侨和港澳同胞就一举捐资近800万元！"何万真说。嘉应大学复办时，最早的华侨捐资者，是旅美华侨何亮湖先生（梅县人）的遗孀何郑珍妮女士，听说丈夫的家乡正在筹办嘉应大学，她将原本要以丈夫的名义捐给加州大学的2万美元转赠给嘉应大学建专家楼（亮湖楼）。接着，刘宇新、曾宪梓、熊德龙、田家炳、黄丽群、萧畹香、姚美良、丘思东等华侨和港澳同胞纷纷为嘉应大学捐建教学楼、宿舍、学宫，建立教育基金，捐赠教学设备和图书等。此外，曾宪梓、熊德龙、黎国威等华侨和港澳同胞还将合资办企业所得的利润收入拿出一部分来作为办学经费。

"很多人认为，嘉大开办容易坚持难，这不是没有根据的。"何万真说。嘉应大学开办的第二年，由于种种原因，行署只安排了20万元作为嘉大的常年业务经费（相当于东山中学的四分之一）。正当嘉大办校处于异常艰难之时，时任梅州市长的黄华华，争取香港同胞捐资1000多万元建起了嘉应大桥，并按捐资者的意愿，每年将该桥收取的经费拨100万给嘉应大学作办学经费。

"初创时期，千难万难还是找人难，尤其是找校长难。"何万真说，"当年开办的5个专业，除电子专业的师资是武汉第一批调进的计算机专业人员外，其他专业都因经费和师资力量不足，只能采取易者先上的办法。当时有很多专家建议多开设工科类专业，但设备、师资受制于财力，谈何容易！"何万真介绍，"当时全国的大学，包括重点大学，都按学校已有条件来设置专业，有些难免与社会需求相脱节。按我们当时的条件，只能先开设经济、会计、金融、外语和电子5个专业，其他专业要等有条件了才能逐步去实现。"

设定了专业就得找老师。"当时我们这里经济落后，交通不便，信息不灵，师资乃至校长人选，都非常棘手。"为寻找师资，筹备办的同志跑遍全国各地大学去挖掘，但效果并不理想。"梅州籍人士在国内大学任教的非常多，可以说全国没有一间大学没有梅州籍教师，但北京、上海、广州的教师都不愿回梅州，只有当年的武汉，高级知识分子还处在'冬无暖气、夏无空调'的艰苦环境中，经过我们多次努力，总算请回了一批人才。"后来，通过国内媒体公开招聘，最终招聘了60人。

师资队伍建设有了好的开端。但校长的人选却让筹备办的同志伤透了脑筋。直到1989年5月，我们才最终聘请到华中农业大学农经系主任刘筠谦教授当'真正的'校长。"何万真说。

嘉应大学1985年秋天迎来第一批大学生，那年的开学典礼，李国豪作为名誉校长亲临现场并发表了题为"衷心祝愿嘉应大学健康发展前途无量"的讲话：

嘉应大学经过一年多积极筹建，今天举行第一届正式开学典礼，同时有四座大楼分别举行落成和奠基典礼。这是梅县地区高等教育事业发展的新起点。它将为梅县地区发展社会主义政治、经济、文化、科学、技术，改变地区贫穷落后的面貌，丰富人民的物质和文化生活，而培养各种专门人才。这是梅县地区社会主义现代化建设的一个关键……我衷心祝愿嘉应大学今后顺利发展。

密切联系地区实际，开展教学和科研。嘉应大学的任务，主要是为梅县地区的社会主义建设培养高级的专门人才。专业的设置，课程设置，甚至有些课程的内容都要结合本地区的特点和需要。由于培养人才的周期长，地区很需要的专业，如土木、建筑、机械等，大家都希望能及早开办。学制的长短，包括举办短

李国豪题写校名的嘉应大学校门。

> 祝嘉应大学建成为一个近者悦远者来的粤东北高教科技与文化的中心
> 李国豪 一九九０年七月

1990年7月，李国豪为嘉应大学题词。

训班、半工半读、夜校等，也应不拘一格地根据需要和可能来考虑；某些企业亟需的人才，还可以采取企业和学校合办几期专科或培训班的方式来专门培养。学生的专业实习和毕业设计、毕业论文可采取到企事业单位半工半读方式来做，使教学更具体结合实际，同时还能培养学生独立工作的能力。学校必须从成立之日起，就鼓励教师联系实际积极开展实地调查和科学研究，解决各种实际问题。这不仅因为嘉应大学负有发展地区科学技术的使命，而且是培养优秀的专门人才和提高教学质量所必需的。

他还在讲话中专门论述了"培养优良的学风和作风"、"艰苦奋斗，勤俭办学"两件事。"在教学和科学研究中就是要切实实行让不同的学术观点和学派争鸣，在各种工作中就是各级领导要倾听被领导者和广大群众的意见，特别是不同意见。"他说："万事开头难，今天，嘉应大学的成立，开辟了建校的大道。"不仅如此，李国豪还为同期创刊的《嘉应大学报》书写祝愿语："积极报道办学方针，反映师生职工艰苦奋斗的精神，教学科研与学校建设的成绩和发展，党和政府及社会各界和海内外嘉应儿女和朋友对嘉应大学的期望、关怀与支持，为嘉应大学的发展做贡献。"

"此后，李国豪回来过4次，每次都要到学校来，或与教职工座谈、或给大家作学术报告，他这个名誉校长可不是挂虚名的。"嘉应大学时任党政办主任李友文还转述李国豪的话说，"我是一个教书匠，能为家乡做的事情很少，如果你们觉得'李国豪'这个名字对你们建筑、桥梁设计有用的话，可以拿去用，我会想办法帮你们的。"李友文主任还说，李校长对他们学校专升本立下了大功。这指的是李国豪为此事数次给教育部等有关部门写信的事。

1996年，"李国豪教育基金会"在嘉应大学设立，李国豪在夫人林凤棣的陪同下专程前去参加成立仪式。这个基金是由梅州当地名叫杨钦欢的企业家捐资50万元设立的，杨先生仰慕李国豪盛名，拟在同济大学设立"李国豪教育基金会"。

李国豪接受盛意，但考虑到同济大学前几年已设立了近100万元的"李国豪教育基金会"，家乡大学更需雪中送炭，便建议在嘉应大学设立这项基金，奖励家乡大学教、学成绩突出的师生。会上，李国豪深情地说："我在家乡生活了16年，在上海生活了60年。但是对60年的上海还不及对16年的家乡情深。我能够

1990年代，李国豪（前排左六）在嘉应大学参加活动。

1990年代，李国豪（前排左二）在嘉应大学。

在工作中做出成绩，担任同济大学校长、上海市政协主席、两院院士，要感谢家乡给了我良好的基础教育，光荣属于客家人。我长久以来，就想为家乡做一些力所能及的事，今天实现了我的夙愿。当然，这点微薄的贡献比之许多乡贤的巨额捐赠是微不足道的，但愿两院院士的头衔对同学们能起到更多的鼓励作用。"

署名为罗传厚（时任嘉应大学党委书记）、张亮（时任嘉应大学校长）的《李国豪院士心系家乡大学》文章详细记述了李国豪与这所大学一些鲜为人知的细节：

李国豪非常重视教学和科研工作，他认为，教学和科研要并重，互相促进。他常常告诫大家，一个教师如果只是上上课，不进行科学研究，就好比无源之水，慢慢就会枯竭。

当获知嘉大今后开设土木建筑专业时，李老极为高兴，表示要抽时间回来讲课。并把自己关于嘉应大学师资、办学经费的看法，特别是开征教育税以解决经费困难的重要建议写成信函，要刘（筠谦）校长交给市委领导。李老在1989年就提出开征教育税的建议，在当时来说，是很有见地的"超前意识"。这一建议为市政府所采纳，较好地解决了整个梅州市的教育经费投入问题。

刊登在1998年4月14日《梅州日报》上嘉应大学党委书记、校长回忆李国豪心系嘉应大学的文章。

1990年代，李国豪在嘉应大学讲座。

　　李老每次回乡，都住在学校的招待所，用他自己的话来说是为了方便实惠。每次回来，都为师生们介绍国内外形势，与师生们座谈，为建筑系的学生讲课；平时还通过书信、电话及一些同乡了解嘉应大学的发展情况。

　　2006年初春时节，笔者来到了这所已经改名为"嘉应学院"的梅州最高学府。行走在起伏蜿蜒、浓荫匝地的嘉应学院校园里，看着或脚步匆匆、或悠闲徜徉的一张张青春的面孔，我们由衷地为李国豪的桑梓之情而感动。12 000名莘莘学子也许不知道，名誉校长李国豪为他们今天的一切付出的智慧和汗水，但大家快乐而健康地成长着，驾鹤西归的李国豪知道了一定会十分高兴的。

### 建桥名誉校长

李国豪担任过的名誉校长，除了同济大学、嘉应大学外，还有一所高校，即民办高校——上海建桥学院的名誉院长。

上海建桥学院位于上海市浦东新区，是经上海市人民政府批准成立、教育部备案的本科层次的民办高等学校，地处浦东新区康桥镇，2000年4月创办。建桥学院的创办人周星增高投入、高起点、高标准、高质量兴建的上海建桥学院，被媒体赞为"上海高等学府的新秀"、"民办高校的巨鲸"。

上海建桥学院的创办人周星增在题为《"我当名誉院长不是为了钱，是为了教育"》的回忆文章中，记录了当年他约请李国豪院士担任建桥名誉院长的情景：

十二年前，我刚到浦东创业，认识的人不多，想找一位德高望重的大人物担任名誉院长。民盟一位同志帮我出主意说，"找李老吧？"我心想，素不相识，李老肯接纳我这个默默无名的外来青年吗？经朋友联系，我与助理高克明老师抱着试试看的念头，登门拜访。

那天开门的是李老的夫人，她热情地迎我们进屋。李老穿着一件深色呢子大衣，笑眯眯地站起来打招呼。他脾气特别好，说话随和，非常热情，没有一丝架子，就像自家的长辈。听说我烟瘾大，李老说，"在我家不算公共场所，你只管抽。会抽烟的人不抽烟很难受的。"李夫人端来茶水，削了苹果给我们吃，一直陪坐在他身旁。在这样一种温馨融洽的氛围里，我介绍了自己的经历和建桥办学的设想，李老专注地听着，指点了一些特别要注意的地方……不知不觉，谈话早已超过了预约时间。不便打扰老人太久，我起身告辞时，说出了邀请李老担任名誉院长的想法。李老一口答应了，"下次我到基建现场看看"。

一周后，李老携夫人来到工地，我和黄清云、高克明、郑祥展等人接待了他们。李老对建桥办学规模蛮惊讶的，沿工地走了一大圈，边走边提了很多问题，他说，"不能按照以前的大学搞建设，可以稍超前一些；学生公寓八个人一间不一定适合将来的需要，要人性化，为学生身心健康发展想得多一些……"我们听了很受鼓舞，一是觉得自己规划的方向符合李老思路，二是李老思想解放思路清晰，对国内外宏观形势很熟悉，对社会发展很了解。言语间，能真切感受到他对教育事业的热爱！临别时，我递上一份酬金，李老谢绝了，他说，"当这个名誉院长，我不是为了拿钱，是为了支持教育；国外很多名校都是民办、私立大学，我们也可以办出很好的民办大学……"

2000年11月，学院打算出版《建桥报》。报头请谁题字？大家又想到了李老。李老欣然答应了，很快书写了"建桥报"三字，为了版面设计方便，还横竖各写了两张……这种认真负责的态度至今仍激励着编辑部师生办好每一期报纸。

此后，我和黄清云院长每年一般有两次登门拜访，向李老汇报工作。每当听到学校有了新进步，李老总是非常高兴，他鼓励建桥大胆创新，积极探索，办出特色，在师资队伍建设、学校发展规划、办学定位等方面提出了很多建设性意见。李老平时社会活动很多，但只要建桥这边邀请，他总是挤出时间参加，与师生们亲切交流。

我印象特别深的一次是2003年8月28日，李老冒着高温来建桥参加2003级新生开学典礼，作了一场报告。那次我陪同在座。李老讲话很实在，没有一句空话套话，他结合自身经历，谈了三层意思：

"希望同学们思想好，学习好，身体好。一个人的成败，和他思想品德的好坏是有很大关系的。做一个高尚的人，做一个对国家有贡献的人，树立这样的志向，对同学们的健康成长十分重要。学习好，很重要的一点是要专心、钻研，要刻苦，再研究一点学习方法。身体好很重要，我是深有体会的。我当学生时就很喜欢运动，乒乓球、网球、游泳，我都喜欢，我还是同济大学网球队的队员呢。好身体使我终身受益。"

"希望同学们树立信心，胸怀大志。年轻人有没有信心，有没有志向，很关键。我16岁时从广东到上海报考同济，录取名单公布时，从上往下数，第一名，不是李国豪；第二名，还不是李国豪……倒数第二名才是我。当时我年纪小，没包袱，对自己充满信心。你们不要因为没有考上名牌大学，到建桥学习就不高兴。建桥比我们当年的同济条件好多了。建桥的校舍、设施都很现代化，又有一批好教师，还有专升本的机会，同学们对自己要有信心。"

"希望同学们把自己的前途和祖国的命运紧密相联，投身民族复兴的伟大事业，为国家多做贡献。我已经91岁了，像你们这样的年龄，我所处的年代是一个很不幸的年代。我1938年去了德国，1946年回到上海，历经磨难，深深体会到什么叫'国耻'。回国后，在上海工部局做工程师，工资不能维持正常生活，要去当铺当掉很多东西，加上国民党政府腐败，做不成一点事，真是空有满腔报国情。1949年建国后，又经历了1966年至1976年的文化大革命。我被关进隔离室，扫地劳动。这个时候，纵使你有再大本事，也不能为国家贡献什么。直到1979年改革开放，我国经济飞速发展，我才有机会参与包括南浦、杨浦在内的许多重要桥梁的方案制定。我是上一世纪的人了，因此特别体会到，个人的工作、事业和国家大环境的关系非常密切。我很羡慕你们，我要祝贺你们，因为你们现在所处的时代，环境真是太好了。你们现在才十八九岁，全面建设小康社会，实现中华民族伟大复兴事业，这个时候，正是你们发挥才能的时候，要十分珍惜！如果你们中有些人到最后还不能有所作为，只能怪自己不努力了。我的这些话，你们越是到后来，越是有体会……"

李老的话音未落，台下的建桥师生们早已掌声如雷。

2004年11月我在外出差，听说李老住院了，就让黄清云校长、金旦生助理到华东医院探望。听他们回来说，那天下午走进病房时，李老精神矍铄，端坐在沙发上，朝他们微笑着。李夫人说，"李老今天知道建桥有人来，精神特别好，早就换下了病号服，等着你们呢！"像前几次一样，黄校长向李老汇报近况，提到了学院正从规模扩张转向内涵建设，创建上海市文明单位。李老一边听，一边不住地点头，连连称好。告别时，李老说，"等我身体好一些，我去建桥看看大家。"当时，谁也不曾想到，这一别竟成永诀！

周星增说，2005年2月23日17时37分，李老在华东医院逝世。天亦有情。当晚，早春天空淅淅沥沥地下起雨来……一年后，我们铸造了李老铜像，至今一直安放在校史馆内，接受广大师生与参观者的瞻仰。

### "我认为正确而有意义的生活是……"

教育孩子是每位家长的天赋职责，如果这位家长自己也处在磨难之中呢？

作为父亲，李国豪很少训斥几个孩子，尤其是在学业上。俗话说，身教重于言教，李国豪给予孩子们最多的影响，就是自己一心向学、潜心科研的"身教"。在李国豪心里，李乐曾姐弟4人考试每次能有七八十分就可以了；他尤其反对让学生死记硬背教科书上的那一点知识，认为知识是活的，要灵活掌握运用，能在实际生活上用上一点，那就是很成功的了。

四个孩子中，大女儿归华喜爱医学，考取的是上海医科大学（现称复旦大学上海医学院）；长子李沪曾上的是炮兵工程学院，以后又到浙江大学攻读硕士学位，到德国柏林工业大学留学攻读博士学位，学的是机械制造；二儿子李乐曾无论是中学时期的爱好，还是以后读华东师大、复旦大学以及留学德国攻读学位，一直是研究历史；小儿子李平曾进的是北京大学，后留在北大工作，从事的是无线电通讯研究。姐弟4人无一继承父亲的桥梁建筑专业。

但在文革中，李国豪的3个儿子分别到了农村，李沪曾在江西宜春军垦农场，李平曾在贵州插队，21岁的李乐曾落户在淮北泗县汴河公社老徐大队小徐小队。突然间从大都市来到贫穷落后的农村，过着面对黄土背朝天的生活，李乐曾和当时许许多多年轻人一样，感到前途暗淡。

此一时期，也正是李国豪被责令劳动改造的时期，因为年纪大，他被指派参加修造四平路，被派往山东滨县北镇黄河桥施工工地劳动。这一时期，他与李乐曾的通信又是怎样的情形？一位饱经颠仆、饱受摧残的花甲老人在一封封家书中怎样和儿子交流，怎样以身教影响孩子？我们选取1971年儿童节这天至1972年4月5日间的几封家书，以存历史之真。

第一封，写于1971年6月1日。

乐曾：

来信收到了，读悉你已经从濉河工地回到了生产队，并且参加了公社的篮球队，很好，我们都高兴。

昨天我在这里郊区的几个百货商店转，最后到了市里中百公司，想给你买40号的篮球鞋，谁知各店都无货，中百公司则要市、区体委的证明，结果扑了个空。但是，店里都有一种叫做上海长筒球鞋，样子同篮球鞋差不多，宽一些，只是鞋底的弹性不如篮球鞋，靠底没有出气孔。不知道你要不要，合用不合用，没有买；如果要，希来信告知。

我与道路连队一起参加修四平路的劳动已于前天晚上结束，昨天上午清理和归还了所有工具，在这个劳动的最后一周，我负责中班（14:30-22:30）管理工具和材料，不累。这正好大大方便了我的科研。上午我在家里做模型试验，下午、晚上在同济新村后面苗圃的工棚里值班便做计算分析。经过一个多月的摸索和从早到晚抽空试验，这个为检验我在前年和去年的献礼论文中建立的桥梁扭转理论是否正确的科学实验，于端午节胜利完成了。试验的结果同理论计算相当符合，使我感到安慰和高兴。接着对模型试验拍了必要的照片，冲出来的底片也相当好，正在印晒和放大中。现在只需把结果整理、写出来了。昨天下午和今天上午我补前天星期天加班的休息。以后我在学校里干啥还不知道。同学是集中一段时间上课，然后可能于七月间去青浦县造桥，十一月去江西，搞山区公路的勘测……

身体好和进步

寄来的《红旗》第五期收到了否？

国　豪

1971.6.1

第二封，写于1971年7月13日。

乐曾：

七·七来信收到了，读悉你的近况，甚慰。

上星期我已去桥梁工地三天，乘55-79-95路公共汽车，还得走廿分钟，共约一小时半。晨六时出发，晚七时才回到家。天气热，时间长，还要挤车子，累是累一点，但我身体还行，这也就是体验生活、改造思想的必要内容。这两天在学校绘制该桥的设计图，我提出了一些更改建议，改变了桥墩布置和桥面的钢筋布置，使设计更经济合理，因此有些图得重新画。城建局的工人和技术人员也提出了一些更改建议，使有些图得改一改。可能明天又去工地，反正每周两三天。教材尚未着手编写，还得去参观、调查研究一下工程实际情况，否则又会脱离实际。

妈妈前几天又去医院看了一次医生，给了一张减轻工作一个月的条子，所以现继续每天下午去学校游泳池，但时间也很长，回到家里也七时了。

昨天下午我在草坪上看见金成棣的儿子，谈了几句，他说梅平为的弟弟拟于本月廿七日来淮北，届时拟托他带点东西给你……

如果可能，你回来过个十天半月上海的夏天，游游水，在草坪上乘乘风凉，将有助于解除你的疲劳和我们的寂寞，那是太好了。

就此祝

安好

国 豪

1971.7.13晨

第三封，写于1971年7月25日。

乐曾：

17日来信收到了，并已转给沪曾，托梅小弟带来的东西收得否？我们原拟带一个旅行袋物品和30元，金成棣的儿子来取时说：东西太多了，因为有五六家托带，还有他们是两个小孩子，南京还想玩一玩，钱也最好邮寄，因此改变了前信所写的计划……

来信说七八月可能又要招工了，对你是又一次考验。你从我们家庭、从上海来到了淮北，犹如从绿洲到了沙漠，生活上和思想上的变化都太突然了、太大了。眼看国家发展进步的一面，身处疲困落后的农村，要到洪流中去冲一冲，碰碰大世面，见见大世面，不甘株守一隅，这种心情我是理解的，小雷锋也是这样从湖南的农村跑到了鞍钢的。但是从大局来看，工矿要发展，农村要改造，两方面都需要知识青年，不可能所有的知识青年都进工矿，一定要有知青留在农村。从公来说，这都是人民利益的需要；从个人来说，这也不一定就是不好。淮北农村是艰苦的，但可以锻炼人，可以有广阔的创业的天地。你的困难我们能够帮助你解决，至少在经济方面。进工矿不是进乐园。从个人得失看问题，总是这山看见那山低，进到工矿可能觉得不如农村。的确有些工矿的工作条件，如进矿井采掘，是比农活还要艰苦，所以我希望你以开广的胸怀来对待招工的问题，让组织、让贫下中农去安排自己的前途，愉快地作去和留的两手打算。家庭和你的前途的突变，从总的来说是有利于劳动人民的；从个人来说，也不见得是坏事，至少使我们更懂得社会和人生了。曹雪芹被抄家之后生活在农村，写出了不朽的名著——《红楼梦》，不抄家也许就做个纨绔子弟、浑浑噩噩。事情总有正反两方面，让我们多看积极的方面吧！

最近上海红眼病迅速蔓延，全市的游泳池都暂停开放，妈妈的工作稍松一些，昨天在家度过了很久以来的第一个礼拜天。我现开始编写教材的工作，工地每周去二次。

就此问

好

国　豪

1971年7月25日晨

第四封，写于1971年10月21日。

乐曾：

刚才收到你从十二日起到十八日止陆续写的信，读悉你的近况。现在就来谈谈公社大队要你当民办教师的事。

你如此勉强抑郁地接受这个任务，我想无非是以为：一、当民办教师地位和待遇低，没有前途；二、从此一辈子得这样下去当穷教书匠。

我是快走完生命途程的人了，在某些人们看来，出游过西欧各国，当了几十年大学教授，甚至大学校长，还有学部委员等等，也许是可美慕的。但是，我现在回顾、总结将近结束的几十年途程，感到空虚、不满足。因为我没有做出多少自己能引为满意的在大范围或小范围内有益于劳动人民和促进人类社会进步的事。

此前的人常说"富贵如浮云"，这包含两重意思：一是内容空虚，二是转瞬即逝。

名著《本草纲目》的作者李时珍是一辈子行医的，那时医生是被人们瞧不大起的职业，这并不妨碍他对中国的医药学作出伟大的贡献。辩证法的大师黑格尔开始发表他的哲学研究著作时，还未当柏林大学的教授，而是在当中学教员，但当中学教员并不妨碍他对辩证法作出伟大的贡献。

我以为正确而有意义的生活是：不计较工作的地位、待遇和前途，但求工作有意义，努力做出一些切实有益于劳动人民和促进社会发展的事来。

你在公社大队当教师，教育贫下中农的子女，促进淮北农村的文化发展，这是很有意义的工作。其间你还可以挤时间多看书，丰富和提高自己的知识与认识，大大增进头脑里的精神财富和扩大精神境界，为将来做更多的贡献做准备。工资待遇多少不必计较，不够，我们帮助，继续当作锻炼就是。

"也许教书就是一辈子的事"。你太缺少辩证法的观点了。事情是在不断发展变化的。可能不久你就不教书了，也许在别的地方教书了；就在原校，情况也许大大进步了。

要认识，你的生命途程发生了变化，你的思想要迅速跟上和适应新的情况。公社和大队给你这个任务，是对你的信任，你要愉快地积极地接受这个任务，愉快地积极地做好新的工作。无可奈何的被动别扭思想态度是不对的，要迅速纠正过来，化消极为积极，转被动为主动！是为至盼。

孔和、小莉莉回来了。妈妈退休仍未批下，我的足伤逐渐好些，勿念。就此作复，祝

安好和愉快！

国　豪

1971年10月21日

第五封，1971年11月2日。

乐曾：

你的十月廿四日来信收到了，甚慰。

是的，你今天思想上碰到的困难是过去的生活和教育造成的，对此我负主要的责任，深引为疚。所以，只要你今后能够不断地克服前进道路上的思想障碍，对我来说，不但稍减内疚，而且是莫大的安慰和鼓舞。

来信到达之前，我们也打电话问了夏敏琪同学，他说打算于十一月中北返。你所需的东西将于届时托他带来。因为平曾要本月中才能回家，有些东西将由妈妈与孔和采办。我只能在家里找点书来给你。昨天先寄来几本关于唯物论、辩证法的书。我以为关于这方面的学习是你首先要抓紧的，因为它最根本、最重要。

其他的书以后托带来。

归华昨天来信说，一因为懒，二因为生活平常，故久未写信给你和沪曾了。平曾和同学们于十月廿三日至廿七日去她那边玩了几天。她近日去参加新广播体操领操员学习班三天，本月中旬将去贵阳担任省办中草药展览会讲解员，为期三四个月，深以不能春节回家和弟弟们会面为憾。

现在市上的棉鞋都是灯芯绒面子、塑料底子的，不知是否足够在淮北御寒之用，也许可能买到羊毛里子的番皮靴子，即所谓老K皮靴。你那边是否合用？希即来信告知为盼。还需要什么东西，也希即函告。

托孔和买杜仲的人不少，他买到一些，照顾个方面，给尤文琪同学家里也送去了一点，是一斤。

四平路新修之后，又宽又平，好多了。同济新村的防空洞已在开始挖。同济大学新修了个校门。对门老马家搬到我们楼下了，谁将搬来对门还不知道。附近的环境是多少在变化中。

我的足伤在继续好转，妈妈仍上班。孔和、莉莉都好。勿念。

此复顺问

好！

国 豪

1971年11月2日

第六封，写于1972年4月5日。

乐曾：

今天收到你寄到北镇（**注：当时李国豪在山东滨州北镇随工农兵学员参加改造劳动**）的第一封信，读悉你的近况，甚慰。

我来此不觉已半个月了，工作、学习、生活都还好。第一周我连续跑了5天工地，看施工和设计资料。第二周和今后都每周去工地劳动一天，上周扎了一天钢筋。现在我指导两位教师设计北镇黄河大桥的一孔引桥，廿号出图纸。然后将编写一些钢桥讲义和力学讲义，并参加一些教学工作。还有时间则编译一些资料供教师提高之用。政治活动每周有二三个单元。传达了十二号文件，小组学习了两三次，开了一个晚上的大批判会。最近将传达中央计划工作会议的内容。生活方面，吃住都还可以。北镇是专区所在地，有剧院、电影院、浴堂，日用品和副食品供应都不错。去看了一次吕剧《杜泉山》，一次电影《大庆红旗》，洗了一次澡，生活内容比在上海还丰富。

今天我们休息，全体去瞻仰了烈士墓，解放战争时二百余烈士安葬于此，多数是解放军，来自五湖四海，有的姓名不可考，只立碑"解放军战士"，真正的无名英雄。"成千上万的先烈，为着人民的利益，在我们的前头英勇地牺牲了。"我们自己应该怎样呢？我想到了自己和你们孩子们今后要走的道路。

你们孩子们都无衣食之忧，要趁此青年时期刻苦学习，争取将来能为人民多做一些事。你很想念书，这个志向我支持。能上大学固然好，不能上大学同样可以念书。关键在于自己能够刻苦学习，持之以恒。我劝你作个长远打算，在历史——中国史、世界史和马列主义方面坚持不懈地读一些书，在德语和俄语方面，下三年五载的功夫，把它们学好，做到能读也能讲一些；其次，你想掌握一技之长，我想可以在无线电方面发展，读些书和动手做，这方面你已有一些基础，学习上有问题可请国安叔指导。这些学习内容我以为还是能办到的，关键在于你的决心和坚持，尤其是要常年坚持是不容易的，须有坚强的毅力。但是，古今中外从封建、资产阶级的"学者"到无产阶级的伟大人物，无不以坚强的毅力毕生刻苦学习的。希望你的眼光不要局限于目前的环境，排除那些追求个人的舒适生活和工作的思想影响。光阴似箭，时不再来。要抓紧，抓紧，再抓紧！学习，学习，再学习！

好吧，今天就谈这些。

顺问

进步

国　豪

1972年4月5日

把李乐曾教授交与笔者的这一封封家书录在此，一是为了保存历史的原貌；再者，反复读着这些家书，我们可以真切地感受当时生活环境的寒气逼人，感受李国豪虽然遭受磨难但绝不失去希望的生存状态；更可以体会到艰难的环境之下，他又是如何当家长的。李乐曾回忆说，在汗滴黄土、天寒地冻的淮北农村最艰难的日子里，爸爸的信就是自己的精神支柱和勇气、力量的源泉。

### "每隔一步放一块大石头，人就能过河了"

李国豪的桥梁理论造诣在业界声名远播、高山仰止。李国豪工作繁忙，肩上的责任重大，有太多的地方需要他为国家效力。但是，你知道吗？就是这样一位德高望重的桥梁大师、教育家，李国豪还写过启发、教育下一代的桥梁科普作品。"提起桥，几乎每个人都知道，而且还都在桥上走过。我们说，桥是架在水上的建筑物。有了桥，人和车就能方便地通行了。"这是李国豪在《桥上桥下》一书里用浅显的文字特意为小孩子们架设的科普之桥。

1999年一个寒风阵阵的傍晚，少年儿童出版社的丁晓玲编辑怀着忐忑的心情叩响了李国豪院士家的门。原来，她想请李国豪为儿童写"院士小人书"中关于桥的那一本。说实话，请学问高深、时间有限的院士们为小朋友编写低幼科普读物，行不行？她没有把握。但早就听说李老热心科普事业，所以在所有院士之

1999年,李国豪编写,少年儿童出版社出版的《大科学家小讲台——桥上桥下》一书。

中,她第一个想到、第一个拜访的就是李国豪。

"写过这么多东西,还从来没有人找我写这么浅的书呢,但我很愿意写。"一句话打消了编辑的顾虑。虽是写"小人书",但李老付出的心血跟写论文没啥两样,内容、图片、文字,样样一丝不苟。

由李国豪等7位院士撰写的10本"大科学家小讲台"系列低幼科普读物,一版再版,获奖无数。

以下就是李国豪《桥上桥下》中的文字:

提起桥,几乎每个人都知道,而且还都在桥上走过。我们说,桥是架在水上的建筑物。有了桥,人和车就能方便地通行了。

桥看上去都差不多,其实,桥的种类有很多很多,不同种类的桥有不同的特点和作用。桥是怎样发明的呢?

在很久很久以前,地球上还没有人造的桥。那时候,外出行走如果遇到很浅的河流,只好脱下鞋子,赤着脚趟水过河。后来,有些聪明的人想了个办法,他们在水浅的地方,每隔一步放一块大石头,人就能不脱鞋,踩着石头过河了。这种往河里放大石头的"踏步桥",可能就是人类最早建造的桥。

"踏步桥"只能过浅河,遇到水深的河怎么办呢?

有时候,猛烈的狂风吹倒了河边的大树,正好横倒在河面上,过路人只要踩在倒下的大树干上,就能慢慢地从河这边走到河的那边。受到这个现象的启发,人们便在河中筑起一个个木头或石头的桥墩,上面架上树干,这就是古老的独木桥。

因为独木桥太窄,运货的牛车和马车根本没法过。而且,人在滑溜溜的独木桥上行走,一不小心就会跌下去。

人们又想出了新的办法。他们在河中筑起一个个很宽的桥墩,上面并排铺着厚厚的木板,这样,一座又宽又长的木桥就建成了。

有了木桥，不仅可以通过行人，而且还能让车马行走。但是，人类对桥又有了新的要求。

这是一座60多米长的"风雨桥"，看上去就像古代的房子。桥面上有一排长廊和5个亭子，不仅看上去很漂亮，而且遇上天气不好，过桥的人不会挨雨淋，也不会受到烈日的晒烤，如果走累了，还能在桥上歇一会呢。

在我国南方的一些山区，山上的竹子特别多，而且竹子比大树轻，很容易搬运到河边。所以，当地人就用竹子扎成竹排，再把许多竹排连接起来，直接铺在河面上。由于竹子很轻，能浮出水面，因此大家把这种桥称为"竹浮桥"。

竹浮桥和木桥相比，取材很方便，建造起来也比较简单容易。

在平静的河面上架桥已经不是件难事了，但有些河的水流特别湍急，既不能安桥墩，也无法架浮桥，于是人们就想到了建造索桥。

用好多根长长的竹索或铁索，与两岸连接，索上再铺木板，这就是索桥。在索桥上面行走虽然有些晃荡，但总算解决了问题。我国最有名的铁索桥，就是四川省大渡河上的泸定桥。

用木头或竹子建造的桥，时间长了容易腐烂，为了延长桥梁的寿命，人们想到了用石头造桥。

大约在1400年前，石匠李春用大石块建造了著名的赵州桥。这座桥的设计很特别，在桥下的大拱两旁，还各有2个小拱。这样，既减轻了桥身的重量，又减小了洪水对桥的冲力，所以，赵州桥一直能保存到今天。

在北京西南永定河上有一座大名鼎鼎的卢沟桥，是800多年前建造的石拱桥。它全长266.5米，在桥头的石柱上，一共有485只石狮子。这些石狮子都是精雕细刻做成的，它们有大有小，各种各样，非常惹人喜爱。

古时候的城，是为了防止敌人的攻打，所以在四周建有高高的城墙，城墙外还挖有一条护城河。为了这种特殊的需要，人们发明了与普通桥完全不同的吊桥。

吊桥可以吊起，也可以放下。遇到敌军侵犯时就把桥面吊起，当敌军撤退后，再把吊桥放下，让城里城外的人方便地通过护城河。

在中国浙江的千岛湖，有一座好大好大的水库，水库周围群山环绕，只有一边是个大水坝，拦住水库中的水。

大水坝有十层多的大楼那么高。

它既是个水电站，又是一座大桥，让来往的行人和车辆通过，所以，人们就把它称为"电站桥"。

在大河上建桥有个很大的困难，就是怎样让桥下的大轮船通过。如果把桥造得离水面很高，不仅建造很困难，而且会给上下桥的车辆、行人带来麻烦。

为了解决这个困难，科学家设计出了能升能降的活动桥。当大轮船经过时，桥的中间部分就升起，大轮船通过后再降下来。

还有一种桥，看上去有许多粗粗的钢索斜在桥面上，其实这些钢索一头连着塔柱，另一头将大桥主梁紧紧拉住，这种桥被人们称为斜拉桥。

斜拉桥有了这些钢索，能把大桥的重量都压在塔柱上，这样就不需要用很多桥墩去支撑大桥了。

为了游览和观赏的特殊需要，人们建造出许多形状别具一格的桥。

在上海著名的游览景点——豫园，有一座著名的九曲桥。这座桥并不长,但它一会儿向左弯,一会儿向右弯,经过九道弯曲,游客在桥上一边行走,一边观看水里的金鱼和河边的景色,会感到心情非常舒畅。

在铁路和公路交叉的地方,公路上的汽车一定要让火车开过去后才能通行。如果交叉正好在城市中,那儿车辆本来就很拥挤,再遇上火车就更不方便了。于是,人们在铁路上再架一座立交桥,桥下通火车,桥上通汽车,谁也不妨碍谁。现在,就连公路与公路交叉的地方也架起了不少立交桥呢。

在繁华热闹的城市中心,马路上不仅车辆不断,还有好多行人要穿越行走。为了保证交通安全,建筑师在十字路口造起了一座座天桥。这样,行人可以从天桥上过马路,既防止了被车撞的危险,行走在天桥上,还可以一边走,一边欣赏美丽的市容呢。

在大城市中,人口和车辆太多,马路显得太少太窄。但城市只有这一点地方,没办法建造很多新马路,怎么办呢?科学家设计出了一种特殊的公路,名叫高架公路。在上海、北京、天津等地,一条条高架公路就像一座座特别长的、四通八达的空中桥梁,等于为大城市又增加了许多条公路。

《桥上桥下》图文并茂,基本上一段文字一幅图,形象直观。

## "顾问,既顾又问"

南浦大桥之后,祖国各地大江大河上架设大桥都爱找李国豪当顾问、专家组组长,因为老人家见多识广。杨浦大桥、卢浦大桥、江苏的润扬长江大桥、江阴长江大桥,广东的虎门珠江大桥、汕头海湾大桥,还有长江口交通通道、杭州湾交通通道、琼州海峡交通通道、伶仃洋大桥……老人家见解锐敏、认真负责,用业内的一句话说就是"顾问顾问，又顾又问"，一点都不含糊。

长期担任桥梁专家组组长的李国豪，也经历过江阴大桥的教训。

江阴长江大桥的建设颇费周折。1990年，由北京中国交通公路规划设计院、江苏省交通设计院和同济大学组成了联合设计组，经过3年努力，终于完成了初步设计和技术设计，并通过了外国公司的独立审核可以付之施工了。1994年，筹备已久的江阴长江大桥正式开工兴建，中国第一座超千米的大跨度悬索桥凝聚着中国几代桥梁人的梦想，终于完全由中国人自主设计。

具有巨大沉井基础的北岸锚碇以及两座混凝土索塔这两大技术关键计划中均由中国公司自主承包施工完成。然而，由于当时交通部和江苏省难以筹到上部结构施工所需的一半经费，只得寻求外资帮助，虽然广东省在得知消息后立即主动要求带资承包，同济项海帆也曾写信给交通部呼吁应当自主完成上部结构的施工，但为时已晚，江苏省已和英国政府签订了9000万英镑的低息贷款，合同规定由承建青马大桥的英国公司承包上部结构施工。实际上，江阴大桥的主缆和主梁施工仍由中国公司分包完成，英方只派了数名工程师负责施工管理和监理。英国公司通过低价分包，所获丰厚。

接下来，英国公司在国外刊物上，连篇累牍宣传其对江阴长江大桥的贡献，此桥也在英国和美国相继获得大奖。

有了这次教训，跨度更大的润扬大桥开建时，江苏省断然拒绝了英方的第二次合作请求。

润扬大桥完全由中国人自主建设。从1992年开始，李国豪便受邀担任大桥技术顾问。2000年9月26日，交通部镇江扬州长江公路大桥技术顾问组和技术专家组第一次会议在南京召开。与会专家听取了省大桥指挥部和设计单位的汇报，并认真审议了大桥实施大纲，最终形成了专家咨询意见。

润扬长江公路大桥是江苏省"四纵四横四联"公路主骨架和跨长江公路通道规划的重要组成部分，北联黑龙江省同江至海南省三亚、北京至上海国道主干线（沂淮江高速公路），南接上海至成都国道主干线（沪宁高速公路）。

润扬大桥建设的第一难题是做锚碇。做锚碇，就得挖深坑，和江阴大桥相比，润杨大桥的最大技术难关就是北锚碇基础。

润扬南汊悬索桥两根主索每根长2 600米，自重便超过2万吨，桥成后要求南汊悬索桥的北锚碇承受6.8万吨的主缆拉力。在镇江、扬州间的软土地基上，能竖起这么巨大、坚硬的锚碇吗？参加论证的专家们清楚，必须把6.8万吨重的缆绳压力传递到地下岩石上，否则，悬索就是空中楼阁。

做锚碇，就得挖深坑，用什么方式才能安全地把大坑挖成？2000年6月11日至19日，润扬大桥北锚碇基础技术设计审查会上，专家们天天争吵，冻结法施工国内只挖过直径8米的坑。北锚基础坑面积为3 500平方米，深50米，万一冻不住，江水奔涌而入，怎么办？那可是17万立方的滔滔江水呀！

如何给大桥吃下合适的"定心丸"？直到最后一刻，专家意见仍不能统一。

润扬大桥指挥部着急，总指挥吴胜东更着急。会议开了8天后，大桥指挥部决定采用带案招标的方式，让施工队伍报上施工办法。吴胜东不安地对交通部和江苏省有关领导汇报说："让施工单位自己拿图纸自己施工，国内没有做过，有风险。但指挥部无路可走了，只有另辟新路，才可能成功。"

6家施工单位报出18种施工方案。中港二航局偕同同济大学等数家科研单位汇聚到大旗下，报出了地下连续墙的施工方案，经过专家评议，一举中标。这个方案的设计者就是孙钧院士、徐伟教授。

所谓地下连续墙，就是在地面以下用于支承建筑物、截水防渗或挡土支护而构筑的连续墙体。地下连续墙开挖技术起源于欧洲。它是根据打井和石油钻井使用泥浆和水下浇注混凝土的方法而发展起来的，1950年在意大利米兰首先采用了护壁泥浆地下连续墙施工，20世纪50~60年代该项技术在西方发达国家及前苏联得到推广，成为地下工程和深基础施工中有效的技术。

2001年1月，孙钧院士、徐伟教授课题组承担了江苏省润扬长江公路大桥南汊北锚锭基础工程的设计和施工理论研究任务。在滔滔长江中开挖巨型深坑，谈何容易！虽然同济大学1996年在超深开挖面地下连续墙受力机理和施工技术应用研究领域便开始了系统的研究和实践，成果在陆家嘴开发区浦项广场地下室工程、人民广场地区来福士广场地下室工程施工中均得到了很好的应用。但位于长江江中的锚碇基坑技术含量之高、方法之新、开挖之深在国内外处于领先地位，即使是国际上也仅有极少数国家尝试过。

"接受任务后，大家就没有了休息的概念。"徐伟教授说，"项目组全体科研人员没日没夜地试验、计算、模拟。尽可能想得困难些，再困难些。"老师们没了春节，研究生们也主动提出不回家，"大年夜的饭桌上，大家谈得最多的还是设计"。课题组的目光牢牢锁定锚碇技术的国际水平，在工程设计中大胆选用矩形锚锭结构方案，嵌岩地下连续墙、排水明挖、内支撑与锚锭结构结合的施工工艺，经过近4个月的顽强拼搏，提出了一系列新颖、可靠、经济、安全的锚锭施工方案。带案招标现场，孙钧、徐伟的方案材料重达200多公斤。

叶可明院士为首的专家组评价说，该课题创新点包括基于地下水渗流与土体、支护结构变形的共同作用分析原理，采用平面弹塑性和空间非线性弹性数值模拟计算，确定了地下连续墙厚度和嵌岩深度的设计取值标准；完整地提出了复杂地层超深嵌岩地下连续墙设计方法和成套施工工艺；针对支护结构随施工过程时变的特点，建立了支护结构动态强度可靠度和动态刚度可靠度两个安全评价指标，拓展了现有的信息化施工理念。"总体上达到了国际领先水平。"

从实施的结果看，这一决定是完全正确的。而徐伟教授则由衷地感叹："是李国豪等老专家们打下了厚实的基础，让今天的同济人底气十足。"

润扬大桥的建成通车是中国超千米大桥完全自主建设的一曲凯歌，在国际桥梁界产生了巨大影响，实现了我国从桥梁大国向桥梁强国迈进的重要一步。同时，在李国豪、项海帆、范立础等老一辈专家的悉心指导下，包括葛耀君、陈艾荣、肖汝诚在内的一批中青年技术骨干迅速成长起来，为中国桥梁界输入了新鲜血液。

2005年4月30日，中国江苏网有如下报道（记者　储周）：

今天上午11时，举世闻名的全长35.66公里、双向六车道的润扬长江公路大桥通车庆典仪式在扬州市润扬大桥森林公园滨江广场举行。全国人大常委会委员长吴邦国出席开通庆典仪式。

润扬大桥不仅结束了扬州、镇江两座历史文化名城隔江相望、舟楫以渡的历史，也为提升中国的桥梁建设水平，加速从"桥梁大国"迈向"桥梁强国"的步伐，作出了积极的贡献。

交通部总工程师、润扬大桥技术专家组副组长凤懋润说，润扬大桥作为"世界第三、中国第一"悬索桥而被载入世界桥梁的史册，润扬大桥工程创下了包括第一大跨径、第一大锚锭、第一特大深基坑、第一高塔、第一场悬索、第一重钢箱梁、第一大面积钢桥面等八项"国内第一"，"代表了当前中国桥梁建设的最高水平"。

第一座刚柔相济的组合型桥梁润扬长江公路大桥由北接线、北汊斜拉桥、世业洲互通、南汊悬索桥、南接线、南接线延伸段6个部分组成，其中南汊主桥为主跨长1490米的单孔双铰钢箱梁悬索桥，是目前中国第一、世界第三的特大跨径柔性悬索桥。

世界桥梁协会主席伊藤学考察润扬大桥时，连说了三个"没想到"："没想到建设速度这么快，没想到技术难度这么高，没想到中国的混凝土这么漂亮。"

### 苏通大桥："建设长江口越江通道非常之迫切"

2008年6月30日新华社有如下报道：

30日上午，拥有1088米世界第一跨径的苏通大桥正式通车。这是中国建桥史上建设标准最高、技术最复杂、科技含量最高的特大型桥梁工程，创造了四项世界纪录。

苏通大桥位于江苏苏州与南通之间，总投资为78.9亿元，于2003年6月27日正式开工建设。整个线路全长32.4公里，其中，跨江大桥长8146米，由主跨1088米双塔斜拉桥及辅助和引桥组成。

据交通部专家组介绍，苏通大桥共创造了最大主跨、最深基础、最高桥塔、最长斜拉索等四个世界之最。

设计规划中的苏通大桥位于江苏省东部的南通市和苏州（常熟）市之间，是交通部规划的黑龙江嘉荫至福建南平国家重点干线公路跨越长江的重要通道。大桥工程路线全长32.4公里，其中跨江大桥工程总长8206米，主桥为1088米双塔双索钢箱梁斜拉桥，专用航道桥为548米的T型钢构梁桥，大桥工程总投资约64.5亿元，计划建设工期为6年。

可是，闻所未闻的巨大数字背后却是大桥建设面临的无数难题：

一年中江面风力6级以上的天数179天，年平均降雨天数超过120天，雾天31天，还面临着台风、季风、龙卷风的威胁，气象条件极差。

江面宽6公里，主桥墩位处水深30多米，无风时浪高1~3米；每天两潮，潮差2~4米；桥位处水流速度常年在2.0米/秒以上，最大流速为4.47米/秒，水文条件极为复杂。

因为泥沙覆盖层厚、土性软弱、河床极易受到水流冲刷而变形，基岩深度在300米以下。

施工区域航运密度高，船舶吨位大。据估算，该区域平均日通过船只2300多艘；高峰时，日通过船只接近5000艘，航运与施工的安全矛盾尤为突出。

这还只是初步评估时的难题，工程一旦开工，如团如麻的问题还会接踵而至，怎么办？找同济大学专家去。

苏通大桥的论证、设计、建设，和往常一样，交通部、江苏省联合发文聘请李国豪院士为苏通大桥技术顾问。南通市发改委张振刚在题为"李国豪院士和苏通大桥"的文章中写道："江苏苏通长江公路大桥工程，从项目论证、立项到建设，也留下了李院士的串串脚印，凝聚了李院士对八百万江海儿女跨越天堑的千年夙愿和百年期盼的关爱。"

位于长江口的南通与上海之间的越江通道建设论证早在20世纪90年代就开始了。

万里长江上大桥越造越多，有无必要在江苏省的南通、苏州之间再造一座长江大桥，国内一时争论颇多。

1993年，在上海市长江口越江通道专家论证会上，80高龄的李国豪指出：建设长江口越江通道非常之迫切，它有两重任务，一个任务是长江三角洲整个地区经济发展所需要的；第二个任务是开发浦东所需要的。随着我国经济的发展，长江三角洲地区经济的发展和浦东、崇明经济的发展，长江口越江通道不是一个通道而是应该有两个通道（即现在的苏通大桥和崇明桥隧）。

1998年，南京翠屏山培训中心和东郊宾馆，李国豪听取了南通项目的汇报，审阅了南通长江公路通道的预可报告。李国豪谆谆告诫："要认真分析风力荷载，特别要注意振动问题，搞好风洞试验。"1999年2月下旬，他又写信给南通市计委分管交通负责人，肯定了南通长江公路通道"预可"报告的深度，认为据此可初步作出桥隧方案的比选，也可初步作出优选东线桥位和跨主航道的斜拉桥方案，并阐述了对大桥抗风设计的初步意见。他还在信中表示，条件允许时将按约定如期到南通考察。

2000年10月底，应南通市委、市政府多次邀请，李国豪专程来到南通考察苏通大桥项目。听完汇报后，思路敏捷的李国豪旁征博引，侃侃而谈。他首先肯定了建桥的必要性；关于工程方案，肯定桥隧方案是合理的；关于主跨桥型，认为采用双塔斜拉桥比较好，建1 100米左右的斜拉桥是可行的。李国豪说："动力、静力和风荷载等方面，我国研究、设计水平并不低。自力更生可以长中国人的志气，我们完全有能力，有信心把苏通大桥建设好。"随后，87岁高龄的李国豪专门将自己的"荐桥"建议书提交给了国务院。2001年6月22日，国家计委正式批准苏通大桥立项！

2002年10月30日苏通大桥奠基，李国豪应邀专程至南通参加奠基仪式。2003年9月，江苏省人民政府、国家交通部发文聘请李国豪院士为苏通大桥技术顾问。

2008年5月26日，苏通大桥用奥运火炬的方式通车试运营。消息传来，同济大学桥梁系教授、苏通大桥设计副总负责人陈艾荣抑制不住内心的激动："同济大学与这座桥的缘分太深了！"

苏通大桥创下了很多第一：斜拉桥主孔跨度1 088米，列世界第一；主塔高度300.4米，列世界第一；最长一根斜拉索长度577

米，列世界第一；群桩基础平面尺寸113.75米×48.1米，列世界第一；该桥是我国建桥史上工程规模最大、综合建设条件最复杂的特大型桥梁工程……

同济专家全面参与大会战早在2000年，苏通大桥还处在工程可行性研究阶段，时任同济大学桥梁工程系主任的陈艾荣教授就协调和组织学校相关科研力量开始参与由中交公路规划设计院牵头的"苏通长江公路大桥工程可行性研究"，并兼任苏通大桥工程可行性研究副总负责人。2001年，课题组提交了最终研究报告，相关成果获得2002年全国优秀工程咨询成果一等奖。

同济大学在苏通大桥工程可行性研究阶段的积极参与和努力，奠定了大桥方案竞赛联合体中标的基础。2001年7月至11月，在江苏省交通厅组织的苏通大桥设计方案招标中，中交公路规划设计院、江苏省交通规划设计院与同济大学建筑设计研究总院桥梁设计分院组成的联合体中标，陈艾荣担任苏通大桥设计副总负责人，同济大学开始全面、深入地参与苏通大桥工程设计和科学研究。

2002年初，同济大学桥梁工程系牵头，组织相关院系全面开始了苏通大桥科研立项的前期准备工作，成立了专门的苏通大桥科研工作组，项海帆和范立础两位中国工程院院士坐镇把关，系主任陈艾荣挂帅，各院系学术带头人担纲，学校科技处等行政部门积极组织、协调和运作。技术上的充分准备、科研上的强强联合，组织上的有力保障，让同济大学在苏通大桥科研项目立项过程中捷报频传，先后获得了阶段科研立项54项，研究经费达1 672.6万元。一场全方位服务苏通大桥科技工作的攻坚战役拉开大幕。

据不完全统计，同济大学直接参与苏通大桥科研工作的在职科研人员包括中国工程院院士4人、正高级职称65人、副高级职称76人、中级职称54人、博士和硕士研究生逾两百人。用"史无前例"来形容同济大学参与苏通大桥科研工作一点也不夸张,据原常务副校长李永盛介绍,苏通大桥是同济大学参与国内外同一工程建设投入人力、物力、财力最多,系统最庞大,组织协调最完善的一次。

强大的科研保证了大桥建设的顺利推进,苏通大桥科研的主力军是同济大学桥梁系。项海帆、范立础等老一辈桥梁人的求真务实、开拓创新精神滋养着的新一代桥梁人锐意进取、顽强拼搏,使得该校苏通大桥科研捷报频频传来。

苏通大桥面临数不清的技术难题,第一难题是千米级斜拉桥。同济大学桥梁系多个学科组参与的"苏通大桥建设关键技术研究"课题很快被科技部确立为"十一五"国家科技支撑计划重大研究专项。2003年开始,学科组针对千米级斜拉桥的设计标准与方法、集成施工技术、安全与减灾技术、施工与运营控制技术等进行深入的攻关,逐步形成了具有自主知识产权的千米级斜拉桥建设核心技术群,这些核心技术的取得让我国参与国际重大桥梁工程项目竞争的能力得到很大提升。

"苏通大桥是一个特大型桥梁工程,进行正确的抗震研究,确保其抗震安全性具有非常重要的意义。"这是"苏通大桥抗震性能研究"课题牵头人叶爱君在项目简介中说的话,课题组对斜拉桥工程场地的多点地震动输入参数、千米级斜拉桥的地震反应特性、地震易损性、抗震概念设计、减震机理和方法进行了大量测算、试验、分析,得出了多项开创性成果;"索塔结构、群桩基础与土体共同作用的数值模拟分析"课题组通过地层模型的构建及力学参数的取值、索塔结构群桩基础与土体共同作用的三维力学建模分析、共同作用受力体系的模拟分析以及特殊情况下共同作用体系的模拟分析后认为,桩基采用"哑铃型"方案最为合理;"风环境对行车安全的影响和对策研究"课题组针对强风多发区桥梁风致行车安全这一热点问题，以行车安全临界风速和桥面风环境研究为重点，获得了确保行车安全条件细分下的风速标准、静动力状态下不同车辆、路面和车速综合作用下确保行车安全的临界风速、桥面风致行车安全概率评估方法等一系列原创性成果；徐伟主持的"苏通大桥主4#、5#钢吊箱结构复核"、"苏通大桥建设关键技术研究"提出了临时结构的荷载取值标准，得到了特大型钢吊箱结构的施工力学变化规律，解决了大型钢吊箱在急流强潮条件下安装的高精度定位难题，自流平混凝土技术成功实现大面积水下封底混凝土浇筑……苏通大桥长达6年的建设中取得了包括"千米级斜拉桥结构体系"等13项世界级核心技术，其中1项获省部级科技进步特等奖、6项获得科技进步奖；申报了10多项专利。科技人员还完成了23项工法编制，其中6项被颁布为国家工法、9项为省级工法……"没有同济大学专家们的深入参与，这些都是不可能完成的任务。"大桥指挥部评价道"拼搏，我们有了灿烂的笑容"。

规模空前的大会战没有高度的协调性是不可想象的。

"高起点，高标准，高效率"，这是大桥指挥部负责人对同济大学科研团队的评价。"两个月一次的苏通大桥科研工作研讨会雷打不动，我们一直坚持到大桥科研任务全部完成。"研讨会协调人陈艾荣介绍，会上，各课题负责人将向院士顾问及其他课题主要参研人员汇报工作，并听取意见，"有时，意见是很尖锐的，但大家都明白'良药苦口'的道理"，于是研究思路和步骤总能得到及时的调整，下一阶段的研究工作重点和难点总能很快清晰。更为重要的是，得益于各课题负责人间的沟通紧密性增强，不同课题组研究生之间的学术交流和讨论氛围也很快浓厚起来，"效果超出我们的预期。"

不仅如此，苏通大桥还为同济大学科研交流的升级提供了难

2003年初，上海磁悬浮列车刚开始全线试运行，李国豪与夫人林凤棣试乘时在车站合影留念

得的机遇。业主、设计单位、建设单位、咨询审查单位……同济大学紧密地与大桥建设指挥部、中交公路规划设计院和江苏省交通规划设计院，甚至还涉及丹麦COWI公司，进行积极的沟通和配合，按时通报研究工作进展，邀请相关专家指导检查工作，多次到设计现场开展科研工作，积极配合初步设计阶段的方案比选和优化工作……这一切都极大地提高了大桥设计和科研工作的效率。"大家风范。"参与大桥建设的专家们、管理人员纷纷对同济专家竖起大拇指。

2006年底，经过四年多的奋力拼搏，所有的课题都已按工作大纲的要求，按时、按项，高质量地完成研究工作，全部课题都顺利地通过了专家严格的评审，其中一些重大课题的专家鉴定结论为"总体达到国际先进水平，部分达到国际领先"。

### 学术界，他爱做"桥梁"

站在土木工程科研和实践前沿阵地的李国豪受到中国和世界工程界的拥戴。

早在1959年，李国豪便发起创建了上海力学学会。"文化大革命"甫一结束，1979年，学会便迅速恢复运转。身为理事长的他多方努力，相继创办了《上海力学》季刊和《力学丛刊》，借以传递国内外力学科技成果。如今，已经改名为《力学季刊》的这本杂志不但成为中国力学、物理学的核心期刊，还办了自己的网站。

1979年，也是李国豪学术活动极为活跃的一年。这一年，他出任上海市科学技术协会第二届主席；继1978年中国土木工程学会恢复活动时被选为副理事长后，在新成立的中国桥梁与结构学会出任首届理事长。也是在这一年，他率土木工程学会代表团赴瑞士参加国际桥梁与结构协会成立50周年年会。担任上海科协主席期间，李国豪一边努力带领上海科技界恢复十年浩劫中全面瘫痪的组织制度和学术活动，一边积极组织科技人员走向生产、走进厂矿。宝钢顾问委员会就是这一时期的产物。

1984年，71岁的李国豪又被推选为中国土木工程学会第四届理事长。其间，建立了4年一次的学术年会制度，协会成员的国际学术交流得到大力推动。不顾年高的李国豪还亲率学术代表团赴日本、美国、加拿大等国访问、作学术报告。1988年汇编成册的中国土木工程学会《出国考察总结汇编及举办国际学术会议总结》一书，清楚地记录了李国豪担任中国土木协会第四届理事长4年间协会国际交流的情况：中国土木协会代表团分别对法国、美国、加拿大、日本、英国等进行访问，美、英、加等国去了2次；举办国际会议7次。至于出国进行学术性考察如桥梁及结构工程、基础及地下工程、城市及住宅建设、材料及混凝土技术、港口建设等更是多达14次。1987年5月12日至6月1日，代表团访问美国、加拿大，李国豪担任团长，范立础作为团员，代表团与美国同行达成：双方同意两学会领导人员的互访活动每隔2~3年进行一次，继续积极推进专家互访讲学及参加国际性的学术交流；互派工程师工作进修。美国土木协会正以自己的学术地位与社会影响向美国务院申请授予特别签证权,同时接受我方代表团此次带去的10名在美进修工程师名单;中美合作出版"中国土木工程论文集"。随后,代表团参加了在蒙特利尔举办的纪念加拿大工程学会成立100周年大会和学术会议。大会上,来自澳大利亚、英国、日本、埃及、新西兰、美国、巴西等数十个国家和地区的3000余名代表济济一堂,在"发展中国家的土木工程"分组会上,李国豪宣读了《中国古代和现代土木工程结构》的论文。中国土木协会秘书处在该书《前言》中写道:

几年来,我会在被接纳加入国际桥梁及结构工程协会、国际隧道协会、国际土力学及基础工程协会和国际预应力协会等著名国际学术组织后,还与加拿大土木工程学会、美国土木工程师学会、英国土木工程师学会、日本日中经济协会建设部会、法国路桥学院等建立或恢复了双边合作关系,在土木工程各学科领域内广泛开展了多种方式的学术交流活动,包括联合主办国际会议、双边学术会议,参加双方召开的年会,组织专家学者考察、讲学和工程师进修等。

2006年1月7日,2005年第五届詹天佑土木工程大奖颁奖大会在京隆重举行,包括广州白云国际机场、天津博物馆、香港国际金融中心二期、上海卢浦大桥、上海大连路越江隧道在内的中国22项工程荣获大奖。作为中国土木工程界最高的工程荣誉奖,这个奖励科技创新与科技应用方面成绩突出土木工程项目的基金,与李国豪的推动是密不可分的。那是李国豪担任中国土木工程协会四、五届理事长期间的事情。从基金章程到资金来源,每个细节李国豪都义不容辞地张罗,他认为这是这件为土木工程界可持续创新提供动力的大事。

基金的奖励范围及奖励对象涵盖了全国(含香港特区)土木

工程的各项专业工程，包括：房屋及公共建筑工程、公路及铁路工程、港口及海洋工程、桥梁工程、隧道及地下工程、岩土工程、市政工程、特种工程（防护工程、水电核电工程、塔桅工程）。基金接受海内外土木工程界单位、团体及个人的捐助，筹得的款项专门用于持久地支持和资助科技奖励、学术交流及人才培养。

1993年，詹天佑土木工程基金设立。这一年，李国豪从理事长的位置上退了下来。也是在这一年，继任的中国土木工程协会许溶烈理事长专程到沪，定制了一个八层大蛋糕祝贺李国豪80华诞。

1986年，李国豪担任中国科学技术协会常委兼咨询工作委员会副主任。在他的倡议下，中国科协立项调研"中国交通运输发展战略与政策"，李国豪亲自组织领导成立了一个专家组，不避寒暑奔赴祖国各地，最终形成了《研究报告》。专家意见得到朱镕基等国务院领导的赞许。

1988年，上海成立退（离）休高级专家协会，身为上海市政协主席的李国豪亲自出任首届会长，从此一发不可收，连任五届。在他的张罗之下，协会从小到大，如今已有近5000名会员，这些来自工程技术、医药卫生、农林生物、经济法律、金融、文教、管理等领域的老专家退休不退责，继续为改革开放、基础建设、著作编写、人员培训、科普宣传、学术交流等出智出力。尤为可喜的是，在上海的带动下，全国陆续都成立了类似的组织。

1989年，李国豪出任中国工程学会联合会首届主席。在他的推动下，大陆与香港工程学会开始互相承认会员资格。这一年，他又担任了中国退（离）休科技工作者团体联合会（后改名"中国老科技工作者协会"）首届主席，上海效应开始在全国放大。1993年，李国豪以年高请退，被选为退（离）休科技工作者团体联合会名誉会长。

李国豪担任中国退科联主席的往事，时任该组织的秘书长陶嫄这样描述："1989年11月，中国退科联第一次全国会员代表大会闭幕后的第二天，中共中央办公厅曾庆红同志来接李老到江总书记那里去做客。李老临走前对我说，'我会把成立中国退科联的事向江总书记禀报一下，你看还要说些什么？'我说，大家有个愿望，能不能请江泽民总书记为发挥退（离）休老科技工作者作用题个词。李老高兴地说，'对，对，对！请他题个词，鼓励鼓励我们这些老科工。'不久，总书记办公室送来了江总书记为中国退科联的题词：'团结广大退（离）休科技工作者，为科技进步经济繁荣社会发展和民族振兴再做贡献'（1990年2月4日）。李会长十分高兴，要求我们立即把江总书记的题词传达到每个会员单位，并认真组织学习、贯彻。他说，'江总书记的题词含义深刻，它既对广大老科技工作者寄予了希望，又对我们老科技工作者的团体提出了要求，表达了党和人民对我们的期望和重托，任重道远呀！我们一定要按照江总书记的题词精神，当好开路先锋，甘当铺路石，为后来人奠定好基础。'"

陶嫄介绍，中国退科联成立时，正值国家对成立群众团体实行政策改革：不给经费，不给人员编制，不定级别。所以中国退科联成立后的第一件事就是要自己去找"饭"吃。当时，退科联的办公室是借中国农科院退科协的半间库房，办公室的几位干事都是各会员单位派来的义务干部，办公用品都是收集有关单位淘汰下来的东西。李会长到办公室去了一看，他笑了，然后幽默地对我们说："我们从零点起跑，这更能锻炼人喔，不要着急，我们这个团体是个人才宝库，面包会有的，一切都会有的！"为了解决些必须的费用，李会长亲自出面向中国科协有关部门争取了一点经费。为了节约开支，中国退科联的常务理事会、会长会议等,都安排李老到北京开别的会时召开。中国农科院退协的小会议室,冬天暖气不足,比较冷,李会长就穿着大衣主持会议,中午吃饭就在院内的小餐馆吃便餐,李老对我们的安排很满意,他表扬我们有创业精神。陶嫄回忆,筹备第二次全国会员代表大会的时候,出现了一个团体更名问题,当时有人提议更名为中国老年科学技术工作者协会,李老反复考虑后对我说:"我认为这个'年'字放着不好,应该去掉,改为'中国老科学技术工作者协会',更能体现我们这个团体的特点:我们这个团体的成员特点不在年龄上,而在于这个团体的成员将是一大批为新中国的建设、科技的发展做出特别贡献的知识渊博、经验丰富,具有献身精神的老一代科技工作者,'老'字具有资深的含义,较为贴切。"按照李老的提议,经过第二次全国会员代表大会的讨论,一致通过了更名为"中国老科学技术工作者协会"(简称"中国老科协)的方案。

素具国际视野和交流意识的李国豪在国际学术舞台上非常活跃。1979年,"文革"后首次出访德国后的20多年里,李国豪的足迹走遍了世界。1981年,由于他对国际桥梁理论发展的杰出贡献,且他是该协会的资深会员和中国组组长,被国际桥梁与结构工程协会推选为世界十大著名结构工程专家之一;1987年又荣获协会授予的"国际结构工程功绩奖"。

1991年,作为东亚与太平洋地区结构工程协会的发起人之一,李国豪成功组织了在上海召开的第三届年会。

李国豪晚年依然忙碌,其中就包括《辞海》和《中国大百科全书》的编纂。《辞海》第一次修订工作开始,李国豪不辞年高担任副主编并兼任土木建筑部分主编。后来,《中国大百科全书》开始编撰,李国豪又担任土木卷的主编工作。除此以外,他还是英国科技史学家李约瑟博士80寿辰论文集《中国科技史探索》

2000年，李国豪在同济大学新世纪联欢晚会上致辞。

一书的主编之一。参与《中国科技史探索》撰写的嘉应学院李春泰教授至今回忆起当时情景，对李先生仍赞不绝口："大家就是大家，博学、认真。"

由于李国豪的贡献，1995年、1996年，他又相继获"何梁何利科技进步奖"、"陈嘉庚技术科学奖"。

**长寿其实有秘诀**

李国豪一生度过了92个春秋，历经风雨身体却始终无大恙，是位名副其实的长寿老人。

李国豪把自己长寿的经验概括为心情愉快、经常运动、注意保健及生活规律4条：

第一，心情愉快。这一点很重要，几十年来我觉得基本做到

2003年4月12日，李国豪90岁生日留念。

了。无论在德国还是在国内，我做学问确实入了迷，但从没有名利思想。自己认为还是比较开朗的，工作中没有多少牵挂，处理事情，对事不对人，同事之间没有什么过不去的地方，心情比较愉快，睡觉很容易入睡。

第二，经常运动。我从中学起到大学、到德国、一直到前几年，喜欢经常打乒乓球、网球、游泳、骑自行车。我曾是同济大学网球队的队员，还和当时国内知名的网球名家林宝华对阵过。后来游泳、骑自行车一直不断，游泳一直到前两三年才停止。

我觉得骑自行车也是很好的锻炼。我在德国时一个同学送我一辆自行车。七年里，我一有空就骑车远足旅行，从达姆斯塔特到特里尔等远近城市，有时来回要两三天。回到上海以后，坚持骑自行车，星期五、星期六骑车到宝山、吴淞、江湾，20世纪70年代末到80年代初，我还骑车四个小时从同济新村到江苏昆山。后来我还打太极拳，一直坚持运动。

第三，注意保健。1960年我骑自行车到江湾，在新华书店看到一本《保健按摩》，我觉得很好，买了以后一直做保健按摩到现在，四十多年没有一天间断，从头一直按摩到脚。还有叩齿，有一次在华东医院，医生看见我的牙齿，说："啊！你的牙齿这么好，比我的还好。"我说："我叩齿四十多年了。"当然，真的是不是叩齿的关系，我不知道，但就是说，注意保健、经常锻炼是很重要的。现在的条件好了，有好处，也有坏处，汽车太方便，工作节奏太快，你不坐汽车也不行，汽车一坐，很少走路、骑车，至于要

2003年4月12日，李国豪90华诞，在庆祝大会上讲话。

挤时间去游泳就更难了。所以希望大家要运动，注意保健。

第四，生活规律。我觉得也很重要。我几十年来没有开过夜车，我在大学的时候，功课很紧，一个星期上三十多个小时的课，设计、画图的任务都是很重的。可是，到了下午四点多钟，就打网球。后来工作很忙，我也不开夜车，而是"开早车"。那时我担任副校长，还上课。有的时候晚上人家找到家里，一谈谈到十点钟，明天的课没有办法备了。我就早上五点钟起来备课，觉得早上脑子很清爽，过了晚上十点半，我的神经活动就很慢了。所以，生活有规律还是很重要的。此外，我喜欢喝点咖啡和茶，酒不喝，烟也不吸，对身体有帮助。

与李国豪的其他文章一样，这段文字依然素面朝天、朴朴素素，所说的与其他善于养生的老人没什么两样。可是，如果我们把它与李国豪一生坎坷的经历、取得的成就对照起来看，他的坚持最后变成习惯给他带来的巨大好处却让人肃然起敬。正是因为先生良好的生活、工作习惯，他才能为国家工作漫长的60年。

李国豪爱好体育也为他争得了不少的荣誉。60年代初参加上海市横渡黄浦江活动自不必说；1988年参加市里老年游泳比赛，50米获得第二，100米则拿了冠军。平日里，李国豪是走到哪里游到哪里，可以说"游遍了世界"。1956届土木工程专业毕业生居荣初回忆："1969年，我受上级安排，带领一支队伍去四川渡口攀枝花钢铁基地从事一项地下管道抗地震的爆炸模拟试验任务。路经西昌，恰逢周日，我们去邛海游玩。我们有几个同事在凉亭里打扑克，我独自一人在海边远眺。老远望去海对面好像有一个小黑点在向我们方向飘来，因为这里大多是驻军，一般人是不准进入的，我在想这究竟是什么？大约过了六七分钟，我清楚地看出对面的黑点竟是一位泳者，泳者越来越近，我认出是李国豪教授，就情不自禁地叫着'李老师，李老师'。他也慢慢地上岸了,他已记不起我的名字,但他知道我是他的学生。这次和李老师的相见,真是一次奇遇。"

音乐同样伴李国豪一生,听西洋的歌剧、古典音乐,听中国的京剧、昆曲和名曲也是他的一大爱好。不仅这些,李国豪还有一个特别的爱好——整理照片。李国豪一生的照片分装在厚厚的10个信袋里,总数不下500张。这些照片从他少年时代开始,伴随他走到德国、走过文革。平时在家一有空,李国豪就拿出这些记录自己风风雨雨的历史影像,仔仔细细地整理好,每张相片后都写上记录当时情景的文字,忙活好了,最后一道工序就是装嵌到相册里。

爱好文体活动的李国豪,对校内外的群体文体活动倾心支持。校工会组织的太极拳、合唱队、游泳……很多群众文体活动中都有他支持的足迹。

正是得益于身体基础,晚年李国豪仍然壮心不已。1979年1月2日,极少写诗的他在《文汇报》发表了一首名为《长征号令急》的诗作:

> 燕京传鼓声,长征号令急。
> 中华多壮志,古今创奇迹。
> 学愚公移山,效夸父追日。
> 育才战四化,老夫争朝夕。

"育才战四化,老夫争朝夕",诗中表达的培育新人、奋战四化的豪情和急迫的心情一点也不输于年轻人,这一年李国豪66岁。

# 李国豪生平大事年表

| | |
|---|---|
| 1913.4.13 | 出生于广东省梅县城东乡梅乡村莲塘坳 |
| 1929—1936 | 上海吴淞时期的同济大学，学习德文2年，大学学习5年，为校网球队队员，以优异成绩毕业于土木系，留校任教，讲授钢结构和钢桥课程 |
| 1938.10—1940.4 | 获德国洪堡基金，在德国达姆施塔特工业大学学习和研究桥梁工程，1940年4月以论文《悬索桥按二阶理论的实用计算方法》获工学博士Dr.-Ing.学位 |
| 1940—1945 | 继续在达姆施塔特工业大学的钢结构和结构力学教研室从事桥梁和结构力学的科学研究及教学 |
| 1942 | 以论文《用几何方法求刚构影响线》获特许任教工学博士Dr.-Ing.habil.学位 |
| 1945.12—1946.6 | 由德国经巴黎、马赛、西贡回到上海 |
| 1946.8 | 同济大学土木系教授、系主任 |
| 1947.10—1952.8 | 同济大学工学院院长 |
| 1953.5—1956.12 | 同济大学教务长 |
| 1953 | 加入中国民主同盟 |
| 1955 | 武汉长江大桥技术顾问委员会委员，中国科学院首批学部委员 |
| 1956 | 加入中国共产党，同济大学副校长，全国先进生产者（教育界），国务院科学发展规划委员会土建组组长 |
| 1957—1982 | 中国力学学会第一届理事会副理事长 |

| | |
|---|---|
| 1958 | 南京长江大桥技术顾问委员会主任；民盟上海市委副主委 |
| 1959 | 上海力学学会首届理事长；《辞海》编辑委员会委员（1978年起任副主编）兼土建分科主编 |
| 1964 | 第三届全国人民代表大会代表 |
| 1966–1976 | "文化大革命"期间被批斗、囚禁、强迫劳动6年，在囚室中开始研究解决武汉长江大桥震动问题和南京长江大桥稳定问题，著《桁梁桥扭转、稳定与振动》，并完成专著《公路桥梁荷载横向分布计算》 |
| 1977 | 同济大学革委会主任（10月）；上海市教育战线先进生产者 |
| 1978 | 第五届全国人民代表大会代表；中国土木工程学会副理事长；同济大学校长（7月） |
| 1979 | 重访德国，恢复同济大学与德国合作关系；中国桥梁与结构学会首届理事长；宝山钢铁总厂工程技术顾问委员会首席顾问 |
| 1980.5–1984.9 | 上海市科协第二届主席；国务院学位委员会委员，兼土建水利学科评议组组长；解决宝钢工程中桩基水平位移问题 |
| 1981 | 论证并提出宝钢工程不应下马，使工程得以继续建设，并发展成为我国一个最大的现代化钢铁企业；被国际桥梁与结构工程协会推选为世界十大著名结构工程专家之一 |
| 1982.2 | 在北京德国大使馆歌德逝世一百周年纪念会上接受"歌德奖"章；中国力学学会第二届理事会副理事长 |
| 1983.4 | 上海市政协第六届主席 |
| 1984 | 同济大学名誉校长 |
| 1984–1993 | 中国土木工程学会第四、五届理事长；1993后连任3届中国土木工程学会名誉理事长；中国大百科全书总编辑委员会委员，兼土木工程卷编委会主任 |
| 1985.8 | 国际桥梁与结构工程协会常设委员会委员，中国组组长；8月接受达姆施塔特工业大学名誉工学博士，嘉应大学名誉校长 |

| | |
|---|---|
| 1987 | 上海南浦大桥顾问组组长;"宝钢引水工程咨询"获国家科技进步二等奖;5月在上海德国总领事馆接受"联邦大十字勋章";9月获国际桥梁与结构协会"结构工程功绩奖" |
| 1988 | 上海市退(离)休高级专家协会首届至5届会长;"宝钢工程调整综合论证"获上海市科技进步一等奖 |
| 1989 | 中国工程学会联合会首届主席;中国老科学技术工作者协会首届会长 |
| 1991 | 上海杨浦大桥顾问;汕头海湾大桥顾问组组长;中国科协荣誉委员 |
| 1992 | 虎门珠江大桥顾问组组长,江阴大桥顾问 |
| 1993.4 | 在同济大学祝贺80寿辰会上成立"李国豪教育基金";主持制订《长江口交通通道桥梁方案》 |
| 1994 | 中国工程院首批院士;主持制订《杭州湾交通通道预可行性研究》 |
| 1995 | "林同炎李国豪土建工程咨询有限公司"董事长;汕头礐石大桥顾问组组长;获"何梁何利科技进步奖" |
| 1996 | 获"陈嘉庚技术科学奖" |
| 1997 | 广东伶仃洋大桥工程顾问委员会首席顾问 |
| 1998 | 中国科学院和中国工程院资深院士;香港理工大学荣誉工学博士 |
| 2000 | 润扬长江公路大桥顾问,苏通长江大桥顾问,上海-崇明公路越江通道方案评选会议专家组组长 |
| 1996–2002 | 上海国际航运中心洋山深水港工程多次论证与评审会议专家组组长 |
| 2002 | 东海大桥名誉顾问 |
| 2003 | 4月同济大学举行90寿辰盛大庆祝会;9月被评为首届"上海市教育功臣" |

2005年2月23日17时37分,因病医治无效,在上海华东医院逝世,享年92岁。

# 后 记

不再是键盘的"咔咔"声,当输入最后一个字符后,坐在电脑前的我已经难以自已,脑海里,李国豪、同济大学、国家、学校、桥梁、工程教育……一个人和一所学校、一个人和一个民族,它究竟是怎样的一种关系?它应该是怎样的一种关系?李国豪,放到中华民族优秀子孙的长长名单中,究竟应该是怎样的一个位置?

1929年9月,一名客家少年走进国立同济大学,和很多富家子弟一样接受德式高等教育;和很多富家子弟不一样的是,他经常要为学费发愁。千难万险地完成学业之后,走向社会却找不到专业对口的工作,还是母校张开了宽厚的怀抱接纳了他。在同济大学,他获得了洪堡奖学金资助得以负笈德国深造,可以说是同济大学成就了李国豪。

8年之后,李国豪回到祖国。他也曾想过为国家干些修桥建楼之类实务;也想过到中央研究院,为此他还请长期在国民政府中任要职的校友朱家骅❶帮忙,但他最终还是和母校不分不离、患难与共。"一·二九"、大搜捕、院系调整、反右、"文革"、两个转变……作为同济的教师、领导者,李国豪与母校一起经受考验,一起煎熬等待,一起大展宏图,同济大学今天已经成为一所在中国著名的综合性大学,李国豪所起的作用至关重要。

是同济养成了李国豪求真务实、勇于追问的学术品格,李国

---

❶ 参见《李国豪专案问题报告与批复》,同济大学档案馆,档案号2—1976—DQ—11—125。

豪给同济也带来了爱国爱校的大局意识、勇担大任的做人品格、独立勇敢的学术精神、淡薄名利的人生境界和团结合作的集体观念。虽然，在漫长的人生岁月里、在空前的政治灾难中，李国豪彷徨过、犹豫过、悲观过，但这些却如一面镜子，照出的正是一名为学术而生的知识分子的善良与无奈。

作为一名学者的李国豪，在民族、个人均遭厄运的困难时期恰恰是最先从学术研究中找回了做人的尊严，找回了做人的自信，找回了学校的希望。孟子有言："天将降大任于斯人也，必先苦其心志，劳其筋骨，饿其体肤，空乏其身……"李国豪就是一个很好的例证。

"没有做出多少自己能引为满意的在大范围或小范围内有益于劳动人民和促进人类社会进步的事。"哪怕是厄难不能苟免的艰难岁月里，尽管遍体鳞伤，李国豪也没有去怨天尤人，他的心中想着的还是大小范围内"促进人类社会进步"之事，他的报国之心依然不改，于是，甫一改革开放，李国豪随即站到国家发展的时代前沿："历史将会证明"、"让外国人在虎门造桥是不可想象的"、"海上波涛翻滚，大小洋山风平浪静"……斯人已去，言犹在耳，"每当国家需要，我自贡献绵薄"。深厚的学术素养、独立的学术品格、强烈的爱国之心，让李国豪从一名普通的科学工作者成为了一名中华民族急需但又稀缺的战略科学家。

李国豪身上让我们汲取的东西很多很多……

坦率地说，我来写大师李国豪的条件是不够的。我既不是他的入室弟子，也和他没有什么交往，加上对结构力学、桥梁理论的陌生，唯一有的只是对李国豪先生的学问和人格的高山仰止、风从影随。

既然领了命，自己暗下决心，把这次机会当成自己洗涤灵魂、陶冶人生的一次长征。于是，2006年初开始，在北风呼啸的隆冬季节开始了资料搜集，在春光明媚的三月到了先生故乡梅州，那里的山山水水、沟沟坎坎和祖国其他地方并无二致，不同的是奇特的民居建筑和那里古老的风俗。形制奇特的围龙屋围住了客家人的凝聚力，以祭祀祖先、教子勉读为核心的风俗固守住了客家人的传统，挽住了客家人的未来。留住了传统，走遍天下的客家人还是团结的一家人；挽住了未来，天下的客家人都是有为的炎黄子孙，李国豪就是他们中的杰出代表！

资料工作是枯燥而繁琐的，好在李国豪先生的亲朋好友、学生弟子以及学校老领导、相关部门的同志们鼎力相助。他们是孙钧、王建云、吴启迪、周家伦、朱绍中、陈小龙等领导、专家，李国豪的夫人林凤棣，公子李沪曾、李乐曾，先生的弟子和再传弟子项海帆、袁国干、葛耀君，先生的同事赵其昌、赵松龄、赵振寰、肖友瑟、朱照宏等，党委宣传部长吴为民、副部长孔德懿及同事们，同济大学出版社前社长郭超、现社长支文军等，还有上海市政协、上海市科协、同济大学档案馆、上海市档案馆、东海大桥指挥部、上海长江隧桥指挥部、宝钢……词短话长，难以尽述，是大家的倾力支持，最终促成这本传记的成形，因此，也可以说这篇东西是集体的劳动果实；李先生的早期经历，参考了代琇、庄辛二先生所著《一片丹心化彩虹》及其他同志的回忆文章等等，难以尽述。在这里，笔者对大家的无私帮助一并表示感谢！

写作的过程虽然十分吃力，但是快乐也如影随形。循着先生的人生轨迹，我们不止一次地猜想，如果当时先生作了另外的选择，如果先生当时放弃了，如果……哲学史家任继愈说："历史没有如果。"风风雨雨、曲曲折折，有时有些狼狈、有些颠仆，甚至有些落魄，有些无奈，但无论何时、无论何地，客家之子李国豪骨子里的坚毅与顽强没有改变，客家人的豁达与恬淡始终如一。正因为如此，作为科学家的李国豪让历史、让中华民族的振兴大业一次又一次地选择了他。"我主要听了李国豪教授的意见。我从工作中感到，他的深厚的理论知识、丰富的经验、认真负责的精神、严肃的科学态度，使我在决策时感到心里踏实。"（陈锦华语）在上海、在中国土木工程界，李国豪成为了科学风骨的代名词——既然天降大任，我便站立潮头。

斯人已去，其风长存；风过草偃，高山仰止。共和国正处在前所未有的政明治晏大好时期，我国已进入全面建成小康社会决定性阶段，国家需要更多的"李国豪"，需要更多兴国兴邦的科学家、大师。当国家召唤时，我们就能站到前排，大声说：我担当！于是，中国崛起有望，强盛可期。

2012年夏，学校开始了李校长百年诞辰的前期筹备。因为有百年校庆之前撰写《李国豪与同济大学》书稿的积累，我再次领命拿起拙笔，以数年间所撰有关李国豪的文字为基础，进一步增补、扩充和改写，结为专册，以纪念老人家百年诞辰。这次撰写，除了将原有文字重新梳理之外，还增补了许多新发现、新出版的资料，包括多位同志为李国豪百年诞辰而撰写的纪念文章，采访了同济大学前校长吴启迪、原党委书记周家伦等众多当年亲历者。我的同事姜锡祥老师为本书提供了大量图片。在此一并表示感谢！

需要特别指出的是，由于自己学浅识陋、辞拙笔涩，能力十分有限，书稿中必然存在大量难尽人意的地方，未能将大家的满心期待尽数变为现实，还望大家多多包涵并不吝指出，希望日后还有机会补充、完善和进一步的提升！谢谢大家！

笔者　谨识
2012年12月于 同济园
2013年春节前夕　再改于居所